사회복지 에세이

복지국가로 가는 길

사회복지 에세이

복지국가로 가는 길

인경석 지음

북코리아

복지국가!

말만 들어도 가슴이 설레는 말이다. 복지국가란 젊었을 때에 아무런 걱정 없이 정직하고 성실하게 열심히 일하면서 매일매일의 삶을 즐기며 살고, 노후가 되거나 장애가 닥치는 등 보호가 필요할 때에 사회복지제도에 의하여 의·식·주·의료 등 기본적인 문제를 걱정 없이 해결해 주는 사회를 말한다.

여기서 더 나아가 쾌적한 환경 속에서 스포츠와 레저·예술 등을 즐기면서 안락한 생활을 할 수 있다면 더 이상 바랄 것이 없는 것이다. 이처럼 복지국가는 인간의 생애 전 기간에 걸쳐 즐겁고 행복하게 살기 위한 삶의 방식인 것이다.

오늘날 복지선진국들은 이미 넓고 평탄하고 시원한 고지대에 올라 여유로운 삶을 즐기고 있는데, 우리는 아직도 힘겹게 산을 오르는 비탈길에 서 있는 것이다. 그러나 이 오르막 길이 바로 우리가 꿈꾸는 복지국가로 가는 길이며 우리가 여기서 중단할 수 는 없는 것이다.

우리가 이 세상에 온 이상 거칠고 황량한 들판에서 서성이다 갈 수 는 없는 것이 아닌가. 쾌적하고 안락한 환경 속에서 여유 있게 인생을 즐기면서 살다 가야 하는 것이다. 우리가 복지국가의 길로 가야 하는 이유는 바로 이 아름다운 삶을 살기 위한 것이다.

필자는 지금부터 꼭 10년 전에 『한국 복지국가의 이상과 현실』이라는 복지분야 전문서를 낸 적이 있다. 그 동안 우리나라의 복지제도는 놀랄 만한 발전을 이룩한 것이 사실이지만 아직도 가야 할 길이 많이 남아 있다. 이 에세이는 우리나라가 복지를 본격적으로 시작한 지난 30여 년을 되돌아보며 앞으로 복지국가가 되기 위해 우리가 무엇을 해야 할지를, 이슈(issue)별로 틀에 얽매이지 않고 자유롭게 써 내려간 것이다.

기본적으로는 필자가 보건복지가족부 등 공직에 있을 때 꿈꾸어 왔던 생각이며, 오늘날 대학에서 학생들을 가르치면서 자유로운 분위기에서 학생들에게 하던 이야기들을 책으로 묶은 것이다. 이 책을 처음부터 끝까지 한 번 읽고 나면, 아 사회복지는 이런 것이구나, 복지국가로 가기 위해서는 이렇게 해야겠구나 하는 것을 알 수 있게 체계적으로 정리한 것이다.

이 책은 사회복지 분야를 연구하는 학도들뿐만 아니라 일반시민을 위한 상식서로 씌어진 것이다. 내용에 따라서는 상당히 전문적으로 기술된 부분이 있으리라고 보나, 오늘날 복지문제는 국민 누구에게나 피부에 와 닿는 관심사항이며 삶에 필요한 상식이 되고 있으므로 누구나 일독할 만한 충분한 가치가 있다고 생각한다. 끝으로 이 책의 출판을 기꺼이 맡아준 북코리아 출판사에 감사한다.

2008년 여름

분당에서

인 경 석

:: 차례

머리말 / 5

제1부 복지국가의 발전

제1장 마르크스의 예언과 자본주의의 승리 —— 15
제2장 자본주의 발전과 사회복지의 필요성 —— 23
제3장 사회복지와 사회보장 —— 27
제4장 비스마르크 사회보장체제와 그 영향 —— 33
제5장 베버리지의 이상과 후퇴 —— 38
제6장 영국 국가보건서비스의 이상과 현실 —— 46
제7장 세계 최고의 복지국가 스웨덴 —— 51
제8장 미국은 복지후진국인가 —— 58
제9장 복지사회를 지향한 일본 —— 64
제10장 신자유주의의 대두와 복지정책의 변화 —— 70
제11장 복지국가의 위기인가 —— 76

제2부 복지의 기본원리

제1장 복지국가의 복지이념 모형 —— 83
제2장 능력이냐 평등이냐 —— 88

제3장   복지투자는 생산적인가 소모적인가 ── 93

제4장   자본주의 국가의 복지는 다원적이다 ── 97

제5장   민간복지의 필요성과 한계 ── 103

제6장   사회보험제도의 강제성과 소득재분배 ── 110

제7장   전쟁과 사회보장 ── 116

제8장   통일과 사회보장 ── 121

제9장   국제기구들의 사회보장에 관한 기본입장 ── 125

제3부 우리나라의 복지발전사

제1장   구시대의 고난과 구휼의 시기(1950년대 말 이전) ── 133

제2장   절대적 빈곤과 공적 부조제도의 시행(1960년대) ── 137

제3장   경제성장과 사회보험제도의 시작(1970년대) ── 142

제4장   상대적 빈곤과 사회복지 서비스의 도입(1980년대) ── 146

제5장   시민참여와 사회보험제도의 전국민 적용(1990년대 이후)
         ── 151

제6장   사회양극화와 완전보장의 과제(21세기) ── 157

제4부 제도별 과제와 발전방향

제1장　실질적 전국민연금의 달성 —— 165

제2장　국민연금체제의 장기적인 개혁방향 —— 170

제3장　노후소득보장의 3층구조론 —— 176

제4장　연금제도의 모형과 재원조달방식 —— 181

제5장　연금개혁에 관한 국제기구들의 입장 —— 187

제6장　민영연금은 공적 연금의 대안인가 —— 192

제7장　국민연금기금의 투자는 어디에 —— 197

제8장　전국민 의료보험의 달성과정 —— 205

제9장　의료보험체제의 통합과정 —— 211

제10장　건강보험제도의 과제와 발전방향 —— 219

제11장　민간의료보험의 활성화 —— 226

제12장　의료보장제도의 모형 비교 —— 231

제13장　의료공급체제의 발전과제 —— 239

제14장　국민기초생활 보장제도의 발전과정 —— 245

제15장　기초생보 자활사업의 과제 —— 251

제16장　저출산·고령사회와 사회복지 —— 257

제17장 노인장기요양 보험제도의 도입과 과제 —— 263

제18장 아동보육사업의 국가책임 실시 —— 270

제19장 장애의 정의 및 장애인의 범주 —— 275

제20장 장애인복지의 기본이념 정상화의 원리 —— 280

제21장 여성복지권에 관한 기본시각 —— 286

제22장 사회복지사무소는 꿈인가 —— 291

제23장 사회복지시설의 과제와 발전방향 —— 297

제24장 사회복지협의체의 활성화방안 —— 304

제25장 민간재원의 활용과 사회복지공동모금 —— 311

제5부 복지국가로 가는 길

제1장 한국은 복지국가인가 —— 319

제2장 복지국가로 가는 길 —— 326

제1부

복지국가의 발전

제1장

마르크스의 예언과 자본주의의 승리

마르크스는 1867년에 쓴 『자본론(Das Kapital)』[1]에서 자본주의 몰락을 예언하였다. 그는 그 당시 자본주의가 가장 발전한 영국사회를 연구대상으로 삼아 자본주의를 분석했다. 그의 이론은 자본주의의 생산양식(mode of production)에 대한 비판으로부터 시작된다.

자본주의 하에서는 생산수단의 소유자·통제자와 그렇지 못한 자 간에 갈등이 존재한다. 소수자는 생산수단을 소유·통제하고 있는 반면에, 다수자는 생산수단을 소유하지 못하고 있어 노동에 의한 생존수준의 생활을 할 수밖에 없으며 이들 다수자가 생산한 가치 중 생존수준의 생계비 이상의 잉여가치는 지배적 소수자(자본가, 지주 등)가 독점하게 된다. 이것이 그 유명한 '잉여가치설'인 것이다.

그는 이 잉여가치를 자본가가 가져가는 것은 노동자에 대한 착취로서 부당하며, 자본가들이 이윤을 높이기 위한 치열한 경쟁 때문에 과잉생산이 이루어지고 그 결과 불황이나 공황이 발생하여 경제가 혼란에 빠지게 된다고 지적한다. 나아가 사회적 부가 소수의 자본가에 집중되어 빈부격차가 커져 노동자들은 빈곤에 시달리게 되고, 이러한 상황에서 노동자들의 계급투쟁이 강화되며 그 결과로 자본주의는 위기를 맞아 무너질 수밖에 없다고 예언한다.

그는 인류의 역사가 원시 공동체사회에서 출발하여 고대 노예제사회, 중세 봉건사회, 근대 자본주의사회를 거쳐 사회주의 또는 공산주의사회로 발전한다고 보았다.

마르크스가 추구했던 공산주의사회는 개인들이 자유로운 활동을 통해 자신의 고유한 능력과 개성을 마음껏 발휘할 수 있는 공동소유와 공동생산, 공동분배를 하는 사회이다. 공산주의사회에서는 생산수단의 사적 소유가 없어지고 분업도 사라진다. 또한 생산력이 높은 수준으로 발전하고 계획에 따른 생산이 이루어지며 물품은 필요에 따라 분배된다.

세계 여러 나라들 사이에서 교류와 협동이 이루어지며 계급과 국가는 사라지고 그 대신에 자유로운 개인들이 연합한 공동체가 들어서게 된다. 그래서 자유로운 시민 개개인이 사회구조와 제도를 함께 지배하고 통제할 수 있는 이상사회가 실현될 수 있다고 보았다.

이러한 생산수단의 사적 소유가 소멸되는 이상사회의 실현은 노동자계급의 폭력혁명에 의할 수밖에 없으며, 따라서 혁명의 과도기 단계에서는 프롤레타리아트 독재가 필요하다고 주장한다.

이러한 마르크스 경제이론은 러시아에서 레닌(Lenin)이 정치적으로 이용하여 1917년 볼셰비키 혁명에 성공함으로써 자본주의에 대립되는 경제·사회체제로서 그리고 노동자계급의 정당이 지배하는 정치체제로서 성립되게 된다. 마르크스는 사회주의와 공산주의라는 개념을 특별히 구분하지 않고 거의 같은 의미로 사용하였으나, 레닌은 이 두 개념을 구분하여 자본주의사회에서 공산주의사회로 넘어가는 과도기 단계, 즉 낮은 단계를 사회주의라고 부르고 높은 단계를 공산주의라고 규정하였다.

이 사회주의(또는 공산주의)는 그 후 유행처럼 퍼져나가 중국, 동유럽, 동독, 쿠바, 북한 그리고 아프리카 여러 나라 등에 확산되어 자본주의에 대립하는 이념으로 굳어져 전 세계는 자본주의와 사회주의로 양분되게 되었다. 우리나라에서도 해방 전후 혼란기에 일부 지식인 계층에서 사회주의를 하나의 이상처럼 생각하는 경향이 있었던 것이 사실이다.

이러한 사회주의 확산에 대한 자본주의국가들의 대응은 사회복지의 확대를 통한 복지국가의 추구로 나타나게 된다. 마르크스가 지적한 자본주의의 폐단은 사회복지의 확대를 통하여 수정·보완되어야 한다는 인식이 확산되게 되었다.

원래 현대적인 의미의 복지국가는 19세기 후반부터 시작되었다고 할 수 있다. 산업혁명 이후 자본주의 발전과 대중민주주의의 확산으로 도시에서 임금근로자들이 결속하여 노동운동이 점차 격화되고 사회주의 운동이 확산됨에 따라 이를 예방하고 규제하기 위한 수단으로 독일에서 1880년대에 사회보험제도를 도입하면서 시작되었다. 그 이후 유럽 각국은 대체로 1920년경까지 기본적으로 필요한 사회보험제도를 도입하게 된다.

그러나 본격적인 복지확대는 제2차 세계대전이 끝난 후부터 시작된다. 서유럽 여러 나라와 미국 등은 사회보험제도를 그 동안 일부 국민에게만 적용하던 것을 확대하여 제도적용상 불평등을 해소하고 보험급여(혜택)의 수준을 높이는 방향으로 제도의 통합·조정을 행하여 향후 항구적인 제도로 발전시켜 나간다. 이처럼 복지를 대폭 확대해 나감으로써 이른바 '복지천국론'까지 대두되게 된다.

이와 같이 유럽과 미국의 각국이 복지를 대폭 확대하게 된 요인은, 무엇보다도 전쟁의 직·간접적인 영향과 사회주의의 위협으로부터 벗어나 안정을 찾고자 하였다는 점이다. 전후 자본주의와 사회주의로 갈라선 양극(兩極)체제 하에서 민주복지국가로 안정을 이루어야 사회주의의 확산을 막을 수 있다는 인식이 자본주의 국가의 국민들 사이에 팽배해 있었다. 또한 전후에 과거에 유례가 없는 지속적인 경제성장에 의하여 증대되는 정부의 복지투자를 뒷받침할 수 있었으며, 정부의 재정지출 확대를 주장하는 케인스(Keynes)의 경제이론이 대체로 각국에서 받아들여졌다는 점도 들 수 있다.

마르크스가 주장한 대로 사회주의(공산주의) 체제는 초기에 상당한 성과를 나타냈다. 소련은 스탈린(Stalin)의 계획경제 체제하에서 공업화와 집단화계획을 추진하여 상당한 성과를 거두어 과거 러시아의 후진성을 탈피할 수 있었다.[2] 스탈린의 경제정책은 근대화를 추구하는 제3

세계 국가들에게 하나의 발전모델이 되기도 하였다. 북한도 이러한 계획경제 모델을 받아들여 상당한 성과를 거두었고 우리 남한이 초기에는 경제적으로 북한에 뒤지는 결과가 되었던 것이다.

사회주의의 계획경제 체제는 생산수단의 사적소유를 부정하고 공동소유와 공동생산, 공동분배를 하는 사회이다. 이 계획경제 체제는 산업화가 덜 되고 경제규모가 크지 않은 경우에는 상당한 성과를 낼 수 있으나 산업화가 어느 정도 진전되고 경제규모가 커지면 전체적인 계획과 통제가 어려워지고 효율성도 떨어지게 된다. 또한 계획경제의 지휘·통제체제 하에서는 조직과 개인의 자발성을 발휘할 수 없게 되므로 성장의 한계에 부딪치게 된다.

사회주의가 신봉하는 평등주의는 개개인의 능력과 기여에 상관없이 결과에 있어 평등을 지향하기 때문에 개인이 능력을 최대한 발휘하여 열심히 하고자 하는 유인요인(incentive)이 사라져 성과(성장)를 극대화할 수 없게 되는 것이다. 이 점이 바로 사회주의가 자본주의와의 경쟁에서 뒤떨어지게 되는 근본적인 이유인 것이다.

사회주의가 지향하는 복지모형은 공동소유에 기초한 공동생산물로부터 평등원칙에 입각하여 개개인의 능력보다는 요구에 기초하여(to each according to his needs) 집단의 모든 구성원들에게 보편적으로 의·식·주·의료 및 교육 등을 제공(예컨대 무상교육, 무료치료와 예방보건, 공영주택 등)하는 것이다. 사회주의(공산주의) 국가에서는 모든 국민에게 평등분배를 함으로써 계급 없는 사회(classless society)를 이루고 있다고 주장한다. 그러나 실제로는 정치집단인 노동당에의 충성도(당성)를 고려하여 차등분배함으로써 오히려 정치적인 계급사회를 이루고 있다.

사회주의 국가의 복지수준은 낮은 수준의 생산으로부터 분배되는 평등이므로 낮은 수준에 그칠 수밖에 없어 자본주의 국가의 복지수준에 비하여 낮을 수밖에 없다. 이러한 예는 1990년 동서독의 통일시 극명하게 나타났다. 독일은 통일 후 구 동독지역에 사회보험제도를 달리할 수 없기 때문에 서독에서 실시하고 있는 제도를 그대로 확대적용하였다. 그러나 구 동독지역의 사회보장 수준이 서독에 비하여 낮았으므로 그 격차를 해소하기 위하여 서독주민에게 많은 재정부담을 통일비용으로 부담하게 하였다.

사회주의 국가에서는 기본적으로 민간부문의 존재를 인정하지 않고 있으므로 국가만이 유일하게 복지제공의 주체가 되는 일원적(monistic)인 복지모형이다. 반면에 자본주의 국가는 그 특성상 민간부문의 존재를 기초로 하고 있기 때문에 복지제공의 주체는 국가 이외에도 민간부문(기업 등 상업적 부문, 자원봉사 등 자발적 부문)으로부터 제공되는 다원적(pluralistic)인 복지모형이다. 따라서 사회주의 국가에서 제공되는 복지의 총체적 규모는 자본주의 국가에 비하여 훨씬 낮을 수밖에 없는 것이다. 여기에 사회주의 국가에서 내세우는 평등주의적 복지국가 모형에 함정이 있는 것이다.

이러한 사회주의의 근본적인 문제점에 대한 자성(自省)은 소련정권 내부에서부터 제기되기 시작하였다. 소련의 고르바초프(Gorbachev)는 소련혁명 70년 만에 1980년대 후반에 이른바 '페레스트로이카

(perestroika)'를 주창하고 나선다.3)

　그는 사회주의의 엄격한 중앙집권적 경제체제는 경영의 민주적 토대를 위축시켜 경제적 성과를 떨어뜨리고 있다고 지적하고, 기업과 단체에 경영상 자유재량권과 독립채산제를 도입할 것을 주장한다. 또한 개인을 존중하고 인간의 존엄성에 대한 고려가 필요하다고 주장한다. 즉, 그는 사회주의와 민주주의의 결합을 통해 마르크스-레닌주의를 수정함으로써 무너져 가는 사회주의 체제를 유지하고자 노력한다.

　그러나 이러한 사회주의 내부에서의 반성과 체제개혁의 노력도 무위로 돌아가고 1990년대에 들어와서 사회주의 체제는 소련, 동독, 동유럽권 등에서 하나하나씩 무너지고 이제는 쿠바, 북한 등 극소수의 국가에서 어렵사리 명맥을 유지하고 있다. 중국은 일찍이 1980년대 등소평 시절부터 경제적으로는 자본주의를 도입하였으며, 다만 많은 소수민족을 거느리고 있는 광대한 나라의 체제를 유지하기 위하여 정치적으로 사회주의 체제를 고수하고 있다.

　이제 마르크스가 주장했던 사회주의 체제는 지구상에서 사라져 가고 있으며 그가 몰락할 것으로 예언했던 자본주의 체제는 오늘날 더욱 번창하고 있는 것이다. 마르크스가 제시한 사회주의(공산주의)의 실험은 그 동안 사회주의 국가국민들의 자유와 인권의 억압과 생활수준의 하향평준화에 따른 고통이라는 비싼 대가를 치르고 70여년 만에 지구상에서 막을 내린 것이다.

　어찌 보면 마르크스가 이런 예언을 하지 않았더라면 사회주의 체제가 지구상에 나타나지 않았고 자본주의 체제도 사회주의에 대응하기 위한 스스로의 수정·보완 노력을 게을리 하여 오늘날 복지국가를 이루지 못했을지도 모를 일이다.

현대적인 의미의 사회보장제도는 1880년대 이래 약 120여 년의 역사를 가지고 있다. 이 제도로 인하여 자본주의는 그 자체의 취약점을 극복하고 오늘날 더욱 번창해 가고 있는 것이다. 사회보장제도는 자본주의 국가에 살고 있는 우리 인류가 발명해 낸 여러 가지 사회제도 중에서 가장 훌륭한 제도인 것이다. 그러기에, 자본주의의 몰락을 예언한 마르크스는 오히려 자본주의 국가들에게 커다란 은인(恩人)이 된 셈이다.

제2장

자본주의 발전과 사회복지의 필요성

우리 인간이 일상생활을 하는 데 필요한 물자의 조달과 서비스의 제공은 인류의 초기사회부터 가족단위에서 스스로 해결함이 원칙이었다. 그러나 종족이 형성되고 인구가 불어남에 따라 이러한 물자와 서비스를 스스로 조달하지 못하는 개인의 복지문제는 지역사회의 이웃 또는 종족을 중심으로 상부상조에 의하여 해결하게 된다.

그 후 종교가 시작됨에 따라 이러한 보호를 필요로 하는 사람들에 대한 보호는 교회 등 종교기관이 맡게 된다. 특히, 기독교와 유대교 등에서는 불행한 사람을 돕는 자선이 신앙상의 의무로까지 되었다.

중세 유럽에서 교회의 세력이 확대됨에 따라 교회가 빈민을 위한 구제사업을 하고 고아원, 양로원 등 복지시설을 운영하게 된다. 그러나 그 당시 국가는 빈민의 구제문제에 별로 관심이 없었으며 오히려 사회질서의 유지차원에서 거지가 구걸을 못하게 하고 근로능력이 있는 빈민에게는 구호를 베풀지 못하게 하는 등 징벌적인 입장이었다. 따라서 빈민구제 문제를 둘러싸고 교회와 국가 간에는 알력이 있었으며 이러한 현상은 중세 말까지 계속되었다.

빈민구제에 관한 이와 같은 국가의 소극적 입장은 영국이 1601년에 구빈법(Elizabethan Poor Law)을 제정하면서 비로소 바뀌게 된다. 이 구빈법(救貧法)은 빈민을 근로능력 있는 빈민, 근로능력 없는 빈민, 보호를 요하는 아동 등 세 가지 부류로 나누어 근로능력이 없는 빈민과 보호를 요하는 아동에게는 국가에서 구호할 책임이 있다는 것을 인정한다. 그리고 근로능력이 있는 빈민에 대하여는 종전과 같이 징벌적인 입장을 계속 유지하여 구걸을 하지 못하게 하고 노역장 등에서 일을 하게 하였다. 이 구빈법은 빈민구제에 대하여 세계 최초로 국가책임을 공식적으로 인정한 법으로서 오늘날까지 유럽과 미국 각국의 구빈사업의 기초가 된 법이라 할 수 있다.

그러나 현대적 의미의 복지국가는 산업혁명(Industrial Revolution) 이후 자본주의의 발전과 프랑스혁명(French Revolution) 이후 대중민주주의(mass democracy)의 확산의 영향으로 시작되었다고 할 수 있다.

산업혁명에 따라 공업도시가 형성되고 농촌의 농업노동력이 점차 도시로 몰려 공장 등에 고용되어 임금에 의하여 생활하는 임금근로자가 되었다. 산업사회에서는 전통적인 농업사회와는 달리 새로운 사회적 위험(social risks)이 증가하게 된다. 예컨대, 대형사고, 산업재해, 실업, 신종질병, 각종 공해 등이 증가하게 된다.

그리고 전통적인 농업사회에서는 대체로 가족구성원이 모두가 함께 농업활동에 참가하므로 구성원 중 일부가 죽거나 다치는 등 사고가 있더라도 다른 구성원이 계속 농사를 지을 수 있으므로 생계상 영향이 별로 크지 않지만, 산업사회의 임금근로자의 경우는 그가 죽거나 부상·질병 등 사고를 당할 경우 이는 곧바로 생계상의 어려움으로 연결되게 된다. 따라서 이러한 경우를 사전에 대비하기 위한 제도를 마련할 필요가 생겨났다.

한편 자본주의 발전에 따라 빈부의 격차가 심화되고 경제성장의 과정에 제대로 적응치 못하는 빈민, 장애인, 노인 등 사회적인 취약계층에 대한 국가적인 보호제도를 마련할 필요가 있게 된다.

그리고 정치적인 관점에서 보면 대중민주주의의 확산으로 노동자 계층에까지 참정권이 부여되고 이들의 이익을 대변하는 정당도 출현하게 된다. 이들은 이제 결속된 힘으로 사회복지의 혜택과 경제적인 안정을 사회적 권리(social rights)로서 보장해 줄 것을 국가에 요구하게 된다. 심지어는 노동조합을 통한 집단적인 행동으로 이러한 권리를 요구하여 사회질서를 위협하게 된다.

이러한 경제적인 필요와 정치적인 요구에 따라 유럽 각국은 19세기 후반부터 사회복지에 본격적으로 관심을 기울이게 된다. 특히, 노후 또는 질병, 부상 등 사고를 당했을 때에 생기게 되는 생계문제와 의료문제에 사전에 대비하기 위한 사회보장제도는 1880년대 독일의 이른바 철혈재상 비스마르크(Bismarck)가 세계 최초로 도입한 이래 19세기 말 또는 20세기 초에 유럽 여러 나라에 확산되어 복지국가 형성의 기초가 된다.

결론적으로 말해 사회복지 또는 사회보장제도가 필요한 이유는 두 가지로 설명할 수 있다. 첫째는 국민 개개인의 입장에서 볼 때 인간의 기본적인 욕구를 충족시켜 주기 위한(meeting human needs) 제도이다. 즉, 인간이 어려움을 당했을 때에 삶을 유지시켜 줄 수 있는 가장 기본적인 제도이다. 둘째는 사회 전체의 입장에서 볼 때 사회적인 통합(social integration)과 사회적인 안정을 위하여 기본적으로 필요한 제도이다. 즉, 이 제도를 통하여 상부상조함으로써 모든 국민을 하나로 묶어 주고 나아가 안정된 사회를 이룰 수 있는 것이다.

우리나라의 경우 신흥 자본주의 국가로서 이제 선진국 문턱에 와서 왜 사회복지나 사회보장제도의 확충에 힘을 기울여야 하는지에 대하여 많은 시사를 주고 있는 것이다. 이것이 바로 복지국가로 가는 길이며 진정한 선진국으로 가는 길인 것이다.

제3장

사회복지와 사회보장

오늘날 복지문제와 관련하여 사회복지, 사회보장, 사회보험 등 '사회'라는 단어가 붙은 용어가 많이 사용되고 있다. 그러나 이 용어의 의미를 정확히 알고 사용하는 사람은 그리 많지 않은 것 같다. 심지어 사회복지학 또는 관련 학문을 전공한 사람들 중에도 이를 제대로 구분하지 못하는 경우가 있다.

오늘날 복지문제는 우리의 일상생활과 직결되는 문제이므로 이들 용어의 의미를 정확히 알고 사용할 필요가 있다. 사회복지와 사회보장, 이 중에서 어느 것이 범위가 더 크고 어느 것이 작은 개념일까. 결론부터 말하자면 사회보장이 작은 개념이고 사회복지는 사회보장을 포함하는 보다 광범위한 개념이다. 그러므로 사회보장에 대해 먼저 살펴보자.

우리 인간이 일상생활을 영위해 나가는 데 없어서는 안 될 꼭 필요한 것은 두 가지이다. 하나는 일을 할 수 있는 능력이요, 다른 하나는 건강이다. 일을 할 수 있는 능력이라 함은 스스로 일터에 나가 소득을 얻음으로써 본인과 가족의 생계비를 벌어들일 수 있는 능력, 즉 소득능력을 말한다. 건강이라 함은 아프지 않은 상태, 즉 치료(의료)를 필요로 하지 않는 상태를 말한다. 아무리 소득능력이 있더라도 아픈 상태로는 일을 할 수 없는 것이다.

그러나 우리는 이와 같은 일을 할 수 있는 능력 또는 건강을 뜻하지 않은 사유로 상실하게 되는 경우가 있다. 이렇게 되면 당장 그 본인은 물론 가족에게 위기가 닥치게 되고 생활상의 어려움을 겪게 된다. 따라서 이러한 위기가 닥쳤을 때에 대비하기 위하여 사전에 제도적 장치를 마련해 놓을 필요가 있다. 이러한 제도적 장치를 사회보장제도라고 한다.

미국의 프리들랜더(W. Friedlander) 교수에 의하면 "사회보장제도는 질병, 실직, 가구주의 사망, 노령 또는 사고로 인한 불구상태 등으로 인해 혼자 힘으로 해결할 수 없을 때 사회적 입법으로 보호해 주는 제도"[1]라고 정의하고 있다. 이러한 어려움을 당한 사람 혼자의 힘으로 해결하기 어려운 사유를 사회적 사고(social contingencies) 또는 사회적 위험(social risks)이라고 하는데, 이는 여러 사람이 힘을 합쳐서 사회적으로 해결해 주어야 한다는 의미이다.

사회보장제도는 이처럼 법률 등 미리 만들어진 제도적 장치에 의하여 조직적으로 문제를 해결하는 것이다. 그러므로 사회보장제도에는 반드시 '제도'라는 단어가 붙게 된다. 제도라는 단어를 떼어 버리고 '사회보장'이라고만 쓰는 것은 적절한 용어사용이라고 할 수 없다.

사회보장제도는 미리 만들어진 제도적 장치에 의하여 소득 또는 의료문제를 해결하는 것이므로 수혜자와의 개인적인 관계에 의하여 문제를 해결하는 것(예컨대, 이웃에 사는 독지가가 사적으로 도와 주는 것)은 사회보장이라고 하지 않는다(이러한 경우는 보다 광의의 개념인 사회복지에는 해당한다).

사회보장제도가 보장하는 것은 두 가지이다. 하나는 일할 능력이 상실되었을 때에 생계유지에 필요한 현금 또는 현물, 즉 소득을 보장하며, 다른 하나는 건강이 상실되었을 때에 치료비 또는 의료서비스의 제공, 즉 의료를 보장하는 것이다. 이와 같이 소득보장과 의료보장은 사회보장제도의 두 기둥이다. 사회보장제도는 다시 사회보험제도, 공적 부조제도, 사회복지서비스로 구분된다.

사회보험제도는 평상시에 소득이 있는 사람(피용자 및 자영자 포함)에게 보험료를 부과하여 이를 재원으로 하여 각종 사회적 사고가 발생하였을 때에 필요한 소득 또는 의료를 보장해 주는 제도이다. 사회보험제도는 다시 다섯 가지 제도로 구분되는데, 연금제도(노령, 불구, 사망시 소득보장), 의료보험제도(질병, 분만시 의료보장), 산업재해보상보험제도(업무상 사유로 인한 질병, 불구, 사망시 소득보장과 의료보장), 고용보험제도(실직시 소득보장), 가족수당(또는 아동수당)제도(아동을 위한 소득보장)로 구분된다.

오늘날 지구상에 180여 개 국가에서 수많은 사회보장제도가 실시되고 있지만 사회보험제도의 형태는 이 다섯 가지인 것이다. 우리나라는 현재 이 중 가족수당제도를 제외한 네 가지의 제도를 실시하고 있다. 그래서 4대 사회보험이라고 하고 있는 것이다. 그러나 앞으로 선진 복지국가가 되려면 가족수당제도도 반드시 실시되어야 할 제도이다.

공적 부조(公的扶助)제도는 공공부조 또는 사회부조제도라고도 하는데 평상시에 소득이 전혀 없거나 소득수준이 낮아 보험료를 부담할 능력이 없는 사람에게 각종 사회적 사고가 발생하는 등으로 생활이 어려운 경우 공적인 재정(국가재정 또는 지방자치단체의 재정)으로 필요한 소득 또는 의료를 보장해 주는 제도이다. 즉, 저소득층 등 생활이 어려운 사람에게 무상으로 제공하는 국가적 보호제도이다. 공적 부조제도는 다시 생활보호제도(소득보장제도로서 우리나라에서는 국민기초생활보장제도라 함), 의료보호제도(의료보장제도로서 우리나라에서는 의료급여제도라 함), 재해구호제도(이재민의 소득보장제도) 등으로 구분된다.

사회복지서비스는 사회적 사고 등으로 인하여 도움을 필요로 하는 사람에게 인간관계에 관한 전문적 기법과 지식, 즉 사회사업기법을 활용하여 상담, 재활, 직업소개, 사회복지시설 이용 등 전문적 서비스를 제공하여 이들이 정상적으로 활동할 수 있도록 지원하는 제도를 말한다. 사회복지서비스는 그 대상에 따라 노인복지서비스, 아동복지서비스, 장애인복지서비스, 여성복지서비스 등으로 구분한다.

사회보장제도에 속하는 세 가지 제도 중 사회보험제도는 능력이 있는 모든 국민을 대상으로 하므로 가장 핵심적·중추적인 제도이며, 공적 부조제도와 사회복지서비스는 일부 능력이 부족하거나 보호를 요하는 계층을 대상으로 하는 보충적인 제도이다.

다음에는 사회보장제도보다는 큰 개념인 사회복지에 대하여 살펴보자. 인간이 살아가는 데에는 소득, 의료문제 이외에도 충족되어야 할 여러 가지 개인적인 욕구가 있다. 이러한 개인적 욕구는 개인이 스스로 해결하는 것이 원칙이지만 개인적 욕구 중에는 당사자가 스스로 이를 해결할 능력이 없을 때 주위의 여러 사람이 힘을 합쳐서 해결해 주어야 할 인간의 기본적인 욕구가 있다. 이러한 기본적인 욕구를 사회적 욕구(social needs)라고 한다. 사회복지는 이러한 인간의 기본적인 사회적 욕구를 충족시켜 주기 위한 여러 가지 체제를 말한다.

미국의 프리들랜더 교수에 의하면 "사회복지는 국민의 복지증진과 사회질서를 유지하기 위하여 국민에게 기본적으로 생기는 사회적 욕구를 충족시키는 데 필요한 여러 가지 혜택을 제공해 주는 법과 프로그램, 물질적 지원과 서비스의 종합적인 체계"[2]라고 정의하고 있다. "인간은 사회적 동물이다"라는 말에서 의미하는 바와 같이 사회복지는 그 해결방법이 사회적이며 공동적인 것이며, 그 주된 동기가 이윤을 추구하기 위한 것이어서는 아니 되며 인간을 인간으로 대우하기 위한 것, 즉 인간다운 생활을 보장하기 위한 것이어야 한다.

사회복지의 범위를 어디까지로 할 것인가는 인간의 개인적 욕구 중 어느 범위까지를 사회적으로 해결해 줄 것인가 하는 문제이며 이는 나라에 따라서 그리고 시대에 따라서 다를 수 있으므로 일률적으로 말할 수는 없는 것이다. 그러나 대체로 인간이 일상생활을 하는 데에 기본적으로 필요한 욕구라고 할 수 있는 의·식·주, 의료, 공중보건, 국민교육, 고용, 서민주택, 환경보전, 대중교통·통신 기타 생활의 안정에 필수적인 욕구를 충족시켜 주는 데 필요한 세부적인 사항(법과 프로그램, 물질적 지원과 서비스)을 말한다.

그러나 롭슨(William A. Robson)에 의하면, 이 외에도 '오락과 체육'까지를 사회복지의 범위에 포함시키고 있다. 그는 전통적인 사회보장제도에 의하여 국민에게 복지서비스를 제공하는 것 이외에도 쾌적한 환경 속에서 오락과 예술을 즐기면서 살 수 있는 인간다운 삶을 복지의 요소로 강조하고 있다.[3]

이와 같이 사회복지는 국민의 일상생활과 관련된 매우 광범위한 분야를 다루고 있다. 이 중에서 가장 핵심적이고 대표적인 것은 의·식·주의 문제를 다루는 소득보장과 의료문제를 다루는 의료보장, 즉 사회보장제도인 것이다. 그러므로 통상 사회복지 하면 바로 사회보장제도를 지칭하는 것이다.

자본주의 국가에서 사회복지의 제공주체는 다원적(多元的)이다. 물론 국가 또는 지방자치단체가 제공주체가 되는 국가복지(state welfare)가 주된 것이지만, 기업에서 고용주가 제공하는 직업복지(occupational welfare) 그리고 이웃 등 지역사회에서 제공하는 자발적 서비스(voluntary services)와 수혜자와의 개인적 관계(personal relationships)에 의하여 제공되는 개별적 서비스도 사회복지의 개념 속에 포함된다.

이처럼 사회복지는 매우 광범위한 내용을 포함하고 있다. 이 중에서 국가가 법률 등 제도적인 장치에 의하여 사회적 사고발생시 소득과 의료문제를 해결해 주는 국가복지가 바로 사회보장제도인 것이다.

제4장

비스마르크 사회보장체제와 그 영향

산업화는 1760년경 영국에서 먼저 시작되었고 약 50년 후에는 대륙에서도 시작되었다. 독일에서는 19세기 초반에 봉건제가 공식적으로 폐지되어 농민들이 점차 해방되고 영업의 자유가 도입되었다. 19세기 중반이 되자 산업화와 자본주의가 전 유럽에 확산되어 그 이전에는 상상도 하지 못했던 경제발전이 시작되었다. 이른바 산업혁명이 시작된 것이다.

산업화가 시작되자 봉건제에서 해방된 농민들이 도시로 몰려 임금노동자가 되게 된다. 한편 자본주의 하의 자유경쟁이 성장을 촉진하고 생산성을 향상시켜 부르주아 기업가라는 신흥계급이 탄생하게 된다. 그러나 임금노동자들은 기업주의 착취에 시달려야 했으며 도시에서의 생활수준은 비참한 상태였다. 여기에서 노동자들이 점차 결집하여 자의식 있는 시민계급이 탄생하게 된다. 이제는 종전의 황제, 왕, 봉건영주들이 아니라 유산 자본가계급과 노동자 대중이 사회적 대결의 중심에 서게 되었다. 이러한 노동자들의 운동을 뒷받침하는 사회주의 이론이 마르크스, 엥겔스 등 사회주의 이론가들이 제시한다.[1]

독일은 유럽 여러 나라 중 비교적 늦은 1871년에야 국가의 통일을 달성하였고 산업화도 비교적 늦게 착수하였으나 비교적 빠른 경제성장을 이룩하여 20세기 초반에는 유럽 제2의 경제대국으로 부상한다.

1880년대에 들어와 산업화가 본격화되면서 분배불공정의 문제가 제기되고 도시화에 따라 주택난과 물가고가 초래되고 근로자들의 조직화에 따라 노동운동이 점차 격화된다. 또한 사회주의자들의 활동이 본격화되어서 사회주의자들이 선거에 의하여 의회에까지 진출하게 된다.

이러한 현상에 대하여 체제상의 위협을 느낀 이른바 철혈재상(鐵血宰相) 비스마르크(Bismarck)는 우선 1878년에 사회주의규제법(Sozialistengesetz)을 제정하여 사회주의 운동을 규제한다. 그는 뒤이어 사회주의 운동에 가담하지 않는 노동자에게는 복지향상을 약속하면서 경제적 약자에 대하여 국가가 보호자로서 자처하고 나서면서 사회보장제도를 도입한다. 그는 '채찍과 당근의 정책', 즉 강경책과 회유책을 동시에 쓰면서 이른바 예방적 현대화정책(preventive modernization)으로 국가를 이끌어 나간다.

이처럼 '당근'의 정책으로 1880년대에 세계 최초로 본격적인 사회보험입법을 추진하여 1883년 의료보험법, 1884년 산업재해보험법,

1889년 노령 및 폐질보험법(연금보험법)을 제정하게 된다. 이것이 이른바 비스마르크의 '사회보험 3부작'이라는 유명한 입법이다.

이 세 법률은 육체노동자를 위한 것으로 이 법률들은 1911년에 제국보험법(Reichversicherungs_ordnung)으로 통합된다. 한편으로 사무직 근로자를 위해서는 1911년에 직원보험법(Angestelltenversiche rung)을 별도로 제정하여 이 두 법은 오늘날까지 독일 사회보장의 기본법규가 되고 있다.

사회보장제도는 이처럼 순수하게 근로자의 복지향상을 위하여 도입되기보다는 노동자들의 결속과 봉기에 위협을 느껴 체제유지를 위한 차원에서 도입된 것이기는 하나, 어쨌든 독일은 세계 최초로 사회보험제도를 도입한 나라가 된다. 이러한 독일의 사회보험제도 시행은 이웃한 유럽의 여러 나라에 사회보험제도의 도입을 촉발하는 계기가 된다.

영국은 1906년에 자유당 정부가 집권한 후 재무장관이었던 로이드 조지(Lloyd George)가 의료보험제도에 깊은 관심을 가져 독일을 직접 방문하여 의료보험제도를 도입하며, 무역장관이었던 처칠(Winston Churchill)은 실업보험제도를 도입한다. 이 두 사람의 주도로 1911년에 국민보험법(National Insurance Act)을 제정하여 의료보험과 실업보험을 실시한다.

비스마르크가 시작한 독일의 사회보험제도는 집단적 자조(自助)와 자주관리의 원칙을 특징으로 한다. 사회보험제도 도입 이전부터 집단별(예컨대, 직종별 길드조직)로 시행되어 오던 상부상조조직을 발전시켜 사회보험조직으로 만든 것이다. 기업단위별, 지역단위별 또는 직종단위별로 집단 내에서 어려움을 받고 있는 자를 스스로 구조하도록 집단 구성원 간의 연대성을 바탕으로 사회보험제도를 체계화한 것이다. 따라서 집단별로 매우 분립된 형태의 수많은 보험조직이 구성되고 재정운영도 독립적으로 하고 있다.

예를 들면, 의료보험의 경우 전국적으로 약 1200여 개에 달하는 조합형식의 의료보험금고를 구성하여 금고별로 보험료율, 보험급여조건, 재정상황 등이 다르게 된다. 그리고 이 사회보험조직의 운영은 노사 간 협의에 의하여 또는 집단구성원 간의 협의에 의하여 자주적으로 관리하도록 하고 있다.

이 '자주관리원칙'에 대하여는 1933년 히틀러(Hitler) 집권 후 나치의 정치이념을 사회보장제도에도 그대로 적용하여 사회보장제도의 운영이 정치에 종속하는 현상이 나타나게 된다. 나치에 의하여 지도자가 임명되어 사회보장조직의 운영을 지휘·통솔하는 '지도자 원칙'으로 바뀌게 되나 제2차 세계대전 종료 후 1951년에 '자주관리원칙'을 다시 부활시키게 된다.

사회보험의 집단적 자조의 원칙과 자주관리의 원칙은 결과적으로 집단별로 자기들 실정에 맞게 자율적으로 보험조직을 구성하여 효율적으로 보험운영을 할 수 있는 장점이 있는 반면에, 사회보장체제 전체로 볼 때에는 체계 없이 복잡하고 재정상황 등에 있어 집단 간에 차등이 발생하며 또한 행정력 및 인력낭비의 측면도 있다. 독일의 사회보장은 집단별로 운영조직을 구성하기 때문에 비교적 평등주의보다는 능력주의의 측면이 강하다고 할 수 있다.

독일의 사회보험 모형은 집단별로 사회보험조직을 구성하는 분립형으로 이를 대륙형이라고 한다. 이와 같은 분립형 사회보험 모형은 유럽 대륙에서 프랑스, 네덜란드 등으로 확산되었으며, 동양권에서는 일본이 1920년대에 건강보험(의료보험)을 도입할 당시 분립형 모형으로 시행하여 수많은 건강보험조합(현재 약 5,300여 개의 조합)을 구성하여 운영하고 있으며, 1940년대 이후 연금보험의 도입도 분립형으로 시행하여 현재까지 7개의 공제조합형 연금제도를 집단별로 구성하여 운영하고 있다.

우리나라가 1977년에 의료보험제도를 도입할 당시 일본에서 시행되고 있는 모형을 그대로 도입하여 분립형 조합방식으로 관리체제를 구성하여 초기에 약 600여 개에 달하는 의료보험조합이 결성된 바 있다. 그 후 심각한 통합논쟁을 거쳐 2000년부터 국민건강보험공단으로 통합되어 오늘날 통합체제로 운영되고 있다.

돌이켜 보면 의료보험 통합논쟁의 뿌리는 우리가 비스마르크형 사회보험체제를 무비판적으로 받아들인 데에도 그 원인이 있다고 하겠다. 집단별로 자주적 관리를 하는 분립형 모형은 우리나라에서 능력차이에 따른 차등적 대우조차 받아들이려 하지 않는 국민성과 조화를 이룰 수 없었으며 또한 자치능력의 미성숙 등으로 통합체제로 변경하지 않으면 안 되었던 것이다.

제5장

베버리지의 이상과 후퇴

베버리지(William Beveridge)는 사회보장제도 발전의 역사에 위대한 업적을 남긴 사람이다. 그는 영국의 공직자로서 사회보장 분야에 오랫동안 종사한 전문가였다. 그는 영국이 1911년 국민보험법에 의하여 의료보험과 실업보험을 도입할 당시 무역장관이었던 처칠(Winston Churchill)의 조수로서 실업보험을 입법하는 데 실무책임자였다. 영국은 그 후 독일보다 훨씬 늦은 1925년에야 미망인, 고아 및 노령연금법을 제정하여 연금제도를 도입한다.

그 후에도 영국의 사회보장제도는 많은 발전이 있었지만 제2차 세계대전 중인 1940년대 초까지도 사회보험제도에 포함되지 않은 미적용 국민이 상당부분 존재하고 있었으며 노령연금액 등 혜택의 수준이 생계유지에 필요한 적절한 수준이 되지 못하여 제도에 대한 비판은 계속되었다. 더욱이 제2차 세계대전의 종전을 앞두고 국민의 전쟁의지를 결집시키기 위하여 전후 사회보장의 획기적 재건을 위한 청사진을 제시할 필요가 있었다.

이에 따라 1941년 6월에 '사회보장 및 관련 서비스에 관한 정부부처 간 조사위원회'가 구성되고 베버리지가 이 위원회의 위원장으로 임명되었다. 이 위원회의 논의를 담은 보고서는 1942년 12월 1일에 『사회보험과 관련 서비스 : 보고자 베버리지』라는 이름으로 출판되었다.[1] 이 보고서는 법조문식으로 체계적으로 치밀하게 정리된 내용으로서 사실상 베버리지 혼자서 집필하였다고 할 수 있다.

이 보고서는 출판과 동시에 폭발적인 인기를 끌게 되었다. 이 보고서를 구입하기 위해 정부간행물센터에 몰려든 인파의 줄은 1마일에 달했고 이 보고서는 비문학부문 베스트셀러가 되었다. 이 보고서는 국민들에게 전쟁 종료 후에 펼쳐질 새로운 세계에 관한 정부의 공약으로 받아들여졌던 것이다. 베버리지는 그 후 이 보고서의 작성과 사회보장제도의 발전에 기여한 공로로 영국정부로부터 '경(Sir)'이라는 작위를 받게 되는 영예를 누리게 된다.

베버리지는 경제적 파멸을 초래하는 다섯 가지 요인으로 질병(disease), 나태(idleness), 궁핍(want), 무지(ignorance), 불결(squalor)을 들면서 이 중 궁핍 문제를 막기 위해 사회보장(social security)을 완비할 것을 주장한다.

그는 사회보험의 원칙으로 보험료의 갹출은 소득수준을 불문하고 동일한 금액(flat_rate contribution)으로 하고 보험급여수준은 국민최저수준(national minimum)이 되는 동일한 혜택(flat_rate benefit)으로 할 것과 사회보험은 각종 사회적 사고를 포함하는 포괄적인 제도가 되도록 할 것 등을 제시하였다.

즉, 그는 개인의 소득수준을 불문하고 동일갹출·동일급여의 원칙을 제시하였다. 그리고 국민 대다수의 기본적인 욕구충족은 사회보험에 의하되 사보험과 공적 부조제도에 의하여 보충할 수 있는 여지를 남겨두고 또한 이를 조장하는 것이 바람직하다고 주장하였다. 즉, 사회보험은 기본적으로 필요한 최소한 만을 보장하고 그 이상의 욕구는 개인의 능력에 따라 사보험 등으로 보충토록 하는 자본주의 국가에서의 사회보장의 기본원리를 제시하였으며, 이 기본원리는 오늘날까지 대부분의 자본주의 국가에서 당연한 것으로 받아들여지고 있다.

또한 그는 사회보장 계획의 성공을 위한 세 가지 전제조건으로, 첫째 가족수가 많아 초래되는 빈곤의 문제는 가족수당으로 퇴치하고, 둘째 대규모 실업은 정부가 직접적으로 개입하여 피하도록 해야 하며, 정부는 완전고용 유지의 책임이 있으며, 셋째 사회의 모든 구성원을 위하여 정부는 종합적인 의료서비스 혜택을 부여하여야 하며 이를 위하여 국가보건 서비스제도를 창설할 것을 주장하였다.

이와 같이 전쟁기간 중에 처칠의 보수당 연립정부 하에서 베버리지가 제시한 사회보장 계획은 전후 1945년의 총선거에서 압승한 애틀리(Atlee)의 노동당 정부에 의하여 그대로 입법되어 오늘날까지 영국 사회보장의 근간이 되고 있다.

1946년 국민보험법(National Insurance Act)을 제정하여 노령, 질병,

불구, 실업, 남편의 사망, 분만 등 각종 사회적 사고시 소득을 보장하는 포괄적 사회보험 체제를 마련한다. 즉, 연금, 산재보험, 실업보험, 상병 수당 등 현금급여제도를 하나의 제도로 통합하여 오늘날까지 유지되고 있다.

또한 1946년에 국가보건서비스법(National Health Service Act)을 제 정하여 영국 내에 거주하는 모든 주민(외국인도 해당)에게 정부재정으로 무료로 의료서비스를 제공하는 제도를 마련하여 1948년부터 시행, 오 늘날까지 유지하고 있다. 이로써 영국은 1911년 사회보험방식의 의료 보험제도를 시행한 이래 정부재정에 의한 무료서비스(NHS) 방식으로 전환하여 비로소 37년 만에 전국민에게 의료보장을 달성하게 된다.

또한 1945년에 가족수당법(Family Allowance Act)을 제정하여 2인 이상의 아동이 있는 가구에 정부재정으로 수당을 지급한다. 공적 부조 제도에 있어서는 1948년에 국민부조법(National Assistance Act)을 제정 하여 구빈사업을 지방정부책임에서 중앙정부책임으로 전환하여 1601 년부터 시작된 구빈법(Poor Law) 체제를 폐지하고 구빈사업을 현대화 한다.

베버리지 사회보장계획의 기본정신은 평등(平等)과 통합(統合)의 이념이라 할 수 있다. 평등의 이념은 무엇보다도 모든 주민에게 평등 의료를 보장하는 국가보건서비스제도에 가장 잘 나타나 있으며, 연금 제도에 있어서도 모든 국민에게 동액의 기본연금을 보장하는 것도 평 등이념의 표현이라고 할 수 있다. 이 밖에도 모든 국민을 차별하지 않 고 동등하게 대우하려는 정신이 각종 사회보장제도에 기본적으로 스며 있다고 하겠다.

통합의 원리는 우선 각종 사회적 사고(노령, 질병, 불구, 실업, 사망, 분만 등)를 포괄하여 국민보험법이라는 하나의 제도 속에 묶고 있고 모든 국민을 하나의 제도 속에 포함시키는 통합체제로 하고 있다는 점에 잘 나타나 있다. 독일, 일본 등 분립체제로 하는 나라들이 적용대상(피용자, 자영자 구분, 직종 구분 등)에 따라 적용체제를 달리하여 제도의 내용이나 급여수준 등에 차등이 있는 점과 다르다.

그러나 그 후 세월이 흐르고 여건이 바뀜에 따라 베버리지의 이상은 변화를 겪지 않을 수 없게 되었다. 우선 연금제도에서 동액갹출에 입각한 동액급여의 수준을 저소득자의 부담능력을 고려하면서 어떻게 인상시켜 나가느냐 하는 것이 문제였다. 동액갹출 수준은 저소득자에게는 부담이 되었으며 한편 저소득자의 부담능력을 고려하다 보니 급여수준은 적절한 수준이 되지 못하게 되었다. 낮은 수준의 동액급여 수준에 만족하지 못하는 국민은 보험회사 등이 운영하는 기업연금(occupational pension)에 가입하는 현상이 증가하게 되었다.

그리하여 베버리지의 동액주의 대신에 소득수준에 연계된 동률주의(earnings_relativism)라는 새로운 원칙을 도입하여야 한다는 주장이 대두되게 되었다. 따라서 1961년부터 기존의 동액주의 체제 위에 동률주의를 병행하는 제도를 노령연금에 부분적으로 실시하게 된다.

그 후에도 연금개혁에 관한 논의는 계속되어 마침내 1975년 노동당 정부가 사회보장연금법(Social Security Pensions Act)을 제정하여 1978년부터 실시하여 오늘에 이르고 있다. 이 법은 기존의 동액의 기초연금 외에 소득연계연금을 의무적으로 가입토록 하는 2원연금제로 전환하되, 소득연계연금 부분은 국가에서 운영하는 제도에 가입하거나 민간보험회사가 운영하는 기업연금에 가입해도 되도록 계약면제(contracting_out)를 인정하고 있다.

그 후 1970년대 중반 이후 영국경제가 침체됨에 따라, 특히 1979년 대처(Thatcher)의 보수당 정부가 집권한 이후 사회보장에서도 보수주의로 선회하여, 이 부분에 대한 정부의 공공지출에 대한 통제가 강화되고 사회복지서비스 전반에 걸쳐 자유시장적인 요소를 확대하는 민영화(privatization)의 방향으로 나아가게 된다. 다시 말해 자유시장적인 경쟁원리를 도입하거나 상업적 부문 등 민간부문의 역할을 확대하고 있다.

예를 들면, 국가보건서비스(NHS)도 국가재정의 한계 속에서 1991년부터 부분적으로 경쟁원리를 도입하여 국영병원에 일부 자율운영을 허용하여 봉급의 자율결정과 사보험 환자를 받을 수 있게 하고, 1차 의료를 담당하는 가정의(family doctor)에게도 독립적인 예산집행을 허용하여 가정의의 선택에 따라 관할지역 외의 병원에도 환자를 의뢰할 수 있도록 하는 등 신축성을 부여하고 있다. 이와 같은 NHS 개혁은 그 동안 경직되어 있었던 NHS 운영에 상당한 성과를 올리고 있는 것으로 평가되고 있다.

그 후 1997년에 집권한 블레어(Blair)의 노동당 정부는 과거 노동당의 기본적인 입장이었던 복지확대 입장을 버리고 이른바 '제3의 길(a third way)'로 나아가고 있다. 이는 지난 20여 년간의 보수당 정부의 정책방향을 이어받아, 과거의 비용이 많이 드는 국가 독점적인 서비스 공급은 지양하되 그렇다고 일방적으로 자유시장에 기반을 둔 해결책만 추구하지는 않겠다는 중립적인 입장으로 전환한 것이다.

구체적으로는 '복지로부터 일로(from welfare to work)'라는 방향전환으로 나타났다.[2] 여기에 포함된 조치로는 젊은 실업자를 대상으로 직업훈련 실시, 저소득 가구를 위한 세금공제, 국가최저임금의 도입 등이며 노동시장 참여만이 빈곤과 복지의존성을 탈피할 수 있는 수단이라는 것이다. 그러나 이 제3의 길이 지난 20여 년간의 복지개혁이 초래한 빈곤 및 불평등의 증가문제에 대한 해결책인지에 대하여 좌·우익 양측으로부터 비판을 받고 있다.

이러한 정부의 복지지출에 대한 통제확대와 민영화의 추구 등으로 영국의 복지수준은 오늘날 매우 낮아지고 있다. 예를 들면 연금제도에 의한 평균 소득대체율(퇴직 전 소득에 대한 연금액의 비율)은 1998년 현재 36%(기초연금 16%, 소득연계연금 20%) 수준이며, 이 수준도 점차 떨어져 2030년경에는 26%(기초연금 10%, 소득연계연금 16%) 수준이 될 것으로 전망하고 있어 노후 소득보장의 적절성은 완전히 포기한 것이나 다름없게 되어 있다. 현재로서도 이미 연금수급자 중 정부의 공적 부조(생활보호) 수급자의 비율이 약 5분의 1에 달하고 있다.

영국의 복지수준은 이미 1990년에 복지모형 구분을 제시한 에스핑 안데르센(Esping_Andersen)에 의하면 미국과 함께 하위그룹에 속하는 자유주의적(liberal) 복지모형에 포함시키고 있다.[3]

결론적으로 영국의 제도는 사회보장제도가 지향하는 평등과 사회적 통합의 이념을 실현하는 데에는 비교적 유리한 제도이나, 경제침체로 인한 높은 수준의 정부재정부담 곤란과 통합체제로 인한 운영상의 신축성과 자율성의 부족 등으로 인하여 후퇴하지 않을 수 없었다. 어쨌든 평등과 통합의 원리에 입각한 복지국가를 만들고자 했던 베버리지의 이상은 오늘날 크게 퇴색되었다고 하겠다.

제6장

영국 국가보건서비스의 이상과 현실

국가가 정부재정으로 모든 국민에게 무료로 의료서비스를 제공하는 국가보건서비스(National Health Service : NHS) 방식의 의료보장제도는 1948년 영국에서 처음 실시되었으며, 현재는 영연방 일부 국가와 스웨덴, 이탈리아 등에서 실시되고 있다.

영국의 의료보장은 당초 사회보험방식으로 시작되었다. 영국은 1911년 그 당시 재무상이었던 로이드 조지(Lloyd George)의 주도로 의료보험제도를 도입하였다. 로이드 조지가 의료보험 계획을 구체화하는 과정에서 기존 이해관계 집단인 공제조합, 민간보험회사, 의사단체의 반발 등으로 많은 어려움이 있었다. 이 중에서 공제조합은 사적 조직체로서 19세기에 크게 확장되었으며 20세기 초에는 이미 성인남자의 약 1/2이 조합원으로 가입되어 있었다. 결국 로이드 조지는 공제조합과 타협하여 공제조합이 의료보험제도의 관리를 맡게 하였다.

이러한 체제로 실시된 결과 의료보험제도는 많은 문제점을 가지고 있었다. 국민의 일부만을 적용대상으로 하고 있었으며 입원진료와 전문의 진료는 포함되지 않고 있었다. 근로자 본인만이 적용되었으며 배우자와 아동 등 부양가족은 적용되지 않았고 자영자와 고소득 근로자 등도 적용되지 않았다. 이러한 결과로 1940년대 중반까지도 전국민의 절반 정도밖에 의료보험이 적용되지 않았다.

이러한 문제점을 해결하기 위한 노력은 그 간 수차례 있었으나 성사되지 못하였고 마침내 제2차 세계대전을 계기로 1942년에 제시된 『베버리지(Beveridge) 보고서』의 건의에 따라 1946년 국가보건서비스법(National Health Service Act)이 제정되어 1948년부터 시행되어 오늘에 이르고 있다.

국가보건서비스는 주민의 보건문제에 관한 종합적인 서비스를 정부가 제공하는 제도로서 질병의 치료뿐만 아니라 공중보건, 환경보전 등 예방적 대책까지 포함하고 있다. 모든 주민을 대상으로 하고 있으므로 일정기간 거주하면 외국인도 그 적용대상이 될 수 있다. NHS의 구조는 가정의(家庭醫) 서비스, 병원서비스, 지역사회서비스로 구분되며, 소요되는 재정은 주로 국가의 일반회계에서 부담(87%)하며 일부 국민보험 기여금(10%) 그리고 치료시 본인 일부부담금(3%)으로 구성되어 있다.

가정의 서비스는 1차 의료서비스로서 영국에 거주하는 주민은 누구나 일정지역 내에서 한 가정의(family doctor)를 선정·등록하고 치료를 받는다. 이 가정의는 일반의(general practitioner)로서 3,500명까지 등록을 받을 수 있다. 이들은 단독으로 개업하나 분야별로 전문화하여 집단개원도 가능하며 최근에는 가정의를 전문의료분과의 하나로 인정해 가는 추세이다.

질병이 발생하면 우선 가정의에게 치료를 받으며 진단결과 필요하다고 인정될 경우 전문의 또는 병원에 진료를 의뢰하게 된다. 따라서 가정의는 진단·치료는 물론 상담 등 예방적 역할을 담당하고 있어 건강문제에 관하여 주민이 최초로 접근하는 장소라고 할 수 있다.

가정의 진료보수는 1965년까지 완전한 인두제(人頭制)로서 등록된 인원수 1인당 정액으로 지급하였으나, 1966년부터는 인두제를 원칙으로 하되 특수한 경우에 별도로 수당을 가산하고 있다. 즉, 시간외 근무, 야간방문치료, 의사가 희소한 지역 근무시, 응급치료, 분만서비스, 피임서비스, 예방접종 등의 경우 별도로 수당이 지급된다. 환자는 치료시 가정의 서비스에 대하여는 무료이나 의사의 처방전에 의하여 약국에서 약을 살 때 약의 종류(item)별로 소액의 자부담이 있다.

2차 의료에 해당하는 병원치료 및 전문의 치료는 주로 가정의로부터 의뢰되어 입원 또는 외래치료를 받게 되며 치료비는 무료이다. 영국의 NHS에서 운영하는 병원은 약 2,700여 개로서 종합병원, 수련병원, 정신병원, 분만센터, 재활센터, 회복시설 등 광범위한 시설을 포함하며 여기에서 의사, 간호사, 실험실기사, 사회사업가, 보조요원 등 70만 명 정도가 종사하며 이들은 공무원의 신분을 가진다. NHS 총재정의 약 2/3를 병원서비스에 쓰고 있다.

병원은 절반 정도가 19세기에 건립되어 시설이 협소하고 노후한 형편이어 1960년대부터 시설개선에 노력하고 있으나 국가재정 형편상 아직 미흡한 수준이다. 의료인력도 의사, 간호사 확보에 어려움이 있고, 특히 의사는 인도, 파키스탄계 등 외국인력에 의존하는 비율이 높아 문제가 되고 있다. 오늘날 급성의 외과치료와 정신병 치료는 병상 회전율이 빨라지고 있으나 장기노인환자, 분만 등으로 인하여 병실부족이 초래되고 있다.

이 외에도 지역사회 내의 보건계획의 수립, 보건교육, 방문·검진·예방접종, 모자보건사업, 가족계획사업, 학교보건서비스 등 지역사회 보건서비스사업도 NHS에서 담당하고 있다.

NHS는 국가재정으로 운영하고 있으므로 도입 이래, 특히 1970년대 중반 이후 국가재정의 한계 속에서 재정난을 겪고 있다. 따라서 의료비에 대한 통제가 강화되고 있고 서비스의 질적 수준미흡과 장기간의 입원대기 등 진료지연의 문제가 심각하다. 이러한 문제에 대한 대책으로 대처(Thatcher)의 보수당 정부는 1991년부터 NHS에 자유시장적 경쟁원리를 가미하는 의료개혁을 단행하였다.[1]

그 개혁의 내용은 첫째로, 자율운영병원제(self_governing hospital)를 도입하여 규모가 큰 병원은 소속된 지역보건당국의 통제에서 벗어나 타 지역 보건당국, 사립병원, 개인환자 등과의 계약의 자유가 허용되고 직원의 봉급결정도 자율적으로 할 수 있게 하였다. 둘째로, 가정의(family doctor)도 독립적인 예산집행(GP budget holder)이 허용되어 등록주민수에 따라 NHS에서 배정되는 예산의 범위 안에서 주민을 위하여 병원서비스를 직접 구매하여 서비스가 좋은 병원 또는 타 지구의 병원에도 자기 환자를 의뢰할 수 있도록 융통성을 부여하였다. 이러한 의료개혁은 종래의 경직된 NHS운영에 융통성을 부여하고 비용측면에서도 성과가 있는 것으로 나타나고 있으나, 일부에서는 NHS를 민영화 (privatise)하려는 시도라는 비판도 있다.

이러한 NHS의 국가재정에 의한 무료치료제도의 시행에도 불구하고 영국 내에서 NHS를 이용하지 않으려는 민간보험 가입자가 점차 증가(인구의 약 9% 수준이 가입)하고 있고 사립병원이 증가(총 병상수의 8% 수준을 차지)하는 현상이 나타나고 있다.

NHS는 모든 국민에게 평등의료를 보장하며 누구나 무료로 치료를 받도록 함으로써 의료의 사회화를 실현한 이상적인 제도이다. 오늘날 영국의 국가재정의 한계 속에서 국가 재정적자의 주요인이 되고 있으며 또한 의료의 질적 저하 등의 문제로 고민하고 있다.

그러나 모든 국민에게 기본적으로 필요한 수준의 의료는 국가가 보장하여 누구나 돈이 없어도 치료를 받을 수 있게 해 준다는 큰 장점이 있다. 또한 민간에 의한 자유의료체계를 유지하고 있는 미국의 경우와 비교할 때 대체로 약 2/3의 비용으로 비슷한 치료를 받을 수 있게 해 준다는 점에서 비교적 비용절감적이라고 할 수 있다.

그러기에 영국 국민들은 오늘날도 NHS를 포기하고 사회보험 방식의 의료보험제도로 다시 돌아갈 것인가 하는 질문에 대해 단연코 '아니다(No)'라고 답하고 있는 것이다.

제7장

세계 최고의 복지국가 스웨덴

스웨덴은 19세기 말까지 유럽 북부에 위치한 후진적인 농업국가였다. 그러나 20세기 한 세기만에 산업화에 진입하여 이를 넘어섰으며 사상 유례가 없는 복지발전을 이루어 세계 사회복지사에 하나의 역할모형(role model)이 되고 있다.

스웨덴은 의료문제에 대하여는 기본적으로 무료로 모든 주민에게 평등하게 해결해 준다는 의료의 사회화 전통이 일찍부터 수립되어 있었다. 17세기 후반부터 외래치료는 지역사회별로 공의(公醫)인 지역의무관이 지정되어 담당하였다. 입원진료에서도 중세 이래로 교회가 구빈세를 재원으로 환자를 수용보호하던 전통에 따라 병원입원비는 주민이 낸 세금으로 주(州)정부가 부담한다는 원칙이 수립되어 왔다. 즉, 평등의료의 전통은 스웨덴이 적극적으로 복지정책을 추진하기 전부터 수립되어 있었다.

스웨덴이 복지국가로 전환하기 시작한 것은 1932년 사회민주당이 집권하면서부터라고 할 수 있다. 이 사회민주당은 당초 1889년에 창당하여 초기에는 매우 혁명적이었으나 1909년 총파업에 실패한 후 온건노선으로 돌아서 정치·사회적 개혁을 추구하다가 마침내 1932년에 집권에 성공하여 그 후 1976년까지 44년간 계속 집권하여 정치적 안정을 누리면서 근로자의 편에 서서 복지정책을 확대해 나간다.

사회민주당은 경제정책 기조로서 '신경제정책'을 내세웠는데 이는 미르달(Gunnar Myrdal) 등 스톡홀름 학파의 경제이론에서 나온 것으로 정부의 재정지출 확대를 주장하는 케인스적 경제이론이었다. 복지정책의 기조로는 '국민의 집(People's Home)' 전략을 추진하였다.[1] 이는 국민 간에 사회적·경제적 장벽을 허물어 모든 국민이 함께하는 느낌(feeling of togetherness)을 갖게 하는 것이며, 따라서 모든 국민을 평등하게 대우하는 사회를 만들겠다는 것이다. 이 전략은 교육, 주택, 취업활동, 사회보장분야 등에 적용되었다.

특히 1951년까지 사회부장관을 지낸 묄러(Gustav Möller)는 강력한 평등주의 전략의 주창자 이었다. 그의 주도로 1946년에 국민연금(folk pension)이 도입되었는데, 이는 국가재정으로 모든 노인에게 보편적 최저기준(universal minimum standard)이 되는 정액(flat rate)의 기초연금을 지급하는 것이었다. 이는 영국의 베버리지(Beveridge)의 동액주의 원칙과 비슷한 것으로서 영국은 사회보험 방식에 의하였으나 스웨덴은 국가재정으로 하였다는 점에서 보다 평등주의적이라고 할 수 있다.

또한 국민의 주택문제 해결을 위하여 1948년에 국민주택공단 (National Housing Board)을 설립하여 1960년대 초에 주택건설 '100만호 계획(one million program)'을 추진한다. 고용정책에서는 1948년에 노동시장청(National Labor Market Board)을 창설하여 고용정책을 경제정책의 일환으로 보아 생산연령에 있는 모든 국민의 완전고용을 추진한다. 교육분야에서는 1960년대 초에 9년제 의무교육제도가 확립된다.

1955년에 국민의료보험법(National Health Insurance Act)이 제정되어 질병발생시 소득보장(현금급여)을 하는 제도가 도입된다. 질병의 치료비는 평등의료에 의하여 정부가 부담하므로 사회보험 방식의 의료보험제도를 통하여 주로 상병수당, 양친수당 등 현금급여(생계비)를 지급한다. 상병수당(sickness allowance)은 질병으로 출근하지 못할 경우 15일 이후부터 1년간 종전 소득의 70%를 생계비로 지급한다. 양친수당(parent's allowance)은 아동의 육아를 위하여 취업하지 못하는 부모 중 1인에게 아동이 8세에 달할 때까지 최장 450일간 종전 소득의 80~90%를 생계비로 지급한다.

연금제도에서는 1959년에 소득비례 보충연금제도가 도입되어 기존의 정액연금에 추가하여 소득비례연금을 지급하는 2원 연금제도로 전환한다. 이 소득비례연금의 보험료는 전액 사용주가 부담하고 근로자 본인의 부담은 없게 하였다.

1960년대 이후에도 각종 사회복지서비스의 수준이 계속 향상되어 국내총생산(GDP) 대비 사회복지비 지출은 1960년 12%, 1970년 20%, 1975년 25%, 1980년 33%, 1990년 36%로 늘어나 그 이후에는 대체로 국내총생산의 약 1/3 수준에서 안정되어 있다.[2] 그야 말로 '요람에서 무덤까지'의 지상최고의 복지국가를 이루어 놓은 것이다.

스웨덴 복지모델의 핵심은 세 가지 정책(사회보장, 공공서비스, 노동시장정책)의 상호작용에 있다. 이 전략의 핵심은 한편으로는 완전고용을 목적으로 하는 적극적 노동시장정책과 다른 한편으로는 평등이념을 지향하는 보편주의적 복지정책 간의 균형을 유지하기 위한 강력한 개입형 국가(interventionist state)를 전제로 한다.

이러한 강력한 국가개입은 비교적 높은 수준의 세금부담과 공공지출에 기초하여 가능한 것이다.

공공서비스(공공부문)의 성장은 완전고용과 양성(兩性)평등의 달성에 기여하였다. 정부의 공공서비스 확대정책은 여성취업의 기회를 확대하는데 크게 기여하였다. 여성은 교육, 보건, 사회복지서비스 분야에 집중적으로 고용되었다. 스웨덴의 경우 이 분야에 종사하는 여성의 비율은 남성의 3.0배에 달하였다(OECD 평균은 1.8배).

1960년대 초까지 가정에서 전통적 가정주부의 역할을 하던 여성들이 대거 노동시장에 참여하게 되어 여성고용률은 1960년대에 50% 이었던 것이 1990년에는 80%에 달하게 되었다. 이 결과, 남성은 주로 산업분야에, 여성은 서비스분야에 집중적으로 고용되는 패턴을 보여 주었다. 특히, 국가가 무료로 제공하는 보육(탁아)서비스는 아동의 건전양육에 기여하는 한편 여성의 취업촉진과 출산율 향상에도 기여하는 경제적이며 사회적 효과를 함께 가져왔다.

스웨덴 복지정책의 확대에는 1938년부터 도입된 노사대표자 협의체제도 기여한 면이 있다. 협의의 당사자는 경영자연합회(SAF)와 육체노동자 노동조합연맹(LO)으로서 사회민주당 정부를 포함하여 3자합의 하에 많은 전략적 결정이 내려졌다. 이 협의체를 통하여 노사분규를 억제하고 근로자의 임금수준을 합리적으로 타결하였으며 국가가 제공하는 국가복지 문제는 물론 기업복지의 혜택도 여기서 합의되면 거의 모든 기업에 그대로 적용되어 종업원의 복지향상에 기여할 수 있었다.

1970년대의 세계경제 위기는 스웨덴 경제에도 타격을 주었으나 다른 선진국과는 달리 스웨덴은 1970년대 말부터 1980년대까지는 복지정책은 비교적 안정세를 유지할 수 있었다. 1976년 사회민주당 정권이 집권 44년 만에 물러나고 복지문제에 비교적 소극적인 자유당이 집권하였으며 그 이후 1982년에 사회민주당이 다시 집권하였고 그 후 양당이 번갈아 집권하는 현상이 오늘날까지 계속되고 있다. 그러나 사회민주당이 집권한 경우에도 종전과 같은 복지확대 정책을 쓰지 못하고 긴축모델과 확충모델의 중도노선이라고 할 수 있는 현상유지정책, 이른바 '제3의 길(The third way)'을 추구하고 있다.

스웨덴의 경우 1930년대의 대공황에 비견될 만한 경제위기는 1990년대 초에 닥쳐왔다. 실업률은 과거에 세계 최저수준이었던 1.5%에서 1990년대 초에 10%를 넘어서 초기에는 민간산업분야에서 나중에는 공공서비스 분야까지 확산되었다. 1994년 정부의 공공재정적자는 국내총생산의 16%에 달했다. 이러한 상황에서 정부는 1992년에서 1997년까지 사회서비스 부문의 대폭적인 예산삭감과 공공분야의 긴축정책을 펴지 않을 수 없었으며 그 결과로 1990년대 말에야 균형예산을 달성할 수 있었다.

이 과정에서 노동시장 분야에서 과거의 중앙단위의 협의체였던 노사대표자 협의체제가 1990년대 초에 붕괴되어 불안정한 지역단위협상으로 대체되었다.

연금제도에서는 1999년 연금개혁을 통하여 1946년부터 시행되어오던 보편주의에 입각한 기초연금제도를 포기하고 일정소득 이하인 자를 위한 최저연금보증제도(guaranteed minimum pension)를 도입하여 선별주의적인 제도로 전환한다. 소득비례부분에서도 보험료 16%를 부담(근로자 본인과 사용주가 각각 절반씩 부담)하는 명목확정기여(NDC)방식으로 변경하고, 그 외에 보험료 2.5%를 부담(역시 절반씩 부담)하여 근로자별로 개인계정에 적립하여 민간보험회사가 운영토록 하는 민영방식을 도입한다. 이는 과거에는 연금제도를 통하여 모든 노인의 기초소득보장을 사회연대책임으로 하던 것을 이제는 순수한 보험원리와 개인책임에 맡기겠다는 것을 의미한다.

전후에 이룩한 세계 최고수준의 보편적 복지국가의 이상도 이제 현실적인 제약 앞에서 일부 후퇴하지 않을 수 없게 된 것이다. 그러나 오늘날 다소 완화되기는 하였지만 평등한 소득분배, 높은 수준의 여성 취업률, 높은 수준의 국가제공 복지정책이 특징인 세계 최고수준의 복지는 계속 유지되고 있다.

21세기에 접어들어 스웨덴은 후기산업사회에서 경제적 성장과 평등을 동시에 달성할 수 있는 지식주도의 복지정책을 추구하고 있다.[3] 선도적인 IT 강국으로서의 위치를 강화하고 모든 국민에게 평생교육과 개인기술향상을 통하여 다가오는 지식기반사회(knowledge_ based society)에서 적극적인 역할을 하도록 유도한다는 것이다. 이를 위하여 스웨덴 국민의 취업활동기간 전체에 걸친 능력향상 계획을 실행하고, 특히 저학력 집단의 취업능력 향상을 위한 성인교육을 강화하고 있다.

오늘날 경제의 세계화에 따라 노동시장의 유연성과 불안정성이 높아지는 상황에서 이러한 취업지향적인 전략이 과연 성과를 거둘 수 있을 것인지 관심을 가지고 지켜볼 일이다. 그리하여 스웨덴이 추구하는 지식주도의 복지정책으로 경제성장과 평등을 동시에 달성하여 세계 최고수준의 복지국가를 계속 유지시켜 나갈 것인지도 지켜볼 일이다.

제8장

미국은 복지후진국인가

미국은 1840년부터 1870년 사이에 산업혁명과 공업화를 경험하였으나 현대적인 의미의 사회복지정책을 추진한 것은 1930년대 이후부터라고 할 수 있다. 그 이전까지는 영국 구빈법의 영향으로 구빈사업에 치중하였고 그것도 주로 주정부 및 지방정부(시·군)와 민간단체(자선단체, 공제조합 등) 중심으로 시행되었다.

미국이 현대적인 사회보장을 시작하게 된 계기는 1930년대에 닥친 대공황의 영향이었다. 실업자는 150만 명에서 1,200만 명으로 늘어나게 되어 지방정부와 민간기관으로서는 도저히 감당할 수 없는 상태가 되었고 부득이 연방정부가 개입하지 않으면 안 되게 되었다. 따라서 1933년에 집권한 루스벨트(F. D. Roosevelt) 정부는 뉴딜(New Deal) 정책의 일환으로 실업자 구호정책과 더불어 항구적인 제도로서 사회보장제도를 추진한다.

이를 위하여 1934년에 경제보장위원회를 구성하여 그 건의를 받아들여 1935년에 사회보장법(Social Security Act)을 제정한다. 이 법에서 세계 최초로 '사회보장'이라는 용어가 사용되어 오늘날 세계 각국에서 널리 이용되고 있다.

이 법은 세 부분으로 구성되어 있다. 첫째, 사회보험방식에 의한 노령연금제도를 창설하여 연방정부가 직접 운영하고, 둘째 저소득층을 위한 공적 부조제도(ADC)를 신설하여 주정주가 운영하며, 셋째 실업보험제도를 신설하여 주정부가 운영하는 것이었다. 이로써 미국은 유럽 여러 나라보다 훨씬 늦게 사회보험제도를 도입하게 된 것이다.

이처럼 미국에서 사회보험제도가 늦게 도입된 이유는, 개인의 자유와 자기책임(자조)을 존중하는 개인주의 정신이 강했고 주권(州權)을 존중하는 지방분권주의가 강하여 사회보험의 특성인 강제성과 연방정부에 의한 중앙관리체제에 저항하였기 때문이라 할 수 있다.

이 법에 의하여 연금제도는 도입되었으나 의료보험제도는 도입되지 못하였다. 당초 위원회의 건의에는 포함되어 있었으나 의회의 심의과정에서 미국의사협회(American Medical Association)가 자유진료제한, 수입감소 등을 우려하여 반대함으로써 입법되지 못하였다.

그 후 의료보험제도 도입에 관한 논의는 계속되어 1950년대 트루먼(Truman) 대통령이 다시 도입을 추진하였으나 역시 의사단체의 반대로 저지되었다.

1960년대에 민주당의 케네디(Kennedy) 대통령이 집권한 후 노인의료보험제도 도입에 관한 논의가 시작되어 1965년 존슨(Johnson) 대통령 정부 하에서 사회보장법 개정안이 통과되어 노인의료보험제도(Medicare)와 저소득층을 위한 의료보호제도(Medicaid)가 실시된다.

1992년에도 민주당의 클린턴(Clinton)이 집권한 후 그의 선거공약인 의료보험제도 도입을 위하여 의료개혁(Health Care Reform)을 추진하였으나 역시 의료계, 보험사, 사용자단체 등의 반대캠페인과 거대정부에 대한 국민일반의 거부감 등의 이유로 성사되지 못하였다.

따라서 미국은 아직까지도 일반국민을 위한 사회보험방식의 의료보험제도를 도입하지 못한 나라로 남아 있다. 미국의 공적 의료보장제도는 노인과 저소득층을 위한 제도가 있을 뿐이며 나머지 대부분의 국민은 개별적으로 민간의료보험에 가입하고 있다. 현재 의료보험 가입현황을 보면 노인의료보험(Medicare) 14%, 의료보호(Medicaid) 12%, 민간의료보험에 60% 정도가 가입되어 있고 의료보험에 가입하지 않은 무보험국민도 약 15%가 되는 실정이다.[1]

민간의료보험은 가입자가 희망에 따라 임의로 가입하는 제도로서 가입자의 능력에 따라 다양한 형태가 있다. 그 중 입원보험(Blue Cross)과 외래보험(Blue Shield)은 미국에서 가장 전통 있고 전국적인 조직으로 운영되는 것으로서 보험료가 비싸고 혜택이 좋은 보험이다. 건강유지기구(Health Maintenance Organization : HMO)는 회비를 인두제(人頭制)에 의한 정액으로 미리 내고 치료 및 건강상담, 예방접종 등 포괄적인 의료서비스를 제공하는 방식이다.

이 밖에도 보험회사와 가입자 간의 계약내용에 따라 급여의 내용,

범위 등이 다양하다. 민간의료보험 체제하에서는 능력 있고 잘 사는 국민은 보험료도 비싸고 혜택의 범위도 넓은 좋은 보험에 가입할 수 있지만 능력 없고 가난한 국민은 낮은 수준의 보험에도 가입할 수 없게 되는 문제가 있는 것이다.

어쨌든 미국은 세계에서 의료비가 가장 비싼 나라로서 국내총생산(GDP) 대비 의료비의 수준은 선진국 중 가장 높은 수준(GDP 대비 약 15% 수준임)에 있으면서도 온전한 사회보장제도에 의한 의료보장을 실현하지 못한 나라로 남아 있다.

저소득층을 위한 공적 부조제도에서는 1960년대 케네디와 존슨 대통령 시기의 '위대한 사회(Great Society)' 프로그램에 의하여 제도의 명칭을 AFDC로 바꾸고 자격요건을 완화하여 대상자를 크게 늘렸다. 그 수혜대상은 1960년 310만 명에서 1974년에는 1,080만 명까지 늘어났다. 또한 미국은 19세기 후반부터 자선단체 등 민간기관의 활동이 활성화되어 있었던 관계로 20세기 초부터 전문적인 사회사업(social work) 기법이 발달하게 되었다. 따라서 노인, 아동, 장애인 등을 위한 사회복지서비스가 선진국 중에서도 비교적 잘 발달되어 있는 편이다.

1970년대 중반부터 불어닥친 세계경제의 침체는 미국에도 영향을 미쳐 고도성장기에 확대된 복지지출의 유지를 어렵게 하고 있다. 1980년대에 공화당의 레이건(Reagan) 대통령이 집권하면서 연방정부의 지출삭감과 사회복지 지출의 억제정책을 추진한다. 이에 따라 공적 부조 사업에도 보호인원을 대폭 감축하여 "일 하든지 아니면 굶어 죽든지" 하라고 하여 'welfare'가 아니고 'workfare'라는 말까지 생겨나고 있다.

1990년대에 들어와서도 공적 부조제도에 대한 논란은 계속되어 과거에는 복지문제에 비교적 적극적인 입장이었던 민주당까지도 소극적인 입장으로 돌아서고 있다. 민주당의 클린턴 대통령은 1992년에 '우리가 알고 있는 복지에 종지부를 찍는 새로운 민주당(new Democrats to end welfare as we know it)'이라는 선언을 한 후, 기존의 AFDC제도를 폐지하고 최장 2년까지만 급여를 허용하는 요보호가정 임시부조제도 (Temporary Assistance to Needy Families : TANF)로 변경한다. 이 조치로 수십만 명의 빈곤가정의 어머니가 복지급여 혜택을 잃고 노동시장으로 내몰리게 되었다.

이 처럼 미국은 종래부터의 전통의 영향으로 사회보험의 역할이 제한적이고(특히, 공적 의료보험제도가 없으며) 공적 부조와 사회복지서비스의 역할이 비교적 크다. 자유시장경제(free market economy)를 존중하여 개인이 스스로 문제를 해결하지 못할 때 사회복지가 보충적 (residual) 역할을 담당하도록 하고 있어 선진국 중 복지문제에 대하여 비교적 소극적 입장인 것으로 평가되고 있다.

에스핑 안데르센(Esping_Andersen)은 복지모형의 세 가지 구분 중 가장 소극적 입장에 속하는 자유주의(liberal) 복지모형의 대표적인 국가로 미국을 들고 있다.[2] 국민생활의 전반적인 분야에 대하여 보편적 (universal)인 급여와 서비스를 제공하지 못하는 미국을 과연 진정한 복지국가에 포함시킬 수 있는가에 대하여 의문을 제기하고 미국을 '준복지국가(semi_welfare state)'라고 부르는 학자도 있다.[3]

더욱이, 오늘날 경제의 세계화에 따라 미국 중심의 신자유주의

(neo_liberalism)의 물결이 세계시장을 휩쓸고 있다. 신자유주의는 세계시장에서 자유시장경제의 원리를 보다 강화하려는 입장이며 이에 따라 국가와 기업들의 국제적인 경쟁이 보다 치열해지고 있다. 이러한 상황에서 국제경쟁에 이기기 위해서는 복지문제에 대하여 소극적인 미국류의 능력주의 원칙이 보다 힘을 얻게 된다.

이제 미국에서 시발된 '복지에서 일로(from welfare to work)'라는 구호가 영국, 스웨덴을 비롯한 유럽 여러 나라 등에까지 확산되고 있으며 우리나라에도 '생산적 복지'라는 이름으로 영향을 미치고 있는 것이다.

제9장

복지사회를 지향한 일본

일본은 1867년 메이지유신(明治維新) 이후 근대화의 길을 걸어왔다. 정치적으로는 크게 두 단계로 나누는데 1945년 제2차 세계대전이 끝나기 전까지의 군국주의 시기와 그 후의 민주국가의 시기로 구분할 수 있다. 일본의 복지발전은 이러한 정치발전과 관련하여 전개되고 있다.

일본은 메이지유신 이후 경제우선 정책에 주력하나 그 후 다시 군사우선 정책으로 전환한다. 1945년 제2차 세계대전에 패전하기까지의 사회복지정책도 이러한 국가목표와 관련하여 전개되고 있다. 1929년 구호법을 제정하여 정부재정에 의하여 요보호 노인, 아동, 장애인에 대한 제한적인 구호사업을 실시한다. 이와는 별도로 1917년에 군사구호법을 따로 제정하여 군국주의를 뒷받침하였다. 1941년에는 빈곤층 의료문제 해결을 위한 의료보호법을 제정한다.

사회보험에 관한 입법으로는 1927년에 직장근로자를 위한 건강보험제도가 실시되고 1938년에는 농어민 및 자영자를 위한 국민건강보험제도가 시작된다. 연금제도에서는 전쟁 중인 1942년에 피용근로자에 대한 노동자연금보험법이 시행된다. 건강보험의 실시는 국민의 질병치료와 더불어 건강한 노동력을 유지하고 생산성 향상을 기하는 목적이 있었으며, 특히 1938년 농어민과 자영자에 대한 국민건강보험의 실시는 중국침략에 따른 국가동원법 실시(1938년)와 농업공황에 따른 건병건민(健兵健民)정책의 일환이기도 하였다. 또한 제2차 세계대전 중에 연금제도를 실시한 것은 연금적립금을 활용하여 전비(戰費)를 조달하는 데에도 목적이 있었다.

일본은 이처럼 비교적 빠른 시기에 건강보험제도와 연금제도를 도입하였는데 대상집단별로 분립체제로 하여 대체로 독일식의 비스마르크형(Bismarckian) 사회보험 방식을 택하고 있다.

제2차 세계대전 종료 후 1952년까지 7년간 점령군의 지도하에 미국식의 제도가 도입되었다. 우선 '복지 3법'으로 생활보호법(1946년), 아동복지법(1947년), 신체장애자복지법(1949년)이 제정되고 사회복지사업법(1951년)이 입법되어 미국식의 사회사업 체제가 도입되었다.

1938년에 시작된 국민건강보험제도는 1961년에 모든 농어민과 자영자에게 적용되었고 또한 같은 해에 농어민과 자영자를 위한 국민연금제도가 전면 실시되어, 일본은 1961년에 건강보험과 연금제도를 전국민에게 적용하는 시대를 열게 된다. 우리나라가 건강보험은 1989년에, 연금제도는 1999년에 전국민에게 적용한 것에 비하면 각각 30~40년 앞선 것이다. 사회복지서비스에서는 정신박약자복지법(1960년),

노인복지법(1963년), 모자복지법(1964년)이 추가되어 '복지 6법'의 체제를 갖춘다.

전후 일본경제의 고도성장(연평균 10% 수준)과 호황은 1970년대 초까지 계속되어 대폭적인 복지확대가 이루어진다. 고도성장에 따른 노인문제, 연금수준문제, 의료비대책 등이 사회문제로 대두됨에 따라 1970년대 초에 저소득가구의 아동에게 수당을 지급하는 아동수당제도, 노인의료비의 일부를 국가가 부담하는 노인의료비 지급제도, 연금액을 물가인상수준과 연계하는 물가연동제(sliding system) 등을 도입한다. 이로써 사회보장 예산은 비약적으로 증대되어 일본은 1973년을 '복지원년'으로 부르고 있다.

1970년대 초의 세계경제침체는 일본에도 영향을 미쳐 재정적인 위기에 봉착하게 된다. 1980~1990년대의 재정긴축으로 일본 사회보장제도는 개혁을 겪지 않으면 안 되게 되었으나 일본은 이중적인 전략을 택한다. 한편으로는 재정적인 곤란으로 인한 삭감조치와 더불어 다른 한편으로는 새로운 제도를 도입하고 다가오는 고령사회에 대비하는 조치들이 취해진다.

연금제도와 건강보험에 중앙정부의 재정보조를 줄이는 한편, 1985년에 연금개혁을 통하여 기초연금제도를 새로이 도입하여 기존의 소득비례제와 더불어 2원연금제를 택함으로써 영국, 스웨덴 등에서 시행하고 있는 비교적 이상적인 연금모형으로 전환한다.

또한 다가오는 초고령사회에 대비하여 1989년부터 '고령자 보건복지추진 10개년전략'(이른바 '골드플랜')을 시행하여 노인요양을 위한 시설을 확충하고 인력을 양성한다. 뒤이어 2000년에는 노인요양을 위한 개호(介護)보험제도를 사회보험 방식으로 시행한다.

일본의 사회보장체제는 모든 국민을 함께 적용하는 통합된 체제로 하지 않고 독일방식과 유사하게 적용대상집단에 따른 분립체제를 택함으로써 제도가 복잡다단하고 제도 간 불균형이 매우 심하게 나타나고 있다. 이러한 문제는 건강보험제도에 가장 심각하여 전국적으로 약 5,300여 개의 조합이 구성되어 조합별로 보험료수준과 재정면에서 심한 격차를 보이고 있다. 따라서 일본 사회보장은 제도 간 격차를 줄이고 부담과 급여의 공평을 이루는 과제를 안고 있다.

일본은 비교적 낮은 수준의 실업과 낮은 수준의 사회적 지출이 공존하는 형태를 계속 유지해 오고 있다. 이것은 완전고용이 사회보장의 기능을 어깨에 메고 가는(shouldering), 즉 대체적인(substitutive) 관계가 있다는 것을 의미한다. 이러한 완전고용이 사회보장을 대체하는 역할을 하고 있다는 점에서 일본은 고용중시국가(workfare state)라고도 한다.

일본의 사회복지비 지출은 다른 선진국에 비하여 아직은 낮은 수준이다. 연금, 의료서비스, 기타 사회서비스의 3개 분야로 구성된 사회보장비가 국내총생산(GDP)에서 차지하는 비율은 1975년 9.5%에서 1995년 17%가 되었고 오늘날 그 수준을 유지하고 있으나 유럽 여러 나라의 25~30% 수준보다는 낮은 수준이다.

일본은 국가에서 제공하는 복지수준이 낮은 반면에 기업에서 제공하는 복지혜택의 비율이 비교적 높은 나라이다. 오늘날 다소 약화되기는 하였지만 종업원이 한 회사에 평생 종사한다는 평생고용의 전통이 있어 기업복지의 혜택은 종업원에 대한 정상적이고 1차적인 급여로 보아 주택, 의료, 교육, 문화, 체육시설이용 등을 기업부담으로 하고 있다.

또한 가정 내에서의 노인보호 등 가족구성원에 의한 서비스 역할 담당과 평균수명 연장에 대비한 비교적 높은 수준의 가구저축률 등을 특징으로 하고 있다. 이 처럼 국가가 제공하는 복지수준이 높지 않고 그 대신 기업복지와 가정 내 복지가 비교적 높은 점으로 보아 일본은 복지국가(welfare state)라기보다는 복지사회(welfare society)라고 평가되고 있다.[1]

그러나 오늘날 가족규모가 줄어들고 여성의 취업이 늘고 있어 가족은 더 이상 구성원에 대한 서비스 역할을 담당할 수 없게 되고 있으며, 기업은 규모를 줄이고 구조조정으로 기업복지의 비용을 줄이고 있다. 저축률은 노령인구의 증가에 따라 점차 줄고 있다. 이러한 변화가 일본 복지사회의 특성을 하루아침에 변화시키지는 않겠지만, 장기적으로 보면 일본은 다른 선진국과 비슷한 길을 가야 할 것으로 보인다.

그렇다고 일본이 복지사회에 고별을 고한다 하더라도 바로 복지국가로 가기는 어렵다고 본다. 고령화의 압력과 긴축재정 하에서 연금 및 의료보험에 대한 현재의 정부재정 지출수준을 유지하는 것도 어려운 실정이다. 사회보장 전반에 걸쳐 국가의 복지지출을 늘리기를 기대하기는 어려우며 국민의 자조노력을 최대한 활용하도록 기대할 수밖에 없을 것이다. 복지사회(welfare society)를 지향해 온 일본의 아이디어는 오늘날 일본사회의 구조변화에 따라 이제는 맞지 않는 것이 되고 있으나 아직은 그것을 대체할 만한 새로운 대안이 떠오르지 않고 있는 것이다.

그러나 우리의 입장과 비교해 볼 때에는, 일본은 우리보다 훨씬 앞서서 사회보장제도를 시작하여 선진국제도 중 좋다는 제도는 골고루 골라 도입하여 이제 모든 제도를 거의 완비하였고 급여수준도 우리보다는 훨씬 높은 수준이다. 이제 일본은 그림의 기본틀은 모두 갖추었으며 그 그림을 아름답게 다듬기 위해 윤색(潤色)을 하고 있는 중이라고 할 수 있다. 그러기에 일본은 누가 뭐라고 해도 아시아에서는 유일한 복지국가인 것이다.

제10장

신자유주의의 대두와 복지정책의 변화

1970년대 초까지의 복지전성기와 달리 1970년대 중반부터 선진 각국에 사회복지정책과 관련된 여건이 크게 달라지게 되었다. 복지선 진국의 대부분은 1970년대 중반 이후 경제성장률은 낮아지고 실업률 은 크게 증가하고 산업투자율은 낮아지는 등 경제적인 어려움을 겪고 있다.

이와 같은 경기침체로 정부의 보호를 필요로 하는 계층은 증가되고 정부의 세입은 감소되어 각국 정부의 재정상황을 어렵게 하고 있다.

이러한 상황 속에서 선진 각국은 경제의 자유화를 주장하는 신자 유주의(neo_liberal) 경제정책을 추진하는 보수주의 정당들이 집권하게 되었고 이들의 복지정책도 보수화의 경향을 나타내고 있다. 그 예로 1979년 영국 보수당의 대처, 1980년 미국 공화당의 레이건, 1976년 스웨덴의 자유당, 1983년 독일 기독교민주당 등을 들 수 있다. 이 보수주의 정당들이 물러난 후 노동당, 사회민주당 등 종전에 진보주의적 성격을 띠었던 정당이 다시 집권하더라도 이제는 과거 복지확장기에서처럼 적극적인 복지확대정책을 시도하지 못하고 있다.

더욱이 20세기 말 이후 복지국가의 경제적·정치적·이념적 환경을 크게 변화시킨 두 가지 중요한 발전이 일어나고 있다. 하나는 사회주의 대안(socialist alternative)의 몰락이요, 다른 하나는 경제의 세계화(globalization)이다.[1]

20세기 말에 와서 가장 극적인 그리고 예견하지 못했던 사건은 공산주의의 몰락이었다. 이는 협의로는 마르크스 레닌주의(Marxist_Leninist) 파에 속하는 사회주의의 종언을 의미하며, 보다 넓게는 서방사회에서 의회를 통한 사회주의로의 전환(parliamentary transition to socialism) 가능성도 거의 없어졌다는 것을 의미한다. 다시 말하면, 자본주의에 대체할 어떠한 대안도 가까운 장래에 출현할 가능성이 없게 되었다는 점이다.

이것은 19세기에 산업자본주의가 시작된 이래 처음 있게 된 상황이다. 제2차 세계대전 이후 사회권의 형태로 사회보장제도가 확립된 것은 바로 이와 같은 사회주의의 그늘(shadow) 때문이었다고 할 수 있다. 비스마르크(Bismarck) 시절 이래로 노동운동이라는 기치 아래 내재된 사회주의의 비전과 이념은 자본주의 국가에서 사회개혁을 촉진하는 역할을 하였다. 복지국가는 한편으로는 자유방임주의와 다른 한편으로는 사회주의 사이의 중도노선(middle way)으로 받아들여졌다.

그러나 사회주의 대안의 몰락과 내부에서의 심각한 노동운동의 위협이 사라지게 되자 자유시장경제의 이상과 규제완화 및 민영화를 추구하는 고전적인 자본주의(classical capitalism)로의 회귀가 가능하게 되었다.

다른 하나의 환경변화는 경제의 세계화이다. 세계화(globalization)는 국가경제가 개방되어 명확한 국가경계 구분이 사라지고 국가경제가 국제적인 절차와 거래라는 체제 속에 포함되는 상황을 의미한다. 경제의 세계화로 이제 자본(capital)과 노동(labor)이 국가경계를 넘어 자유롭게 이동하게 되었다.

이제 한 나라 정부의 완전고용 유지나 경제성장 노력의 성공은 어렵게 되었다. 투자여건이 유리한 나라로 자본의 탈출(exit)옵션이 부여됨으로써 노사협상에서 노동자에 비하여 자본가의 힘이 강화되었다. 이제 완전고용, 높은 수준의 누진적 세금, 높은 수준의 공공지출이라는 전통적 사회민주적 전략은 수정되고 신자유주의적이고 화폐주의적인 정책이 힘을 얻게 되었다.

오늘날 세계화는 단순히 시장지향적인 경제적인 현상으로만 볼 수는 없으며 정치적·이념적인 현상의 성격도 동시에 가지고 있다. 세계화는 오늘날 전 세계적으로 점차 세력이 커지고 있는 신자유주의(neo_liberalism) 이념이며 이 이념은 바로 영미계 자본주의(Anglo-American capitalism)가 주도하고 있는 것이다.

오늘날 세계 자본주의는 사회적 보장과 사회적 합의를 기초로 하는 유럽형의 사회적 시장자본주의(social market capitalism)와 최소한의 사회적 보장에 기초한 자유시장 이념을 주장하는 미국형의 신자유주의적 자본주의(neo_liberal capitalism)로 대별할 수 있다. 세계화는 세계 자본주의 시장에서 후자가 주도권을 잡아가는 과정이라 할 수 있다.

이 과정에서 선진 7개국(G7), 국제통화기금(IMF), 경제협력개발기구(OECD), 세계은행(IBRD), 세계무역기구(WTO) 등 국제적인 기구들이 중요한 역할을 하고 있다. IMF와 OECD는 규제완화·상품화·민영화를 선진산업국들에게 권고하고 있다. IMF와 OECD가 유럽 복지국가들에게 미국과 영국식의 신자유주의적 접근방식의 방향으로 나가도록 권고하고 있다는 것은 오늘날 비밀이 아니다. 또한 이 국제기구들에서 미국의 입김이 비교적 강하다는 것도 비밀이 아닌 것이다.

이러한 신자유주의는 정부의 재정적자를 줄일 것을 주장한다. 정부의 재정적자 축소로 민간투자가 확대되어야 경제성장과 고용창출이 가능하다는 것이다. 정부의 재정적자를 줄이기 위해서는 세금을 인상하는 방법보다는 지출을 줄이는 방법을 선호한다. 결국 재정적자를 줄인다는 것은 바로 공공지출, 즉 사회적 지출을 줄인다는 것을 의미한다. 여기에 각국 정부는 사회적 지출을 줄이고 결국은 사회국가(social state)의 축소가 불가피하게 된 것이다.

정부재정에서 사회적 지출의 축소는 당연히 사회적 권리(social rights)의 후퇴로 나타나게 된다. 이러한 현상은 신자유주의 이념이 힘을 발휘했던 미국과 영국에서 가장 두드러졌으며 서유럽 여러 나라와 일본도 예외는 아니었다.

사회권의 후퇴는 먼저 전후 복지국가의 가장 기본적인 원칙이었던 보편성(universality)의 후퇴로 나타났다. 보편성의 후퇴는 소득보장제도와 의료보장제도 중에서 소득보장제도에 더욱 심했다.

연금제도에서 급여수준을 낮추거나 수급자격요건을 강화하는 등여러 가지 제한과 축소가 행해졌다. 일부 국가에서는 부분적으로 민간보험으로 넘기는 민영화 방식을 도입하였다. 재원이 부족할 때에는 모든 국민에게 보편적으로 급여하는 것보다는 가장 곤궁한 자에게 집중적으로 지원하는 것이 낫다는 신자유주의 이념이 힘을 얻고 보편성을포기하고 선별성(selectivity)으로 옮겨가는 현상도 나타났다.

의료보장은 대체로 대다수 국민으로부터 강한 지지를 받고 있기때문에 비교적 덜 훼손되었으나, 여기에도 상당 부분 후퇴가 일어나고있다. 급여수준의 축소, 치료시 본인부담의 증가, 서비스의 질저하 그리고 민영화 등이 그것이다.

가장 많은 공격을 받은 것은 공적 부조제도와 실업보험제도였다. 일할 능력을 가진 공적 부조대상, 즉 실직자와 홀로 부양책임이 있는빈곤 가정의 어머니(sole support mother)는 복지의존성과 일할 의욕이없는 문제대상으로 인식되었다. 공적 부조의 급여수준을 낮추고 일할능력이 있는 자에게는 자격요건을 까다롭게 하였다. 공적 부조를 받기위해서는 직업훈련을 받거나 특정 형태의 '일'이 조건으로 부과되고 수혜기간도 엄격히 제한되기도 하였다. 이것이 바로 'workfare'라고 하는 것으로 실제로 미국은 레이건(Reagan) 대통령 시절에 이를 도입하였고 클린턴(Clinton) 행정부에서는 더욱 강화되었다. 이처럼 미국이'workfare' 개념을 도입하기 시작했지만 이와 비슷한 아이디어들이 다른 나라들에게까지 확산되었다.

실업보험은 취업노력과 이동성에 부정적 영향을 미치며 임금의 하향조정을 하지 못하게 하는 등 노동시장의 유연성을 막는 경직된 제도라는 것이 이 제도를 축소하게 된 가장 중요한 이유였다. 다시 말하면, 실업보험이 실업을 초래한다는 것이다. 따라서 일할 능력이 있는 실업자에 대한 급여삭감은 민간부문의 고용창출을 위한 필요조건으로 인식되었다.

이처럼 신자유주의의 대두로 전후 복지국가의 이상은 많은 부분에서 후퇴하지 않으면 안 되게 된 것이다.

제11장

복지국가의 위기인가

1980년대 이후 신자유주의가 대두되면서 전후 복지국가의 이상은 많은 부분에서 후퇴하고 있다. 이에 따라 일부에서는 복지국가의 위기론을 제기하고 있다. 이들이 제기하는 논점은 대체로 네 가지로서 경제적 문제, 정부의 문제, 재정적 문제 그리고 정당성의 위기를 들 수 있다.[1)]

경제적 문제(economic problems)를 초래하게 된 가장 큰 요인은 1973년의 석유위기(oil crisis)로 인한 세계경제의 침체였다. 1970년대 중반 이래로 대부분의 선진산업국들은 경제성장률이 낮아지고 실업률이 높아지고 투자율이 낮아지게 되었다. 그 결과로 선진자본주의 국가들의 경제상태는 매우 악화되었으며 이는 1950~1960년대의 획기적인 성장과는 대조적인 현상이었다.

정부의 문제(problems of government)는 20세기에 정부의 기능이 종래의 최소한의 야경국가의 개념에서 복지국가로 확대됨에 따라 부담의 과중현상(overload)이 초래된다는 데 있다. 정치인은 표를 얻기 위하여 더 많은 복지혜택의 제공을 약속하게 되고 공무원들은 정부기구를 점차 키워 나가게 된다. 정부기구는 지나치게 거대하고 복잡하게 되어 운영상의 비능률과 비효율이 초래되고 기능의 조정과 통제가 어려워지게 된다.

재정적 문제(fiscal problem)는 정부의 부담과중으로 초래된다. 복지국가가 진전됨에 따라 국민의 기대수준은 높아지고 각종 압력집단이 생겨 자기들의 이해관계를 주장하게 된다. 정부는 각종 서비스 혜택을 늘리면 환영받지만 세금을 늘리는 것은 환영받지 못하게 된다.

그러나 사회적 서비스의 요구가 증대되어 정부의 지출은 팽창하는 반면에, 정부의 세입은 제한되어 있어 세입과 지출의 차이로 인한 재정적 문제가 제기된다. 여기에 정부의 딜레마가 있는 것이다. 이 격차를 메우기 위하여 정부는 서비스를 삭감하거나 돈을 빌려 적자예산(赤字豫算)을 편성하거나 이 두 가지 방법을 동시에 쓰는 등으로 대처하게 된다.

정당성 위기(legitimation crisis)의 문제는 위에 언급한 여러 가지의 문제로 인하여 복지국가는 당초에 국민에게 약속했거나 국민이 기대하는 것 만큼 복지혜택을 제공할 수 없게 되고, 따라서 우선 국민의 지지를 잃게 되고 나아가 국가의 정당성을 상실하게 될 우려가 있다.

1980년대 이후 제기된 복지국가의 정당성에 대한 또 하나의 비판은 복지국가의 확대를 위한 그 동안의 노력에도 불구하고 평등의 달성에는 별로 기여하지 못했다는 지적이 나오고 있다. 예를 들면 영국의 경우에 모든 사람에게 평등한 무료치료 혜택을 보장한다는 국가보건서비스(NHS)의 시행에도 불구하고 건강의 수준(예를 들면 사망률 등)에서 사회적 신분에 따른 차이가 뚜렷하게 나타나고 있다는 것이다. 또한 대부분의 사회적 서비스를 위한 정부지출은 소득 또는 직업의 관점에서 사회적으로 우위에 있는 계층에게 유리하게 배분되고 있다는 연구결과도 있다.

그러면 오늘날 이러한 여러 가지 문제로 인하여 복지국가는 통제불능의 위기상태에 처해 있다고 볼 것인가. 이에 대하여 일부 신보수주의자들(New Rights) 등은 위기라고 보고 있으나 대부분의 학자들은 위기라고 보지 않는 것이 일반적이다.

일반국민들의 태도에서도 복지국가에 대한 국민들의 지지가 결코 감소되었다고 보지 않는 것이 일반적인 견해이다. 국민들이 감세(減稅)를 요구한다고 해서 사회복지서비스가 결코 후퇴되어도 좋다는 것은 아니며 이보다는 사회보장제도를 관리하는 조직의 운영을 보다 효율화하고 이를 담당하는 공무원들의 행태를 개선하여 서비스를 향상시켜 줄 것을 요구하고 있다.

사회보장제도별로 국민의 지지도를 보면 모든 국민에게 제공되는 연금, 의료보험, 교육 등에 대한 지지도는 매우 높은 반면에, 국민 중 일부 빈곤계층 등에 제공되는 실업급여, 공적 부조제도에 대한 지지도는 낮은 편이다.[2]

여하튼 이러한 문제로 인하여 오늘날 자본주의 국가들은 정부의 공공지출에 대한 통제를 강화하고 복지문제에 대한 국가의 역할을 줄이기 위하여 노력하는 경향을 보이고 있다. 이러한 문제들에 대한 대처로서 신보수주의 국가들에서는 사회보장의 감축과 민영화가 빠르게 적극적으로 진행되는 반면에, 사회민주적 국가였던 나라들에서는 비교적 완만하게 소극적으로 진행되었다.

전후 복지국가에서 정당 간에 사회정책에 관한 경쟁은 주로 보수주의(우익), 자유주의(중도), 사회민주주의(좌익) 성향의 정당 간에 이루어졌으며 이 경쟁은 1960년대 복지전성기 시절에 가장 치열했다. 이렇게 사회정책을 통하여 유권자를 향하여 경쟁하다 보니 시간이 가면서 실제 채택되는 정책은 그 이념적 차이에도 불구하고 크게 차이가 나지 않고 서로 수렴(converge)해가는 현상을 보였다. 나라마다 다소 차이는 있지만 대체로 완전고용과 사회보장의 확대를 추진하여 거의 모든 나라들의 사회정책은 중도좌(center_left)의 입장으로 수렴되는 경향을 보였다.

그러나 1980년대 이후 경기침체와 경제의 세계화로 인하여 자유주의 정당과 사회민주주의 정당은 정책추진에 있어 우익정당의 입장과 비슷한 방향으로 점차 전환하고 있다. 초기에 사회민주주의 정당이 택했던 정책옵션, 예를 들면 국유화 및 산업의 공적 소유, 누진적이고 재분배적인 세제, 공공분야 확대를 통한 고용창출은 이제 실제로 불가능하게 되었다. 기껏해야 할 수 있는 일은 사회보장의 후퇴를 늦추는 것과 가급적 사회적으로 취약한 계층을 보호하도록 감축과정에서 형평을 기하는 것뿐이다.

이제 1990년대 이래로 모든 나라들의 사회정책은, 1960년대의 복지전성기 시절과는 달리, 세계화된 자본주의가 정책을 우향화(right ward)시킴에 따라 중도우(right_of_center)의 입장으로 수렴되고 있다. 사회민주주의자들과 자유주의자들은 점진적인 긴축의 길로 나아가고 있고 오늘날 감당할 수 있는(affordable) 복지국가라는 개념이 수렴의 초점이 되고 있다.

이제 사회정책에서 정책적 차이는 한 나라 안에서의 정당 간의 정치적 이념의 차이보다는 국민국가 간의 차이에 불과한 것으로 귀결되고 있다. 이제 어느 국민국가 안에서 집권정당이 바뀌더라도 시행되는 정책에는 큰 변화를 보이지 않는 경향을 나타내고 있다. 이 점이 1980년대 이후 일부에서 제기한 복지국가의 위기론 이후 복지정책 추진에 관한 정치집단(정당) 간 관점의 변화라고 할 수 있다.

제2부

복지의 기본원리

제1장

복지국가의 복지이념 모형

선진 각국은 19세기 말 이래로 복지국가를 추구해 왔지만 이를 뒷받침한 이념적 틀은 조금씩 다르다. 이는 그 나라의 정치체제, 경제구조, 역사적 전통, 제도발전의 성과 등에 따라서 각기 다르다고 볼 수 있다.

따라서 복지이념의 모형을 체계적으로 유형화하여 제시하는 것은 매우 어려운 일이다. 그 동안 많은 학자들이 복지이념의 모형을 제시하였고 구분법도 다양하나 대체로 자본주의 국가의 모형으로는 2분법 또는 3분법이 많다. 그 중에서 대표적인 것 몇 가지만 살펴보겠다.

최초로 제시된(1958년 제시) 원론적인 모형으로는 윌렌스키(Harold Wilensky)와 르보(Charles Lebeaux)가 제시한 보완적(residual) 모형과 제도적(institutional) 모형의 구분이다.[1] 전자는 1차적으로 가족과 시장기능 등에 의하여 개인의 욕구충족 기능을 제대로 하지 못할 때 사회복지가 이를 보완해 주는 안전판(safety_net)으로서의 역할을 해준다는 것이고, 후자는 사회복지가 고유한 1차적(main line) 기능으로 국민의 욕구충족을 해준다는 것이다. 보완적 모형은 사회복지의 역할을 소극적으로 보는 입장이고 제도적 모형은 사회복지의 역할을 적극적으로 보는 입장이다.

그 후 1985년에 제시된 조지(Vic George)와 윌딩(Paul Wilding)에 의하면 사회복지를 위하여 개인의 자유를 제약하고 국가가 개입하는 정도인 집합성(collectivity)을 기준으로 반집합주의, 소극적 집합주의, 페이비언 사회주의로 구분하고 여기에 사회주의 이론으로 마르크스주의를 추가하여 네 가지로 구분하고 있다.[2]

반집합주의(anti_collectivism)는 기본적으로 정부개입에 반대하는 입장으로서 '자유주의'라고도 한다. 원래 자본주의는 개인의 자유(自由)와 능력(能力)을 최대한 보장함으로써 경제성장과 부(富)를 극대화하는 체제이다. 여기서 능력부족 등으로 경쟁에서 탈락하는 빈곤계층이 생기게 되는데 국가는 정치적인 안정을 유지하기 위하여 불가피하게 개입하여야 한다는 것이다.

이 최저생계비 이하의 빈곤계층들에 대한 복지혜택은 안전판(safety_net)이 될 최소한만 제공하여야 한다는 입장이다. 즉, 복지문제를 위한 국가개입은 제도(institution)의 측면보다는 개인(individual)의 측면에 치중되어야 한다는 가장 소극적인 복지이념이다. 영국의 1601년 구빈법을 이어받은 1834년의 개정 구빈법은 반집합주의에 입각한 복지시책의 대표적인 예이며, 오늘날 미국은 저소득층과 노인에 국한된 공적 의료보장제도 만을 가지고 있으므로 의료문제에 한하여서는 이러한 유형에 속한다고 볼 수 있다.

소극적 집합주의(reluctant collectivism)는 여기서 한 걸음 더 나아가 자본주의 경제체제에 대하여 비판하면서 이를 수정할 것을 주장한다. 따라서 이를 '수정자유주의'라고도 한다. 자본주의의 결함을 수정하기 위하여는 국가가 적극적으로 개입하여 소득이 있는 계층에 대하여 사회적 사고를 당할 경우에 대비한 종합적인 사회보험제도를 마련하여야 한다고 주장한다.

그리고 사회보험제도에 의한 보장은 생활유지에 필요한 최소한에 그쳐야 하며 그 이상의 수준은 개인의 책임에 맡겨 자발적으로 해결토록 해야 한다는 것이다. 오늘날 독일, 미국, 일본, 한국 등 대부분의 자본주의 국가에서 시행하고 있는 사회보험제도는 소극적 집합주의의 복지이념을 기초로 하고 있는 것이다.

페이비언(Fabian) 사회주의는 자본주의 경제질서에 대하여 국가가 적극적으로 개입하여 이를 개선하자는 것으로 '사회민주주의'라고도 한다. 국가가 사회정책을 통하여 개인의 능력보다는 요구(needs)에 입각하여 누구에게나 평등(平等)하게 사회적 권리를 보장할 것을 주장한다. 오늘날 영국, 스웨덴 등에서 실시하고 있는 모든 국민을 위한 무료의 보건서비스제는 페이비언 사회주의 복지정책의 대표적인 예이다.

마르크스주의(Marxism)는 사회주의 이론이다. 이는 자본주의의 수정·개혁보다는 이를 전면 부정하여 부(富)의 균등한 분배는 생산수단의 사적 소유가 소멸(즉, 모든 생산수단의 공유)되어야만 한다는 것이다.

복지시책은 평등원칙에 입각하여 개개인의 능력보다는 요구에 기초하여 집단의 모든 구성원에 대하여 보편적으로 의·식·주·의료 및 교육 등을 제공(예컨대 무상교육, 무료치료와 예방보건, 공영주택 등)할 것을 주장한다. 이 마르크스주의는 종전의 사회주의 국가들에서 채택했던 이론이지만 이 국가들이 대부분 몰락해 버린 오늘날은 별로 의미가 없는 이론이라 하겠다.

가장 최근 1990년에 제시된 모형으로는 에스핑 안데르센(Esping_Andersen)의 모형이 있다. 그는 복지국가의 판단기준으로 두 가지 요소를 제시하였다. 첫째는 비상품화(decommodification)의 정도로서 개인의 시장능력과 관계없이 제공될 수 있는 복지에 의한 보장의 정도, 둘째는 계층화(stratification)의 수준으로 사회적 계층에 따라 구조화된 복지에의 접근수준을 들고 있다. 그는 이 두 가지 요소를 종합적으로 평가하고 이를 점수화하여 사회민주적(social democratic) 모형, 조합주의적(corporatist) 모형, 자유주의적(liberal) 모형의 세 가지로 구분하면서 스웨덴, 독일, 미국을 각각 이들 모형의 대표적인 국가로 제시한다.[3]

그가 제시한 모형별 해당국가와 평가점수를 보면, 사회민주적 모형에는 스웨덴(39.1), 노르웨이(38.3), 덴마크(38.1), 네덜란드(32.4), 벨기에(32.4), 오스트리아(31.1)가 해당되며, 조합주의적 모형에는 스위스(29.8), 핀란드(29.2), 독일(27.7), 프랑스(27.5), 일본(27.1), 이탈리아(24.1)가 해당되며, 자유주의적 모형에는 영국(23.4), 아일랜드(23.3), 캐나다(22.0), 뉴질랜드(17.1), 미국(13.8), 호주(13.0)가 해당된다.

에스핑 안데르센이 제시한 나라가 자본주의 복지국가들인 것이며 이 평가점수가 바로 복지국가의 순위라고 할 수 있을 것이다. 우리나라는 이 평가대상에 포함되어 있지 않으며 아직은 복지국가라고 할 수 없는 것이다.

이처럼 자본주의 국가의 복지이념을 2분법 또는 3분법으로 구분하더라도 어느 특정 국가의 복지제도가 하나의 모형에 꼭 맞아 떨어진다고 설명하기는 어렵다. 왜냐하면, 국가마다 복지제도는 매우 다양하고 제도마다 각기 특성이 있으므로 하나의 모형에 해당시켜 일률적으로 설명하기는 어렵다. 예를 들면 미국의 경우를 보더라도, 의료보장에서는 반집합주의에 해당하지만 소득보장(연금제도)에서는 소극적 집합주의에 해당한다고 할 수 있다.

그러므로 복지이념의 모형만을 이용하여 어느 복지국가의 모형이나 사회정책에 관한 설명을 완벽하게 할 수는 없으나, 대체로 어느 한 국가가 지향하고 있는 복지정책의 기본적인 방향은 파악할 수 있다. 그리고 현재 우리나라가 취하고 있는 입장은 어떠한지 그리고 앞으로 어떤 방향으로 나아가야 할지 방향설정을 할 수 있는 것이다.

제2장

능력이냐 평등이냐

자본주의 국가에서 가장 중요한 복지이념은 능력(能力)을 추구할 것인가 평등(平等)을 추구할 것인가 라고 할 수 있다. 이것이 바로 자본주의 복지국가의 이념을 구성하는 두 개의 커다란 기둥이라고 할 수 있다. 능력을 추구하는 것이 능력주의요, 평등을 추구하는 것이 평등주의이다.

능력주의란 자본주의의 기본정신인 개인의 자유와 능력을 최대한 보장하려는 방식이다. 개인의 능력을 최대한 발휘케 하려면 가능한 한 국가가 개입하지 않는 것이 바람직하지만 개인의 능력부족 등으로 탈락하는 계층(예, 빈곤계층)을 그대로 방치할 경우 정치·사회적인 안정을 해치게 되어 오히려 비능률적이 될 우려가 있으므로 불가피한 범위 내에서 국가가 개입할 필요가 있다.

이처럼 빈민·저소득층 등에 한정하여 대상자 선정요건을 엄격히 하여 매우 제한적으로 복지제도를 운영하는 것을 능력주의라 하며 대상자를 엄선한다는 의미에서 선별주의(selectivism)라고도 한다. 대상자의 선정과정에서 소득·재산 등 개인의 능력을 개별적으로 자산조사(means test)하며 이 과정에서 대상자에게 열등낙인감(stigma)을 주게 되는 점이 문제로서 지적된다. 복지이념의 모형 중 보완적(residual) 모형은 능력주의(선별주의)에 입각하고 있다 하겠다.

또한 급여수준을 결정하는 데 개인의 업적, 성취도 또는 생산성을 기준으로 하는 방식도 능력주의에 해당한다. 예를 들면, 사회보험제도에서 소득에 비례하여 보험료를 납부하게 하고 급여수준을 보험료 납부실적에 비례토록 하는 소득비례제는 능력주의에 입각하고 있다.

평등주의는 국가가 평등하게 모든 국민의 욕구를 충족시켜 주는 방식이다. 대상자 모두를 평등하게 대우한다는 점에서 보편주의(universalism)라고도 하며, 복지이념 중 제도적(institutional) 모형은 평등주의에 입각하고 있다고 하겠다. 평등주의는 사회적 평등의 측면에서는 바람직하나 이를 위하여 국가재정으로 부담할 경우 국가책임의 과중 등이 문제점으로 지적된다.

이러한 두가지 주의의 문제를 피하는 방법으로 티트머스(Richard Titmuss)는 평등주의적 선별주의를 주장한다. 이는 특정한 집단의 욕구기준 또는 특정한 지역의 욕구기준에 기초한 선별적 서비스를 제공하되 그 운영은 평등한 방식으로 하자는 것이다. 즉, 특정한 집단 또는 특정한 지역(예컨대, 빈민이 많이 사는 지역)에 대하여 개별적 자산조사에

의하지 않고 사회권(social rights)으로서 서비스를 제공하면 대상자에게
주는 열등낙인감을 피할 수 있다는 것이다.

여러 나라에서 시행되고 있는 사회보장제도를 분석해 보면, 공적
부조제도(특히. 생활보호제도)는 각국이 대부분 능력주의(선별주의)에 기
초하고 있으며, 모든 주민에게 무료로 서비스를 제공하는 보건서비스
제도(영국, 스웨덴 등)는 평등주의(보편주의)에 기초하고 있다.

사회보험제도에서는 대체로 능력주의와 평등주의를 혼합하는 것
이 일반적이다. 연금제도에서 소득수준을 불문하고 같은 수준의 보험
료를 내고 급여수준도 같게 하는 정액방식(flat system)은 평등주의에
의한 것이며, 급여수준을 소득수준 및 보험료 납부실적에 비례케 하는
소득비례방식(earnings_related system)은 능력주의에 의한 것이다.

연금제도와 의료보험제도에서는 대체로 보험료 부담과 급여수준
간에 어느 정도 비례성을 인정하는 능력주의를 기초로 하되 소득재분
배적인 요소를 포함시켜 저소득자에게는 다소 유리하게 하고 고소득
자에게는 다소 불리하게 하는 등 평등주의와의 혼합을 이루는 것이 보
통이다. 이러한 소득재분배적 요소가 포함되어 있기 때문에 사회보험
제도는 그 가입을 강제하는 것이 일반적이다.

노인, 아동, 장애인 등에게 제공하는 사회복지서비스에서는 경제
발전의 초기나 국가의 재정능력이 부족한 시기에는 대체로 이들 중 소
득이 낮은 저소득층 등 사회적인 취약계층에 대하여 경제적 요건 등을
기준으로 대상자를 선정하여 서비스를 제공하는 경향이다. 그러나 국
가경제가 발전하고 사회가 선진화함에 따라 소득수준과는 관계없이

특정집단 또는 특정지역의 욕구를 기준으로 대상자를 선정하는 평등주의적 선별주의로 이행해 가거나 한 걸음 더 나아가 국민의 다양한 욕구에 따라서 누구든지 서비스를 이용할 수 있도록 하는 평등주의(보편주의) 체제를 지향하고 있다(예를 들면, 국가재정으로 모든 아동에게 보육서비스 제공 또는 모든 노인에게 지하철 무임승차 허용 등).

선진 자본주의 복지국가(capitalist welfare state) 몇 나라를 그 복지이념의 모형을 가지고 비교 분석해 보면, 복지보다는 자본주의에 보다 치중하고 있는 나라는 능력주의 쪽에 좀 더 기울어져 있다고 보며, 자본주의보다 복지에 보다 치중하고 있는 나라는 평등주의 쪽에 좀 더 기울어져 있다고 볼 수 있다. 전자의 대표적인 나라는 미국이며, 후자의 대표적인 나라는 스웨덴이라고 할 수 있으며, 다른 나라들은 대체로 그 중간에 분포되어 있다고 하겠다.

복지이념의 모형만을 기준으로 보아 평등주의 쪽에 기울어져 있는 나라를 맨 왼쪽에 배치하고 능력주의 쪽에 기울어져 있는 나라를 맨 오른쪽에 배치하는 방식으로 그림을 그린다면, 맨 왼쪽에 스웨덴 그 다음에 영국, 중간쯤에 프랑스, 중간보다 약간 오른쪽으로 독일, 일본 그리고 맨 오른쪽에 미국을 위치시킬 수 있을 것이다. 우리나라는 아직 이 그림에 들어갈 수 있는 복지국가라고 할 수는 없지만 모형상으로만 볼 때에는 독일, 일본과 비슷한 위치에 자리할 수 있을 것으로 본다.

오늘날 완전한 평등주의 또는 완전한 능력주의에 해당하는 나라는 없으며 대체로 평등주의와 능력주의를 혼합한 중간적인 형태이나, 나라에 따라 시계의 추가 평등 쪽으로 조금 더 가 있거나 능력 쪽으로 조금 더 가 있다고 하겠다.

우리나라는 아직 자본주의 복지국가로 볼 수는 없으나 우리의 경제체제와 그 동안 시행해 온 복지정책의 내용 그리고 앞으로 지향하는 방향 등을 고려할 때 복지이념의 모형상으로는 능력주의 쪽에 좀 더 기울어져 있다고 하겠다.

제3장

복지투자는 생산적인가 소모적인가

사회복지 분야에 투자를 확대하는 것, 특히 이 분야에 정부의 재정 지출을 확대하는 것이 경제에 도움이 되는가에 대하여는 오랫동안 논란의 대상이 되어 왔다. 대체로 경제학자들은 사회복지 분야에 투자하는 것은 비생산적이고 소모적이며 경제에 도움이 되지 않는 것으로 생각하여 복지투자에 소극적인 경향이다.

종래의 사회정책이론에 의하면 사회복지 분야에 투자하는 것은 비생산적(unproductive)이고 경제적으로 부담이 된다고 보는 공적 부담이론(public burden model)이 일반론이었다. 예를 들면 베이컨(R. Bacon)과 엘티스(W. Eltis)는 정부지출의 증대, 특히 비시장분야(non_market sector)인 사회복지 분야에 지출을 확대하면 시장분야(market sector)에 해당하는 산업투자와 민간기업에 필요한 투자재원을 잠식(crowding out)하게 되어 투자율이 낮아지고 생산성이 낮아지게 된다고 지적한다.[1]

이에 반하여 오늘날 사회복지 투자의 확대를 주장하는 사회정책 이론가들은 오히려 복지투자 확대는 경제성장에 도움이 된다는 적극적인 이론을 제시하고 있다. 스웨덴 복지정책의 이론적인 뒷받침을 한 미르달(Gunnar Myrdal)에 의하면 사회적 서비스가 생산성(productivity)을 향상시키고 국민의 이동성(mobility)을 장려하고 소비를 유지시켜주는 잠재력이 있다고 주장한다.

사회적 서비스의 제공으로 노동력의 질이 향상되어 생산성이 향상될 수 있는데, 특히 교육 및 의료서비스의 경우 그러한 효과가 두드러지며, 지역개발정책(regional policies)은 경제적으로 침체된 지역으로 기업이 이동하도록 유인하며, 노동력 이동정책(labor mobility policies)은 일이 있는 곳으로 노동력이 이동토록 유인하고 있다. 그리고 사회적 서비스를 통하여 병약자, 실업자, 노후에 은퇴한 사람 등에게 현금을 지급하면 이들에게 소비기회를 부여하게 되어 바로 유효수요(有效需要)로 나타나게 되므로 경제에 도움이 된다고 주장한다.[2]

스웨덴은 이러한 미르달의 이론을 1932년에 집권한 사회민주당의 '신경제정책'이라는 사회복지정책의 기조로 채택하여 복지확대 정책을 씀으로써 경제성장과 국민복지 증진을 동시에 달성한 바 있다.

영국의 케인스(J. Keynes)와 베버리지(W. Beveridge)도 유사한 견해를 제시하고 있다. 그들은 경제적 불황기에 실업과 불안정고용을 타개하기 위해서는 정부가 내핍정책을 쓸 것이 아니라 적자예산편성 등에 의하여 재정지출을 증대하는 확대경제정책을 쓸 것을 주장한다. 정부가 지출을 증대하고 과세를 억제하여 투자와 생산을 증가시키고 고용이 창출될 수 있다는 것이다. 반면에, 호황기에는 반대로 내핍정책을 써야 한다는 것이다.

복지국가는 자본주의 경제에 대한 위협요인이 되는 것이 아니라 오히려 자본주의를 유지하고 보완시켜 주며, 복지서비스는 경제성장에 도움이 될 뿐만 아니라 자본주의 체제의 위험요소를 해소하여 자본주의 체제를 국민들이 받아들일 수 있게 해준다고 본다.

이처럼 사회복지 투자가 생산적인가 소모적인가에 관하여는 학자에 따라 그리고 관점에 따라 차이가 있으므로 일률적으로 말할 수는 없을 것이다. 종래에는 일부에서 복지투자는 소모적인 것으로 보는 견해가 있었으나 오늘날은 대체로 적절한 복지투자는 경제성장에 도움이 된다는 적극적인 이론을 펴는 것이 일반적이라 하겠다.

경제성장과 복지는 상호보완적인 관계라고 볼 수 있다. 우선 경제적인 성장이 뒷받침되지 않으면 복지투자를 할 수 없다. 국가경제가 어느 정도 성장하여 정부가 재정능력이 있어야 필요한 복지지출을 할 수 있는 것이다. 따라서 우선은 어느 정도 파이(pie)를 키우는 것이 중요하다. 그러나 경제수준에 맞지 않게 너무 낮은 복지수준은 사회적 갈등을 야기하여 경제성장에 지장을 초래하게 된다.

따라서 경제성장과 국가발전 수준에 맞추어 적절한 수준의 복지투자를 해주어 성장에 따라 생기게 되는 자본주의의 모순과 문제점을 보완해 주어야 지속적인 성장이 가능한 것이다. 그러나 경제능력에 맞지 않게 복지를 지나치게 확대할 경우 경제발전에 오히려 부정적인 영향을 초래할 우려가 있다는 점도 유의하여야 한다. 우리는 그러한 예를 1960~1970년대의 남미 여러 나라의 경우에서 찾아볼 수 있다.

복지투자가 생산적이냐 소모적이냐 하는 논쟁을 넘어서서 이제 복지투자는 자본주의 국가에서 꼭 필요한 필수적인 부분이 되고 있는 것이다. 사회복지정책은 자본주의의 문제점을 해소하고 이를 유지·발전시켜 나가는 데 필수적이라는 점에 대체로 의견의 일치를 보이고 있다. 그러기에 오늘날 거의 모든 자본주의 국가에서 사회복지정책을 적극적으로 추진하고 있는 것이다.

문제는 경제발전 수준에 맞추어 어느 정도 복지투자를 해야 적절한 수준인지 판단하기가 매우 어렵고, 또한 오늘날 세계경제의 장기적인 침체와 경제의 세계화에 따른 치열한 국제경쟁 속에서 복지투자를 위한 재원염출에 국민적인 합의를 이끌어 내기도 어렵다는 점이다.

제4장

자본주의 국가의 복지는 다원적이다

자본주의 국가는 기본적으로 자유경제체제와 개인의 자유로운 활동을 기초로 하고 있다. 따라서 복지혜택의 제공주체는 국가 이외에도 민간부문에 의하여도 제공될 수 있으므로 다원적(多元的)이다. 자본주의 국가에서 복지혜택은 국가(state) 이외에도 비공식 부문(informal sector), 자발적 부문(voluntary sector), 상업적 부문(commercial sector)으로부터 제공될 수 있는 것이다. 이에 반하여 사회주의 국가에서는 기본적으로 민간부문의 존재를 인정하지 않고 있으므로 국가만이 복지제공의 주체가 되고 있어 자본주의 국가와는 근본적으로 복지체제를 달리하고 있는 것이다.

이 네 가지 부문 중에서 복지국가가 되려면 국가에서 제공하는 국가복지가 제대로 체계화되고 그 수준이 높아야 함은 물론이다. 그러나 한 나라의 복지수준을 판단하는 데는 국가복지만을 기준으로 삼아서는 아니 되며 나머지 3개 부문까지 포함하여 종합적으로 고려해야 한다.

이 중 비공식 부문(informal sector)은 보호를 필요로 하는 자와 가장 가까운 사이인 가족, 친척, 친구, 이웃 등에 의하여 제공되는 복지 및 의료서비스를 말한다. 이는 가장 원초적인 복지활동으로서 우리의 일상생활에서 자연스럽게 이루어지는 것이다.

노인과 어린이 그리고 신체적·정신적으로 장애가 있는 사람을 위한 가족의 보호(family care)는 1차적인 것으로서 특히 여성간(모녀간, 자매간)에 흔히 이루어지고 있다. 예를 들면, 세탁, 청소, 목욕, 식사, 요리, 옷 입히기 등 일상생활에 필요한 다양한 활동이 이에 해당한다. 아무리 복지국가가 된다 하더라도 가족의 이러한 1차적인 보호활동까지 국가복지 서비스로 대체하려 해서는 아니 된다.

비공식 부문 중 또 하나 중요한 것은 지역사회에서의 보호활동(community care)이다. 이는 친구, 이웃주민 등 지역사회 내에서 거주하는 사람들이 보호를 요하는 사람의 일상적인 일에 대하여 돕거나 보호하는 활동을 말한다. 잡일, 정원 가꾸기, 단순히 방문하여 말벗이 되어 주는 것, 주위에 사는 독거노인에게 이상이 있는가 관심을 가지고 살펴봐 주는 것 등이 이에 해당한다. 이러한 복지활동들은 개인 간의 친분관계를 통하여 비공식적으로 이루어지는 것이다.

이러한 비공식 부문보다 좀 더 조직화되어 활동하는 것이 자발적 부문(voluntary sector)이다. 자발적 조직은 법에 의하여 구성되는 것이 아니라 구성원의 자발적 결정에 의하여 구성되며, 구성목적은 구성원 간의 상부상조, 이익보호, 노인·장애인 등을 위한 서비스 제공 등 다양하다. 자발적이므로 봉사에 대하여 대가를 받지 않는 것이 원칙이지만, 오늘날은 봉사에 실제 들어간 비용을 받거나 힘들고 시간이 걸리는 일을 할 경우 약간의 대가(modest payment)를 받는 것은 그 의도가 봉사적일 경우 괜찮은 것으로 보고 있다.

가까운 지역사회 주민들 끼리 근린집단(neighbourhood group)을 구성하여 상부상조(탁아소, 카풀제 운영 등)하거나, 공통된 문제나 관심을 가진 사람들끼리 자조집단(self_help group)을 구성하여 상부상조하거나 서비스를 제공하기도 한다. 이러한 근린집단과 자조집단은 자기들의 이해관계를 달성하기 위하여 정부, 국회, 언론 등에 영향력을 행사하는 압력단체(pressure group)로 활동하기도 한다.

대규모 자선단체를 구성하여 조직적으로 봉사활동을 하는 것도 자발적 부문에 속한다. 오늘날 서비스를 제공할 능력과 시간적으로 여유가 있는 여성, 노인, 청소년 등의 자발적 활동을 조직화하여 체계적으로 활용할 필요성이 증가하고 있다. 이러한 자발적 봉사활동은 오늘날 선진국이 되는 척도의 하나라고 할 수 있다.

상업적 부문(commercial sector)에 의한 복지는 자본주의 경제체제에 의한 자유시장에 기초를 둔 복지서비스의 제공을 말한다. 자본주의 국가는 자본주의 경제체제를 유지하는 한 자유시장을 완전히 대체하거나 배제할 수는 없는 것이며 시장에서의 자유활동을 수정하거나 부분적으로 대체할 뿐이다. 따라서 복지문제에 있어 정도의 차이는 있지만 상업적 부문의 참여는 당연한 것이다. 상업적 부문의 예는 직업적 복지와 민간자유시장에 의한 복지를 들 수 있다.

직업적 복지(occupational welfare)는 고용주, 노동조합, 전문업종협회 등이 제공하는 복지혜택을 말한다. 고용주는 좋은 직원을 고용하기 위하여 복지혜택을 제공하고 있고, 노동조합과 전문업종협회는 조합원의 결속력을 유지하기 위하여 복지혜택을 제공한다.

기업에서 고용주가 제공하는 복지혜택을 보면 대부분의 국가에서 기업연금을 지급하여 국가가 지급하는 사회보험연금을 보충해 주고 있다. 기업복지의 혜택은 미국, 일본 등에서 비교적 높은 편이다. 특히 일본은 오늘날 크게 퇴색되기는 했지만 평생 한 기업에서 종사한다는 평생고용의 전통이 있어 기업에서 제공하는 복지혜택이 많은 편이다. 그러나 이러한 기업복지 혜택은 주로 능력 있는 대기업에서 주어지므로 중소기업의 종업원에게는 불리한 결과가 되고 있다.

민간자유시장(private markets)에 의한 복지는 자유시장에서 사고파는 복지서비스를 말한다. 민간이 영리목적으로 운영하는 노인을 위한 주택, 노인요양시설(nursing home) 등에서 제공하는 서비스를 구매 또는 임대받아 이용하는 것을 들 수 있다. 또한 민간보험회사에서 판매하는 연금보험, 의료보험 등 보험상품을 구매하는 것도 이에 해당한다. 미국은 사회보험 방식의 의료보험제도가 실시되지 않고 있어 대부분의 국민은 민간보험회사에서 판매하는 의료보험에 가입하고 있다.

이러한 상업적 부문에 대하여는 정부에서 운영하는 것보다 민간기관이 능률적(efficient)으로 운영될 수 있으며 또한 이용자에게 선택의 자유(freedom of choice)를 확대해 줄 수 있으므로 이를 확대하는 것이 바람직하다는 주장이 있는 반면에, 선택의 자유는 지불능력이 있는 사람에게나 가능한 것이며 저소득층 등 지불능력이 없는 자는 필요한 서비스를 받을 수 없게 되므로 불평등이 증대될 우려가 있다는 반론이 있다.

국가에서 제공하는 복지서비스(statutory social services)에 대하여는 이념적 관점에서 소극적 입장도 있고 적극적 입장도 있기는 하나 대체로 선진 복지국가에서는 4개 부문 중 국가복지를 가장 기본적인 것으로 추진하고 있다. 국가복지만이 권리(rights)로서 인정받을 수 있는 유일한 부문이며, 전국민을 대상으로 평등(equality)하게 보장될 수 있고, 사회보장의 특성인 재분배(redistribution)기능을 부여할 수 있으며, 국민을 묶어 주는 사회통합(social integration)의 목적을 이룰 수 있는 것이다.

1970년대 이후 세계경제의 어려움 속에서 선진 복지국가들이 국가복지를 다소 축소하거나 현상유지적인 경향이 나타나고 있기는 하나 국가복지가 위주가 되는 기본틀은 대체로 유지하고 있다. 오늘날 국가가 복지서비스를 직접 전달하는 주체로서의 주된 제공자(main provider)로서의 역할은 종전보다 축소할 필요가 있지만, 그 대신 재원을 자발적 부문 등 민간부문에 제공하여 민간부문의 복지활동을 촉진해 주는 재원의 주된 부담자(main source of finance)로서의 역할은 계속해야 한다. 또한 국가복지의 운영에 어떻게 하면 민간부문의 장점인 효율성을 도입할 수 있는가를 찾아내는 노력이 필요하다.

우리의 경우 국가에서 제공하는 국가복지의 확대와 더불어 민간부문에서 제공하는 기업복지의 확대, 민간의 자발적 복지활동의 체계화, 가족 등이 제공하는 비공식적 복지활동의 권장 등이 필요하다. 복지국가라고 해서 국가가 제반 복지서비스의 제공을 모두 다 떠맡을 수는 없는 것이다. 물론 국가는 모든 국민들에게 기본적으로 필요한 국가복지서비스를 제공하여야 하는 책임을 져야 하지만, 이와 더불어 국가는 민간의 여러 가지 복지활동을 조장해 주어 국가 전체의 복지총량이 크게 되도록 노력해야 한다. 이것이 자본주의 복지국가가 지향하는 궁극적인 방향인 것이다.

제5장

민간복지의 필요성과 한계

복지국가라고 해서 국가가 제반 복지서비스의 제공을 모두 떠맡을 수는 없는 것이다. 물론 국가가 주된 복지제공자로서 국민에게 기본적으로 필요한 복지서비스를 제공하지만, 다양한 형태의 민간부문의 복지서비스가 이를 보완하여 국가 전체의 복지총량을 크게 하는 것이 바람직하다.

민간복지라 함은 국가복지를 제외한 모든 부문이 이에 속하는데 가족, 친구, 이웃 등 비공식 부문, 자선단체, 사회복지법인 등 비영리부문, 민간자유시장 등 영리부문 등이 이에 해당한다. 국가복지와 이러한 민간복지의 역할분담과 차지하는 비중은 나라에 따라 그리고 이념모형에 따라 차이가 있는데, 평등이념이 높은 북유럽제국을 비롯한 유럽 국가들은 국가복지가 상대적으로 높은 편이며, 능력주의가 비교적 강한 미국 등은 유럽 국가들에 비하여 민간부문이 차지하는 비율이 높은 편이다.

이처럼 자본주의 국가에서 복지서비스의 제공에 있어 국가와 민간이 역할을 분담하도록 민간복지가 필요한 이유는 여러 가지를 들 수 있다.

첫째, 제한된 자원에 비해 사람들의 욕구는 다양하기 때문에 역할 분담이 필요하다. 모든 사람들에게 꼭 필요한 기초적 욕구는 국가가 보장해 주어야 한다. 서비스가 공공재(公共財)적 성격이 강하여 누구에게나 꼭 필요한 기초적인 의·식·주, 의료, 교육, 고용 등의 욕구는 국가가 담당하여야 한다. 그러나 이러한 기초적 욕구를 넘어서는 보다 고급의 서비스에 대한 욕구, 특수한 욕구, 개별적 욕구의 충족은 민간부문에 맡겨 개개인의 능력에 맞게 충족할 수 있는 기회가 주어져야 한다.

둘째로, 모든 국민에게 성별, 인종, 소득수준 등을 불문하고 평등(平等)하게 적용해야 할 경우 국가가 담당해야 한다. 특히, 노인, 장애인, 저소득 국민 등 사회적 약자에게 제공하는 서비스는 국가가 담당해야 한다. 반면에, 개개인의 기여도와 공적 등에 비례하여 서비스를 제공할 필요가 있는 경우, 즉 서비스 제공이 추구하는 가치가 형평(衡平)인 경우에는 민간부문이 담당하는 것이 바람직하다.

셋째로, 서비스의 속성상 강제로 그리고 대규모로 적용해야 할 경우(예를 들면, 사회보험제도의 경우)에는 국가에서 담당하는 것이 바람직하며, 반대로 희망에 따라 임의로 가입하게 하는 경우(예를 들면, 민영보험)

에는 민간부문이 담당하여 융통성 있게 적용할 필요가 있다.

넷째로, 사람들이 서비스를 선택하는 데 필요한 지식과 정보를 많이 갖고 있지 않아 합리적 선택이 어려운 서비스(예를 들면, 의료서비스)는 국가에서 담당해 주는 것이 바람직하다. 한편, 오늘날처럼 복잡한 산업사회에서 변화되는 욕구에 신속하고 융통성 있게 대응하여 제공되는 서비스는 민간부문이 담당하는 것이 효율적이다.

사회복지의 주요 영역인 소득보장, 의료보장, 사회복지서비스 등 세 가지 영역에서 역할분담의 방향을 살펴보자.

첫째, 모든 국민들이 인간답게 살 수 있는 최소한의 소득보장(예를 들면, 기본적인 수준의 연금지급)은 국가가 담당해야 한다. 그 이유는 최소한의 소득보장은 공공재적 성격이 강하므로 민간부문이 담당하기에는 한계가 있기 때문이다. 그러나 이러한 최소한의 소득보장을 넘어서는 수준에 대하여는 민간부문이 담당하게 하는 것이 바람직하다. 예를 들면, 기업에서 고용주가 종업원을 위하여 사회보장연금과는 별도로 기업연금에 가입해 주거나, 개개인이 노후를 대비하여 개인연금을 들도록 하고 이에 대하여 세제상의 혜택을 주는 방안이 있다.

둘째, 의료보장도 소득보장처럼 공공재적 성격이 강하고 또한 건강한 노동력의 공급이라는 목적이 있기 때문에 국가에서 담당하는 것이 바람직하다. 특히, 의료서비스는 일반 소비자들이 합리적 선택을 할 수 있는 정보가 충분하지 않기 때문에 민간자유시장에서 의료공급자(의사 등)에게만 맡겨 둘 수 없는 것이다. 따라서 기본적인 수준의 의료서비스 공급은 사회보험제도인 건강보험제도에 의하고, 그 수준을 넘어서는 고급의 의료서비스, 특수한 의료에 대하여는 희망에 따라 가입하는 민간의료보험에 의하도록 하고 있다.

셋째로, 노인, 아동, 장애인 등 전문적인 서비스를 필요로 하는 사람들에 대한 사회복지서비스는 소득보장, 의료보장에 비하여 공공재적 성격이 비교적 약하기 때문에 국가가 직접 제공할 필요성은 적은 서비스이다. 이러한 사회복지서비스는 정부가 재정지원을 하더라도 서비스의 실제 제공은 비영리 민간부문(예: 사회복지법인)이 담당토록 하는 경향이 크다. 또한 이들 중 부담능력이 있는 사람들을 위한 유료서비스는 영리 민간부문이 담당하여 욕구수준에 맞는 다양한 서비스를 이용할 수 있게 되어야 한다.

이와 같은 민간복지는 국가복지를 보완하기 위하여 필요하지만 민간복지, 특히 민간자유시장에 의한 복지에 대한 평가는 입장에 따라 찬성과 반대가 엇갈리고 있다.

우선 능률(efficiency)의 측면에 관하여는, 정부에서 운영하는 것보다 민간기관이 능률적이라고 보는 것이 일반적이다. 왜냐하면 정부부문은 이윤동기가 없으며 관리자들도 비용절감에 관심이 없으며 소비자들도 전부 또는 일부 무료로 제공되는 서비스에 대하여 수요를 억제하고자 하는 동기가 없기 때문이다.

그러나 티트머스(R. Titmuss)는 의료서비스는 소비자가 전문지식이 없고 또한 접근성(access)에도 제약이 있으므로 민간자유시장에서 구입토록 하는 것이 반드시 능률적이라고 할 수 없다고 반론을 펴고 있다. 또한 교육과 예방적 보건서비스는 해당되는 개인을 넘어서 사회 전체에 미치는 파급효과가 크므로 자유시장에만 의존할 수는 없다고 주장한다.

어쨌든 능률은 매우 중요한 문제이므로 자유시장이 가지고 있는 바람직한 특성을 어떻게 정부부문에 도입할 것인가 하는 것은 중요한 과제이다.

다음은 선택의 자유(freedom of choice)의 문제이다. 민간복지에 대한 찬성론자들은 정부의 복지혜택에 대하여는 선거를 통한 정권선택의 기회밖에 없으므로 민간자유시장을 통하여 소비자에게 선택의 기회가 확대되어야 한다고 주장한다. 이에 대하여 역시 티트머스는 "누구를 위한 선택인가?" 묻고, "아마도 그것은 지불능력이 있는 사람들을 위한 것이 아닌가" 하고 반격한다. 민간자유시장에서는 지불능력이 있을 때에만 수요가 창조되고 선택을 할 수 있기 때문이다.

미지막으로 평등(equality)의 문제에 대하여도 완전히 민간자유시장에 의할 경우 저소득층 등 지불능력이 없는 자는 필요한 서비스를 받을 수 없게 되어 불평등이 증대될 우려가 있다. 그리고 이 저소득층, 노인, 만성병자 등은 질이 낮은 보충적 국가제도(공적부조)에 의하여 별도로 관리할 수밖에 없게 되어 사회적으로 분리적(divisive)인 결과를 초래하게 된다.

그러므로 민간복지, 특히 민간자유시장에 의한 복지의 도입은 부분적으로 또한 서비스별로 신중히 하여야 하며, 그것도 국가에서 제공하는 복지제도의 존립을 위태롭게 하지 않는 범위에 국한하여야 한다는 한계가 있는 것이다.

우리의 경우 사회복지의 주요 영역인 소득보장, 의료보장, 사회복지서비스 등 세 가지 영역에서 민간복지의 활용 방향을 검토해 보면, 첫째로 소득보장에서는 사회보험제도인 국민연금의 수준을 보충하여 노후에 보다 나은 생활수준을 유지할 수 있도록 하기 위해서는 보험회사 등 민간기관이 운영하는 기업연금제도를 본격적으로 도입하여야 한다. 현행 근로기준법에 의한 퇴직금제도를 기업연금제도로 발전시켜 고용주가 종업원을 위하여 반드시 기업연금을 들어 주도록 하여야 한다.

둘째로, 의료보장제도에서는 현재 민간보험회사 등에서 판매하는 민간의료보험이 있으나 아직은 암보험, 성인병 및 특정질병 보장보험 등에 국한되어 있어 별로 활성화되어 있지 않다. 사회보험제도인 건강보험제도는 그 성격상 그리고 재원한계상 기초적인 수준의 의료보장에 국한할 수밖에 없으므로 그 수준을 넘어서는 고급 의료서비스에 대한 욕구 또는 개별적이고 특수한 의료욕구를 충족시켜 주기 위하여 다양한 형태의 민간의료보험이 도입되어야 하고 국가도 이를 조장해 줄 필요가 있다. 그것이 오히려 재정상 곤란을 겪고 있는 건강보험제도의 건실한 발전을 기하는 방안이 될 수 있는 것이다.

셋째로, 노인, 아동, 장애인 등을 위한 사회복지서비스에서도 부담능력이 있는 계층을 위한 유료서비스를 대폭 활성화하여야 한다. 특히 앞으로 다가오는 고령화사회를 대비하여 유료 노인복지서비스(이른바 실버산업)가 활성화되어야 한다. 유료 양로원이나 유료 노인요양시설 또는 노인복지주택에서 노후를 보내고자 하는 수요가 크게 확대될 것이므로 이에 대한 정책적 지원을 하여야 한다. 이러한 유료 서비스의 건전육성을 위해서 민간사업자에게 시설건립비 등 필요한 자금을 저리로 융자해 주고 업무의 가이드라인 제공 등 행정적인 지도를 해 주어야 한다. 민간기관에 의한 복지라고 해서 방임해서는 아니 될 것이며 정부의 적절한 지도와 감독이 필요한 것이다.

제6장

사회보험제도의 강제성과 소득재분배

사회보장제도 중 핵심적인 제도인 사회보험제도의 강제성과 소득재분배 효과에 대하여 이해하지 못하는 사람들이 많다. 개인의 자유를 존중하는 자본주의 사회에서 개인의 노후 대비와 질병치료의 문제는 개인에게 맡겨서 희망에 따라 가입하면 되지 국가가 의무적으로 가입케 하고 보험료를 납부하지 않으면 강제징수까지 하는 것은 부당하다는 것이다.

또한 소득재분배는 세금에 의한 국가재정으로 하면 충분하지 사회보험제도에까지 할 필요가 있느냐 하는 것이다. 이러한 점을 제대로 이해하지 못하여 제도 자체를 거부하는 사람들이 많아 제도의 성공적 정착을 어렵게 하고 있다.

사회보험제도는 소득이 있는 계층에 대하여 자본주의 경제체제 하에서의 개인의 자유를 제한하여 자본주의의 기본원리를 수정하고자 하는 제도로서, 소득이 있는 대상자에 대한 의무적 적용(강제적용)과 제도를 통한 소득재분배 효과를 거두는 것을 기본원칙으로 함이 일반적이다.

먼저, 사회보험제도를 강제적용하는 이유에 대하여 살펴보면, 첫째, 사람들은 스스로 노후 또는 질병발생에 사전에 대비하지 못하는 경향이 있다는 것이다. 따라서 국가가 개인에게 미리 대비하도록 강제하는 것이다. 이처럼 미리 대비하지 않은 채 노후, 질병 등 사회적 사고를 당하면 결국은 국가책임으로 귀착되어 정부재정으로 부담하는 공적 부조의 대상이 되기 때문이다.

평상시에 의무적으로 사회보험제도에 가입하도록 하여 모든 국민에게 보편적 적용을 이룩하고 사회적 사고발생시 급여혜택을 받을 수 있도록 하여 국민 간에 일체감을 형성하고 사회통합을 이룰 수 있도록 하는 것이 사회보장제도의 기본적인 목적인 것이다.

둘째로, 사회보험제도는 소득재분배 장치가 포함되어 있기 때문에 강제적용을 하는 것이다. 강제적용을 하지 않으면 사회보험제도를 통하여 다소간에 손해를 보게 되는 고소득자가 가입을 기피할 우려가 있고, 그렇게 되면 저소득자만 가입하게 되어 보험재정이 어렵게 되고 제도가 제대로 성립될 수 없는 것이다.

셋째는 보험가입의 역선택(adverse selection)현상을 방지하여 보험재정의 안정을 기하기 위한 것이다. 역선택현상은, 특히 의료보험제도에서 가장 심각한 문제인데, 치료가 필요할 때에 가입하여 고액의 치료를 받은 후 탈퇴하는 현상을 말한다. 의료보험제도를 희망에 따라 가입하는 임의적용 방식으로 할 경우 가입도 자유이고 탈퇴도 자유이므로 가입하여 치료받은 후 언제든지 탈퇴할 수 있는 것이다. 이렇게 되면 의료보험의 재정기반은 완전히 무너지게 된다.

미국 등에서 시행하고 있는 민간의료보험은 임의적용 방식이므로 이러한 역선택현상을 막기 위하여 보험에 가입하기 전부터 가지고 있었던 가입전 질병은 처음부터 급여범위에서 제외시키고 급여액의 상한을 두는 등 많은 제한장치를 두고 있는 것이다. 이렇게 사전적 또는 사후적 제한장치를 많이 두게 되면 사회보장제도의 보장성은 크게 무너지게 되어 바람직하지 못한 결과가 되는 것이다.

이러한 사회보험제도 적용의 강제성은 제도에 따라 적용하지 않는 경우가 있다. 독일은 의료보험제도를 세계 최초로 1883년에 시행하였지만 제도시행의 초기부터 일정소득 이상의 고소득자와 사무직원, 자영업자, 공무원 등은 강제적용 대상에서 제외하여 희망에 따라 임의가입하게 하고 있다. 따라서 의료보험 적용률은 현재 92%에 불과하다.

독일은 전통적으로 소득재분배에는 별로 관심이 없으며 보장성(security)에만 관심이 있다는 것을 의미하며 이 고소득자 등에 대하여는 보장성을 국가가 걱정하지 않아도 된다는 것이다. 그러나 연금제도에서는 독일도 이 고소득자 등에 대하여 강제적용하고 있어 제도별로 적용형태가 상이함을 알 수 있다.

다음으로 사회보험제도에 의한 소득재분배에 관하여 살펴보면, 사회보험제도의 1차적 목적은 사회적 사고시에 소득 또는 의료를 보장하는 보장성(security)에 주안을 두고 있으나, 부차적으로 고소득자로부터 저소득자 등에게 소득의 부분적인 이전을 하는 소득재분배(redistribution)의 효과를 거두도록 하여 국민 간에 일체감을 형성하고 사회통합의 목적을 달성하고자 하는 것이다.

원래 소득의 1차적인 재분배는 세제, 특히 소득에 부과하는 직접세제를 통하여 마련한 정부재정으로 하는 것이나, 사회보험제도에 의하여 소득에 대하여 부과하는 보험료를 통하여 2차적인 소득재분배효과를 거두도록 함이 일반적이다. 그러기에 사회보험의 보험료를 소득에 부과하는 일종의 세금(payroll_tax)이라고도 한다.

제도별로 소득재분배 장치가 포함된 내용을 살펴보면, 먼저 건강보험제도에서는 보험료는 소득에 비례하여 부과하되 보험급여는 질병발생시 동일한 혜택을 받도록 함으로써 고소득자로부터 저소득자에게, 또는 건강한 자로부터 병약자에게 재분배가 이루어지도록 하고 있다. 그러나 보험료 부과대상이 되는 소득에 일정한 수준의 상한을 두어 부담과 급여 간에 어느 정도 비례성을 인정하는 것이 일반적이다. 우리나라의 건강보험제도에서도 한때 보험료 부과대상 소득의 상한을 철폐한 적이 있었으나 오늘날 다시 상한을 두고 있다.

연금제도는 소득을 보장하기 위한 제도이므로 소득재분배 장치가 포함되는 것이 일반적이다. 급여의 수준을 재직기간 및 그 기간의 소득수준과 연계시키는 소득비례방식(earnings_related system)의 연금제도에서도 급여의 산출공식이 포물선형태를 그리도록 함으로써 고소득자로부터 저소득자에게로 부분적인 소득이전이 이루어지도록 하고 있다.

소득비례연금 이외에 정액방식의 기초연금을 지급하는 2원연금제에서는 기초연금의 재원을 어떻게 마련하느냐에 따라 소득재분배 효과가 달라진다. 기초연금의 재원을 전액 보험료로 할 경우 동액갹출 · 동액급여의 형태가 되므로 소득재분배효과는 없으며 오히려 소득역진적이 된다. 기초연금의 재원을 전액 정부재정으로 할 경우는 재원의 성격상 소득재분배효과가 크다. 따라서 기초연금의 재원은 보험료를 원칙으로 하되 정부재정으로 보충하는 방식이 일반적이다.

연금제도에서는 이처럼 고소득자로부터 저소득자에게로 소득이전 장치가 들어 있다. 또한 재원의 조달방식을 부과방식(pay_as_you_go)으로 하여 적립금을 가지고 있지 않고 노인세대에게 지급할 지출액을 현세대의 가입자에게 부과하여 바로 넘겨주는 방식에 의할 경우 현세대로부터 노인세대로의 소득이전이 바로 이루어지고 있다. 한편 한 개인의 측면으로 볼 때에는 젊은 시절의 소득으로부터 노후시기로 이전되는 생애 중의 재분배가 이루어지는 것이다. 이처럼 연금제도는 다차원적인 소득재분배가 이루어지는 장치이다.

그러나 나라에 따라서는 연금제도에서 소득재분배 장치를 배제하고 있는 경우도 있다. 독일은 완전소득비례제로 하고 있다. 연금액은 과거 재직시 가입자 개인이 전체 가입자의 소득분포상 차지하고 있었던 위치(status)를 그대로 반영하여 계산하고 있다. 가입자 전체의 평균소득에 대비한 개인의 소득비율을 매년 산정하여 가입기간 누계하고 있다. 그리고 피부양 배우자를 위한 가산제 등도 두고 있지 않다. 따라서 연금제도를 통한 소득재분배적 요소는 전혀 없으며 연금제도를 통하여 재직시의 생활상의 위치를 노후에도 가급적 그대로 유지할 수 있도록 하는 데 주안을 두고 있다. 그러기에 독일의 사회보험제도는 평등보다는 보장(security rather than equality)에 주안을 두고 있다고 평가할 수 있다.

우리나라는 사회보험제도가 시행된 지 일천하고 아직 제도가 성숙되지 않아, 국민들이 강제성과 소득재분배 효과 등 사회보험제도의 특성에 대해 이해하지 못하고 제도에 가입 자체를 기피하거나 가입하고도 보험료를 제대로 납부하지 않아 제도의 성공적인 정착을 어렵게 하고 있다. 사회보험제도는 나 개인을 위한 제도인 동시에 사회구성원 모두를 위한 제도이다. 제도의 이러한 특성을 이해하고 국민 모두가 적극적으로 참여하여야 성공할 수 있는 제도인 것이다.

제7장

전쟁과 사회보장

사회보장제도는 국민의 복지증진을 위하여 도입하는 것이 원칙이다. 그러나 사회복지정책도 국가정책의 하나이므로 보다 거시적인 국가목표와 관련하여 추진하기도 한다. 따라서 사회보장제도를 국가의 부국강병정책 또는 직·간접적으로 전쟁수행과 관련하여 도입하거나 확대해 나가는 경우가 있다. 우리는 그러한 대표적인 예를 일본, 영국, 독일 등에서 찾아 볼 수 있다.

일본은 1868년 메이지유신(明治維新) 이후 나라 만들기의 일환으로 대외적으로 문호를 개방하고 먼저 경제우선 정책에 주력하나 그 후 다시 군사우선 정책으로 탈바꿈하여 부국강병정책을 쓰게 된다. 따라서 제2차 세계대전에서 패하기까지의 사회보장정책도 이러한 국가목표와 관련하여 전개되고 있다.

우선 1917년 군사구호법을 제정하여 전사상자의 구호사업을 실시하여 군국주의를 뒷받침한다. 사회보험제도에서는 유럽 제국보다 다소 늦기는 했지만 1927년에 건강보험(즉, 의료보험)을 실시하는데 이는 건강한 노동력, 나아가 건강한 병사를 확보하기 위한 전략의 일환이라고 할 수 있다. 특히 1938년에 실시한 농어민과 자영업자를 위한 국민건강보험법은 중국침략에 따른 국가동원법 실시(1938년)에 따라 시행된 건병건민(健兵健民) 정책의 일환이었다.

한편, 연금제도에서는 제2차 세계대전을 한창 치르면서 모든 국민이 고통을 겪고 있는 1942년에 노동자연금보험법을 제정하여 피용근로자를 위한 연금제도를 실시하였는데 이는 전쟁 중에 필요한 전비를 조달하기 위하여 연금적립금을 활용하는 데 주목적이 있었다고 할 수 있다.

이처럼 일본은 사회보험제도의 도입과 시행을 국민복지의 증진 목적과 더불어 간접적으로 전쟁수행을 뒷받침하기 위한 목적으로 활용하였던 것이다.

영국의 예는 이와는 조금 다르다. 영국은 제2차 세계대전이라는 전면전(total war)을 치르면서 모든 국민의 사기와 전쟁의지를 결집시키기 위하여 1942년에 『베버리지(Beveridge) 보고서』를 제시한다. 이는 전쟁 중에 지금 겪고 있는 희생과 고난은 전쟁이 끝난 후 생활수준의 향상과 복지수준의 확대 등으로 보상될 것이라는 청사진을 국민들에게 제시하기 위한 것이었다.

이와 같이 전쟁기간 중에 보수당 정부 하에서 베버리지가 제시한 사회보장계획은 전쟁이 끝난 후 1945년 총선거에서 압승한 노동당 정부에서 그대로 입법되어 오늘날까지 영국 사회보장의 근간을 이루고 있다.

영국 국민들은 전쟁을 치르는 동안 정부의 개입확대와 높은 세금부담에 익숙하게 되어 복지확대를 위하여 요구되는 정부개입과 세금부담을 비교적 쉽게 받아들일 수 있었던 것이다. 이처럼 영국은 국민복지의 증진목적과 더불어 간접적으로 국민의 전쟁의지와 사기를 결집하기 위한 목적으로 사회보장 청사진을 활용하였던 것이다.

그리고 어느 나라나 큰 전쟁을 치르고 나면 전후의 뒤처리 문제가 중요하다. 그 중 가장 먼저 시행해야 할 일이 전사상자와 전재민의 구호문제이다. 전쟁 중에 사망하거나 부상을 당한 군인과 경찰의 치료와 생계보호는 원호사업(또는 국가보훈사업)이라는 이름으로 시행된다. 미국은 오늘날 세계안보를 책임지고 있는 입장에서 전사상 군경과 제대군인에 대하여 최대한의 보상과 예우를 하고 있다.

우리나라도 한국전쟁 후 1960년대 초에 다른 어떤 사업보다도 원호사업을 우선적으로 시행하였다. 이 원호사업은 주로 국가재정으로 시행한다는 의미에서 사회보장제도(공적부조제도)로 보기도 하지만, 엄격하게는 이들이 국가에 바친 희생에 대하여 국가가 보상한다는 점에서 국가보상적인 성격을 띠고 있는 것이다. 그러한 의미에서 우리나라에서도 사업의 명칭을 후에 국가보훈사업으로 바꾼 것이다.

전쟁이재민의 구호문제는 우리나라의 경우 한국전쟁 후 1950~1960년대에 최우선적인 과제였으며 가장 먼저 시행된 사회복지사업이었다. 전재민을 위한 생계구호는 그 당시 우리의 국가재정능력이 매우 취약하여 주로 미공법(U. S. Public Law) 480호에 의한 미국의 구호양곡 (주로 밀가루와 옥수수가루)으로 충당하였다. 그 당시 사회복지사업으로 는 전쟁고아를 수용·보호하기 위한 아동복지시설(즉, 고아원) 사업이 핵심적인 사업이었다. 이 사업도 주로 외국(미국) 원조단체의 지원으로 시행되었으며, 우리의 재정능력이 신장됨에 따라 외국원조는 점차 줄 어들었으나 시설운영을 위한 외국원조는 1970년대 중반에 가서야 종 료되었다.

전쟁은 사회보장제도 운영에 큰 타격을 주게 될 우려가 있다. 전쟁 이 장기간 계속되어 국가경제가 어려워지면 연금제도 등 사회보험제 도의 운영이 어려워지게 된다. 전쟁으로 실업자가 크게 늘어나게 되면 보험료 수입은 크게 줄어들게 되는 반면에 사망자 또는 불구자를 위한 연금지출이 크게 늘기 때문에 사회보험재정은 위태롭게 된다.

더욱이 전쟁이 장기화되어 국가총력전이 되면 전비조달을 위하여 사회보장재정까지 끌어다 쓸 우려가 있다. 예를 들면 독일은 제2차 세 계대전 중에 사회보장 적립금을 모두 끌어다 써 사회보장의 재정적 기 반은 완전히 붕괴되었다. 전쟁기간 중에 모든 사회보장조직으로 하여 금 보험재정으로 국가채권을 매입토록 하여 사회보장조직은 그 자산 의 대부분(70~90%)을 국가채권의 형태로 보유하고 있었으나 전쟁종료 후 국가패망으로 국가채권은 무효가 되어 버렸다. 따라서 전후에 사회 보장의 체제를 다시 정비하고 그 재정기반을 새로이 마련하는 데 많은 어려움을 겪어야 했다.

이 밖에도 전쟁이 장기화되어 인플레이션이 극심해지면 물가는 크게 오르고 사회보장 적립금의 실질적인 가치는 크게 떨어지게 되어 연금수급자에게 실질적인 노후생활 보장이 어렵게 될 우려가 있다. 특히 연금제도와 같은 장기적인 사회보장제도의 경우 전쟁은 그 제도의 존립기반 자체를 완전히 무너뜨릴 우려가 있는 것이다.

그러기에 국민의 안정적인 생활을 보장하기 위한 사회보장제도의 건실한 발전을 위하여도 지난날의 한국전쟁과 같은 장기적인 전면전이 다시는 일어나지 않아야 하는 것이다.

제8장

통일과 사회보장

남북한의 통일이 언제 이루어질지 또 어떤 방식으로 이루어질지 현재로서는 예측하기 어렵다. 그러나 통일은 언제고 이루어질 명제이고 또한 우리 민족 모두가 바라는 것이기 때문에 그 날을 위하여 미리 대비하여야 한다. 정치, 경제, 사회, 문화 등 각 분야에서 앞으로 통일방안 자체에 대한 연구는 물론 통일 후의 대응방안에 대한 깊은 연구와 대책수립이 필요하다. 사회보장 내지 사회복지 분야의 경우도 마찬가지이다. 그러나 현재로서는 사회보장 분야에서 통일에 대비한 심도 있는 연구와 검토가 거의 없는 실정이다.

한반도의 통일은 남북한만의 결정에 의하여 이루어질 수 없는 상황이기 때문에 아주 먼 장래의 일일 수 있지만 세계정세의 변화에 따라 어쩌면 예상치 못하고 급박하게 다가올 수도 있는 것이기에 이에 대한 완벽한 대비가 필요한 것이다.

한반도의 통일이 어떠한 형태로 이루어질지는 현재로서는 예측하기 어렵다. 다른 나라들의 예를 보면 정치체제가 다른 형태로 분단된 국가의 통일은 예외 없이 한 쪽이 다른 한 쪽의 체제를 흡수하는 형태로 이루어 졌다. 독일과 예멘은 공산주의 체제가 무너지고 민주주의 시장경제 체제로 통일되었으며, 베트남은 시장경제 체제의 베트남이 무너지고 사회주의 경제체제로 통일되었다.

한반도의 경우도 북한의 사회주의 체제가 갑자기 붕괴되거나 상당기간에 걸쳐 시장경제로 전환되어 남북한이 시장경제 체제로 통합되든지 그렇지 않으면 남한의 시장경제 체제가 무너지고 북한의 사회주의 체제로 통일이 이루어지는 양자 중 하나가 될 것이다. 그러나 사회주의 체제가 무너지는 전세계적인 추세와 남북한의 경제력의 차이를 감안할 때 후자의 가능성은 매우 희박하기 때문에 한반도에서의 통일은 남한의 민주주의 시장경제 체제로 이루어질 가능성이 크다.[1]

이렇게 남한의 민주주의 시장경제 체제로 통일이 되면 현재 남한에서 시행되고 있는 제도들이 북한지역에 그대로 확대시행되게 될 가능성이 크다. 사회보장제도의 경우에도 그리할 것이다. 이 경우 남북한의 경제수준의 차이에 따라 양쪽의 수준차이를 극복하기 위하여 엄청난 액수의 통일비용이 소요되게 될 것이다.

독일의 경우 1990년 동서독 통일 후 구동독지역에 서독에서 실시하고 있는 사회보험제도를 그대로 확대적용하여 사회보장제도의 통합을 이루었으나, 구동독 지역의 사회보장수준이 서독에 비하여 낮았으므로 그 격차를 해소하기 위하여 서독지역에 많은 재정부담을 통일에 따른 비용으로 지게 한 바 있다. 독일 통일비용의 60% 정도가 동독의 경제개발을 위한 투자가 아니라 사회보장비용의 형태로 사용되었다. 이러한 독일의 경험은 한반도에서 통일이 이루어지는 경우에 좋은 교훈이 될 수 있을 것이며, 따라서 사회보장 분야에서 지금부터 이에 대한 대비를 할 필요가 있는 것이다.

통일에 따른 충격과 통일비용을 줄이기 위해서는 무엇보다도 남북한 간의 경제력 격차를 줄이는 문제가 중요하다. 북한이 점진적 개방을 하여 남북한 간의 소득격차가 상당히 축소된 시점에서 통일이 이루어지는 것이 북한의 붕괴로 갑작스럽게 통일이 되는 경우보다 통일비용이 적게 들 것이다. 그러나 북한이 개혁·개방에 실패하여 남북한 간의 소득격차가 계속 확대되는 경우에는 통일의 시기가 늦춰질수록 통일비용은 증가하게 될 것이다.[2]

사회보장제도의 경우 현재 남북한의 제도는 그 체제부터 근본적으로 다르다. 남한은 기본적으로 사회보험 체제에 의하여 능력주의를 기초로 하되 평등주의를 가미하는 형태로 되어 있고, 북한은 사회주의 체제이므로 국가재정에 의하여 평등분배를 하는 모형을 택하고 있다. 그러나 문제는 남북한 간의 소득수준 격차에 따른 생활수준의 차이와 의료기술의 격차 등에 따른 의료의 질적 수준의 차이는 매우 커서 이러한 수준 차이를 극복하는 것이 중요한 문제로 대두될 것이다.

따라서, 남북한의 사회보장제도에 대한 심도 있는 비교연구가 필요하며 그 수준차이를 극복하기 위한 방안이 마련되어야 할 것이다.

현재로서는 이 분야의 연구가 매우 부족하며, 다만 한국개발연구원(KDI)은 한반도 통일시 사회보장제도의 전체적인 일괄통합보다는 부분적이고 단계적인 통합을 건의하고 있는 정도이다. 우선적으로 남한의 공적 부조제도를 북한지역에 적용하여 북한주민의 최저생활을 보장하고 의료보험이나 연금제도를 점차적으로 통합하자는 제안이다.[3]

앞으로 통일이 어떤 방식으로 이루어질 것인지에 따른 사회보장 분야에서의 대응방안이 마련되어야 한다. 점진적 통합시 또는 북한의 급변사태시 등에 따른 세부적인 대응방안이 마련되어야 한다.

남한이 사회보장제도를 도입·시행하는 경우에도 현재의 남한 국민만을 대상으로 생각할 것이 아니라 앞으로 남북한이 통일되는 시기를 염두에 두고 장기적인 시각에서 제도를 입안할 필요가 있다. 예를들면, 국민연금제도의 개혁방안을 마련하는 데 있어서도 현재의 소득비례방식의 일원연금제를 개편하여 기초연금제와 소득비례연금제도로 이원화하는 방안을 검토할 필요가 있다. 기초연금제는 모든 노인의 기본적인 소득을 보장해 주는 부분이므로 통일시 이 기초연금 부분을 우선적으로 북한주민에게 그대로 확대적용함으로써 긴급한 소득보장의 문제를 해결할 수 있는 것이다.

제9장

국제기구들의 사회보장에 관한 기본입장

　　제2차 세계대전 이후 선진 가구들이 복지를 대폭 확대하여 복지전 성기를 이룬 데에는 국제연합(UN)의 역할도 컸다고 할 수 있다. 국제 연합은 1948년 세계인권선언(Declaration of Human Rights)을 통하여 종 래의 시민권 및 정치권과 더불어 사회·경제적 권리(social and econo mic rights)의 보장을 세계 각국에 촉구한 것도 복지확대 요인의 하나가 되었다고 할 수 있다.

　　그리고 국제노동기구(ILO)는 1919년 제1차 세계대전 후 국제협력 을 통한 노동자들의 근로조건 향상을 위하여 국제연맹(The Reague of Nations)의 한 기구로 발족되었으나, 제2차 세계대전 후인 1946년 UN 의 특별기구로 개편되어 오늘에 이르기까지 전 세계 모든 근로자들의 근로조건 개선과 지위향상을 위한 노력과 더불어 근로자의 사회보장

증진을 위하여 지대한 공헌을 해오고 있다.

　이와 같은 UN과 ILO 등 국제기구에 의한 조약과 규약 등은 이 기구에 가입한 경우에는 국내법과 동일한 법적 효력을 갖게 되며 또한 가입하지 않은 나라의 경우에도 그 나라의 사회보장 정책의 입안과 시행과정에 상당한 영향력을 발휘하고 있다.

　이 밖에도 경제관련 국제기구들이 사회보장제도의 도입과 운영에 관련성을 가지고 있다. 왜냐하면 한 나라의 사회보장정책은 그 나라의 경제정책과 깊은 관련성을 가지며, 특히 사회보장기금의 규모와 운영 방식은 금융정책 및 자본시장의 운영 및 발전과 긴밀한 관련이 있기 때문이다. 따라서 세계은행(World Bank), 국제통화기금(IMF), 경제협력 및 개발기구(OECD) 등이 각국의 사회보장제도 운영에 관하여 권고 및 건의 등을 하고 있다.

　UN은 1966년 총회에서 세계인권선언(1948년)을 구체화한 국제인권규약(International Conduct on Human Rights)을 제정하였다. 이 인권규약 중 B규약은 시민적·정치적 권리, 즉 자유권 보장에 관한 것과 아울러 사회복지·사회보장에 관한 구체적인 규정을 많이 포함하고 있다. 이 규약 제9조의 사회보장 수익권은 "이 규약의 체약국은 사회보험 기타 사회보장에 대한 모든 사람의 권리를 인정한다."고 하여, 소득보장과 의료보장 실시를 중심으로 하는 사회보장에 대하여 규정하고 있다.

　이러한 UN의 인권선언과 국제인권규약의 채택에 더하여, UN은 대상별로 각종 선언을 채택하고 있다. 즉, 「아동권리선언」(1959년), 「여성

차별철폐선언」(1967년), 「정신지체자의 권리선언」(1971년), 「장애자의 권리선언」(1975년) 등이 채택되었다.

오늘날 사회보장 또는 사회복지에 의한 인권보장에 대하여 ILO가 맡고 있는 역할은 매우 크다. ILO는 그 본연의 임무인 근로조건의 개선 및 지위향상을 위한 노력과 더불어 그 동안 수많은 사회보장에 관한 권고(recommendation), 결의(resolution), 규약(treaty), 선언(declaration) 등을 통하여 사회보장에 관한 원칙들을 제시하고 있다.

가장 기본적인 것은 1952년 「사회보장의 최저기준에 관한 조약」(ILO 제102호 조약)이며 그 후 「모성보호조약」(1952년), 「산업재해·직업병 급여에 관한 조약」(1964년), 「노령·장애·유족연금에 관한 조약」(1967년), 「의료급여에 관한 조약」(1969년) 등이 있다.

ILO의 사회보장에 관한 기능을 뒷받침하는 자매기구로 국제사회보장협회(International Social Security Association)가 있다. 이 기구는 세계 각국의 사회보장 운영기관과 연구기관 등을 회원으로 하여 사회보장에 관한 연구 및 정보의 교류·협력 등의 역할을 맡고 있다.

이 기구는 회원기관들이 참여하는 총회, 지역회의, 전문가 회의 등을 통하여 각국의 사회보장제도 운영상의 문제점을 토론하고 개선방안 등을 제시하고 있다. 우리나라도 이 국제회의에 참석하여 한국의 사회보장(주로, 의료보험 및 국민연금)제도의 도입 및 확대과정에서의 경험과 과제들을 소개하고 있다. 한국이 단기간에 의료보험과 국민연금 제도의 전국민 적용을 이룩한 데 대하여 선·후진국 모두 높은 평가를 하고 있다.

방대한 규모의 사회보장기금이 적립될 수 있는 연금제도의 형태와 그 기금의 운영방식에 대하여는 전통적인 사회보장기구인 ILO와 World Bank 등 경제관련 국제기구 간의 견해의 차이가 크다.

ILO는 전통적인 사회보험방식에 의하여 모든 국민이 의무적(강제적)으로 가입토록 하고 소득재분배 장치를 가미하여 저소득층을 보호하며 사회통합을 추구하는 방식을 권고하고 있다. 연금제도에 따른 경제적 효율성과 거시경제적 효과보다는 소득재분배나 퇴직 후 소득의 적절성을 중시하고 있다.

이에 반하여 World Bank 등 경제관련 국제기구들은 기존의 국가가 운영하는 공적 연금제도의 역할을 축소하고 그 대신 민영연금의 확대를 선호하고 있다. 전통적인 사회보험방식에 의한 공적연금제도에 의할 경우 인구의 노령화 등으로 연금보험료 부담이 매우 높아지게 되고 높은 조세부담과 함께 근로자의 근로의욕을 떨어뜨리게 하여 경제활동 참여에 저해요인이 되며, 기업의 입장에서도 부담증가로 기업활동의 위축 및 경쟁력 저하의 원인이 된다는 것이다.

또한 공적 연금제도에 의하여 조성되는 기금을 공적 기구가 운용하는 것은 민간기관이 운용하는 것에 비하여 경직성이 크기 때문에 금융 및 경제활성화에 덜 유용하다는 것이다.

그러므로 이 경제관련 국제기구들은 우리나라의 국민연금제도의 개혁방안으로 다층 소득보장체계로 할 것을 권고하고 있다.[1] 즉, 1층은 정부가 운영하는 공적 연금제도로서 모든 국민에게 강제적용하는 기초보장의 성격을 가지도록 하고, 그 위에 2층 또는 3층으로 민간부문에서 운영하는 소득비례연금을 강제 또는 임의로 적용할 것을 제시하고 있다. 민영연금이 금융 및 경제활성화에 도움이 된다고 보기 때문이다.

제3부

우리나라의 복지발전사

제1장

구시대의 고난과 구휼의 시기(1950년대 말 이전)

우리나라는 예로부터 농업을 위주로 하는 생활을 해 왔다. 따라서 농업에 영향을 미치는 풍수해, 장기간의 가뭄 등 천재지변으로 인한 재난구제는 국가의 가장 중요한 임무의 하나로 되어 있었다. 이러한 재난구제를 위하여 고려시대와 조선시대에는 의창(義倉), 상평창(常平倉) 등 창제(倉制)를 두어 춘궁기에 빈민에게 곡식을 대여해 주었다가 추수기에 갚게 하는 제도를 시행하였다. 그러나 이러한 구빈사업은 근대적 이념에 입각한 체계적인 사업은 아니었다.

일제시대에 들어와 일본에서는 1874년에 제정된 휼구규칙(恤救規則)을 1929년에 폐지하고 구호법(救護法)을 새로이 제정하였다. 이 법은 구호대상을 65세 이상의 노약자, 13세 이하의 유아, 임산부, 질병·상병·심신장애로 노무에 지장이 있는 자로 구분하여 현대적인 구빈

행정을 시행하였다.

그러나 한국에서는 이 법을 시행하지 않고 유사시에 은전을 베푸는 형태로 극히 한정된 범위의 요구호자에 대한 구빈사업을 실시하였다. 일제 하의 구빈사업은 이재민구호, 빈민구호, 빈민의료구제, 요보호 아동보호, 복지시설 운영 등이 있었으나 장기적이고 확고한 계획하에 이루어진 것이 아니고 그때그때의 시혜차원에서 이루어졌으며, 빈민구호 대상자의 수도 일본 본토와 현격한 차이가 나는 등(본토는 총인구의 0.3%, 한국은 0.008% 수준)으로 매우 형식적인 구빈사업이었다.[1] 결국 일제의 한국에 대한 구빈사업은 그들의 식민지정책의 일부로서 일본에 충성하도록 하기 위한 정치적 목적으로 시행되었던 것이다.

그러던 중 1944년 그들은 군사적 목적을 위하여 한국민에게 징병과 노무징용을 강요하게 되어 비로소 일본 본토에만 실시해 오던 구호법을 한국에도 확대시행키로 하고 조선구호령(朝鮮救護令)을 제정하였으나, 이 법은 제대로 시행되기도 전에 1945년 해방을 맞게 된 것이다.

1945년 해방 후 남한에서는 3년간 미군정(美軍政)이 실시되었다. 미군정은 일제의 식민통치로 인한 경제적 피폐와 궁핍, 광복 후 해외동포의 귀환, 민중의 정치적 활성화로 인한 사회적 갈등 등 혼란 하에서 전개되었다. 미군정 하의 사회복지 입법은 이러한 빈곤과 사회적 혼란에 대처하기 위한 응급적·구호적 대책으로 시행되었다.

미군정 법령인 후생국보 제3호의 C항은 공공구호를 규정하고 있는데, 조선구호령과 유사하게, 구호의 대상을 65세 이상인 자, 6세 이

하의 아동을 부양하고 있는 모, 13세 이하의 아동, 불치의 병자, 분만 시 도움을 요하는 자, 정신적·육체적 결함이 있는 자로서 가족이나 친척의 보호가 없고 노동할 수 없는 자로 규정하고 있다.[2] 실제로 구호대상은 이북피난민, 해외에서 귀환한 전재민 등에 대하여 주로 외국 민간원조단체의 도움으로 구호사업이 실시되었다. 미군정 하의 구호사업은 이처럼 미군정 법령에 의하여 시행되었으나 이는 일제 말에 제정된 조선구호령이 가지고 있었던 기본적인 성격의 연장선상에서 전개되었다고 할 수 있다.

미군정은 이 밖에도 아동노동보호에 관심을 가져 1947년에 미성년자노동보호법을 제정하여 미성년자를 유해·위험한 직업 또는 과중한 노동으로부터 보호하고 아동의 건전한 발육을 보장토록 하였다. 이 법은 1953년 근로기준법이 새로이 제정되어 아동노동보호에 관한 조항이 포함될 때까지 아동복지에 영향을 미쳤다고 할 수 있다.

1948년 대한민국 정부수립 후 국민생활을 보장하는 관계법률이 제정되기도 전에 1950년 한국전쟁이 발생하게 되어 전쟁기간 중은 물론 전쟁 후 1950년대 말까지도 주로 전재민 구호사업에 치중하게 되었다. 미국을 중심으로 하는 외국원조에 의하여 한국경제의 회복을 위한 노력과 더불어 수많은 전쟁이재민, 고아 및 과부, 부상자 및 장애자를 위한 응급적인 구호가 실시되었다.

이 기간 중 구호행정은 우리나라 사회부와 UN 민간원조사령부의 공동노력으로 이루어졌다. 초기에는 주로 전재민의 응급생계구호에 치중하였고, 1952년 이후에는 장기사업으로 난민정착사업을 실시하여 피난민에게 주택을 주어 입주케 하고 자활사업으로 농지, 임야개간, 농축사업 등에 종사케 하였다. 무질서하게 늘어나는 전쟁고아의 수용보호시설(고아원)을 비롯하여 각종 구호시설들을 지도감독하기 위하여 1952년에 사회부장관 훈령으로 후생시설 운영요령을 제정하여 시설운영과 지도감독의 준칙으로 삼았다.

이 시기에 전재민 구호사업과 고아원 등 사회복지시설 운영에 필요한 재원은 UN 구호계획에 의하여 주로 외국 민간원조단체를 통하여 우방국으로부터 받은 원조물자에 의하였는데, 특히 미국 민간원조단체가 미국의 잉여농산물에 의하여 양곡을 도입하여 많은 도움을 주었다.

이처럼 우리나라는 일제의 통치와 한국전쟁을 치르면서 많은 고난의 시기를 거쳤으며 이 기간 중 빈민과 전재민 등에 대한 응급적인 구호사업이 그때그때의 필요에 의하여 비체계적으로 실시되었다. 그것도 이러한 혼란의 시기에 우리 정부의 재정능력이 제대로 마련되지 못하여 주로 외국의 도움으로 실시될 수밖에 없었던 것이다. 현대적 의미의 사회보장제도의 시행은 우리가 어느 정도 경제력을 갖추고 스스로 자립할 수 있을 때까지 기다려야 했다.

제2장

절대적 빈곤과 공적 부조제도의 시행(1960대)

1960년대는 내각제의 제2공화국으로 시작하였으나 1961년 5.16 혁명으로 혁명정부가 수립되었다. 1961년 한국의 1인당 국민소득은 90여 달러에 불과한 실정이었다. 혁명정부인 제3공화국은 절대빈곤의 해소와 반공이념을 중심으로 경제개발 우선의 전략을 추진하였다.

그 결과 제1차 경제개발 5개년 계획기간 중 연평균 8.3%의 성장을 달성하였고, 제2차 경제개발 계획기간에도 연평균 10.5%의 고도성장을 계속하였다. 이러한 경제성장으로 산업구조도 변화를 일으켜 1963년에 1차 산업에 종사하는 인구의 비율이 63.1%였던 것이 1969년에는 49.0%로 감소되고, 2차와 3차 산업 종사자의 비율은 1963년 11.1%와 25.8%에서 1969년에는 각각 17.8%와 33.2%로 증대되었다.[1]

이러한 경제개발 위주의 정책은 산업화와 도시화를 촉진하게 되었고, 서울을 비롯한 대도시의 폭발적인 인구집중으로 영세민들의 도시이주를 가속화시켰으며, 우리의 가족구조도 대가족으로부터 핵가족화하는 경향을 나타내기 시작하였다. 노동인구의 증가와 도시집중 현상이 일어났지만 노동자 계층의 미성숙으로 노조의 조직력과 노사관계의 대립은 부각되지 아니하였으며 근로자의 이익주장도 거의 없는 편이었다. 따라서 복지국가의 이념이나 권리로서의 사회보장에 관한 일반 국민의 주장이나 이해표출도 거의 없었다.

5.16 직후 군사정부는 사회보장 입법에 의욕을 가지고 있었다. 그리하여 1962년에 사회보장심의위원회규정(대통령령)을 제정하여 사회보장심의위원회를 구성하여 사회보장 입법을 추진하였다.

우선 빈민구제를 위한 공적 부조사업의 필요성을 인정하여 1962년에 생활보호법을 제정하였다. 이 법에 의하여 65세 이상 노인, 18세 미만 아동, 불구폐질자 등 근로능력이 없는 무의무탁한 자에 대하여 생계보호(거택보호 및 시설보호)를 실시하였다. 그러나 그 보호의 수준은 매우 미흡하여 매년 약 40만 명 정도에 대하여 소맥분(밀가루) 1일 350 그램을 지급하는 사업이 중심이었으며 이러한 현상은 1970년대 중반까지 계속되었다. 그 당시 우리나라의 재정능력이 부족하여 이 법에 의한 보호수준은 그대로 시행될 수 없어 법규정과 실제 보호수준은 상당한 괴리가 있었다.

그리고 근로능력은 있으나 자립생활을 하지 못하는 세대들을 위하여 1964년부터 자조근로사업을 실시하였는데 이 사업에 필요한 재원은 미공법(U. S. Public Law) 480호에 의한 구호양곡과 정부재정 등으로 충당하였다. 미공법에 의한 구호양곡 지원은 1972년까지 계속되었다.

생활보호법 제정과 함께 1962년에 아동복리법이 제정되었는데 이는 한국전쟁으로 인한 전쟁고아의 수용보호시설(고아원)의 운영 등 아동보호의 필요에서 입법되었다.

또 한 가지 군사정부가 역점을 두어 추진한 것은 군사원호사업이었다. 1961년 군사원호보상법을 제정하여 국가를 위하여 희생한 군인, 경찰관 그리고 유자녀의 생계보호와 교육보호를 실시하였다. 이 사업은 이들의 희생에 대하여 국가가 보상하는 성격이 강하므로 그 후 1993년에 국가보훈사업으로 명칭이 변경되었다.

혁명정부는 장래의 국가발전에 따른 장기적인 구상을 가지고 사회보장계획을 추진하고자 하는 의도에서 1963년에 사회보장에 관한 법률을 제정하였으나 입법과정에서 실질적인 내용은 모두 빠져 구체적인 프로그램이 제시되지 못하고 선언적이고 형식적인 법의 제정에 그치고 말았다. 사회보험제도에 관하여는 몇 가지 입법이 있었으나 산업재해보상보험제도를 제외하고는 본격적으로 시행되지 못하거나 일부 계층에 국한하여 시행될 뿐이었다.

산업재해보상보험법은 1964년 7월 1일부터 시행되었다. 이 법은 사업장에서 발생한 업무상 재해(업무상 부상, 질병, 사망)의 경우에 근로자 본인의 치료(의료)와 본인 및 부양가족의 생계(소득)를 보장하기 위한 제도로서 우리나라에서 사회보험제도 중 최초로 본격적으로 시행된 제도이다. 보험료는 전액 사용자(고용주)가 부담하는 고용주 책임

(employer's liability)의 제도로 시행되었다.

연금제도에서는 우선 공직자 등 특수한 직역에 대하여 먼저 도입되었다. 1960년에 공무원연금법이 제정되어 국가공무원, 지방공무원과 더불어 장기복무 부사관과 장교 등 직업군인에게 적용하였으며 직업군인은 1963년에 군인연금법이 별도로 제정되면서 공무원연금에서 분리되었다.

의료보험제도의 시행을 위하여 1963년에 의료보험법이 제정되었다. 그 당시의 국민의 경제력, 의료비 부담능력, 의료실태 등을 고려할 때 의료보험제도의 도입이 시기상조라는 견해도 있었으나, 장기적인 견지에서 전체국민을 대상으로 하는 입법이 필요하며 그 첫 단계로서 일부 보험적용이 가능한 계층부터 착수해야 한다는 지배적인 의견에 따라 의료보험법의 입법이 추진되었다. 그러나 법안의 최종 심의과정에서 사회보험의 성격상 가장 중요한 강제적용의 원칙이 그 당시의 경제적 능력이 빈약한 점에 비추어 부득이 임의적용으로 후퇴·수정되었다.

이러한 임의적용 방식에 의하여 1970년대 중반까지 직장근로자를 위한 의료보험조합 4개와 자영자 등 지역주민을 위한 의료보험조합 8개 등 도합 12개의 의료보험조합이 구성되어 운영되었으나 적용대상자의 수와 조합재정면 등으로 볼 때 매우 취약하였다.

사회복지서비스에서는 종전부터 시행해 오던 외국 민간원조단체를 통한 원조물자와 국가재정으로 아동, 노인, 부녀자 등 사회적인 취약계층에게 필요한 서비스가 제공되었으나 괄목할 만한 발전은 이루어 지지 못했다. 1970년에 사회복지사업법이 제정되어 사회복지서비스 사업에 대한 총괄법이 제정되었으나 그 당시의 재정적인 여건 등으로 보아 구체적인 프로그램은 제시되지 못하였다.

1960년대는 우리나라가 경제개발과 산업화에 주력하던 시기로서 사회복지 입법을 만들어 시행할 만한 여건이 성숙되지 못하였다. 다만, 국민 대다수가 절대적 빈곤에 시달리고 있어 공적 부조사업과 전사상자 구호를 위한 군사원호사업을 체계화하는 데 중점을 두었다. 또한 수출주도의 산업화정책을 뒷받침하기 위하여 산업현장에서의 업무상 재해에 대한 산업재해보상보험제도를 본격적으로 시행한 것은 나름대로 중요한 발전이었다.

제3장

경제성장과 사회보험제도의 시작(1970년대)

1970년대에도 경제성장 정책은 계속되어 제3차 경제개발 5개년 계획기간(1972~1976년)에도 연평균 10.9%의 고도성장을 이룩하였다. 정부의 당초 계획은 제1, 2차 경제개발 5개년 계획기간까지는 성장위주의 경제개발을 추진하여 국력을 우선 배양하고 제3차 5개년 계획기간부터 사회개발을 병행해 나갈 계획이었다. 그러나 1970년대 초 제1차 석유파동으로 인하여 제3차 5개년 계획까지도 성장위주의 계획을 추진하지 않을 수 없었다.[1]

우선 제3차 계획기간 중인 1973년에 국민복지연금법이 제정되어 공무원, 군인 등 일부 특수직역을 제외한 모든 국민을 위한 연금제도를 실시할 예정이었다. 그 당시 이 법의 제정목적은 국민복지의 증진과 더불어 경제개발을 위한 자금조달의 목적도 있었다고 평가되고 있다. 그러나 이 법은 그 해에 닥친 제1차 석유파동에 따른 경기침체로 실시가 연기된 이래 1980년대 후반까지도 실시되지 못하였다. 이러한 과정에서 사립학교 교원의 연금적용을 위하여 1973년에 사립학교 교원연금법이 별도로 제정되어 1975년부터 시행되었다.

3차에 걸친 성장위주의 5개년계획 추진으로 고도성장을 이룩하였으나, 그 동안 고도성장에 따라 경제 · 사회적인 불균형이 나타나게 되었다. 전체 가구의 소득불평등도를 나타내는 지니계수가 1965년에 0.34이던 것이 1976년에는 0.39로 경제성장에 따라 소득계층 간에 불평등이 심화되었다.[2] 이러한 불균형을 시정하는 것이 곧 지속적인 경제발전을 가능케 하는 것으로 보고 1977년을 시발로 하는 제4차 5개년계획부터 사회개발을 병행추진해 나가되, 우선적으로 국민의 의료문제 해결을 위하여 의료보장정책을 추진하였다.

의료보장정책을 우선 추진한 데에는 북한이 모든 주민에게 평등의료를 보장한다는 대외홍보(P. R)도 은연중에 작용한 바 있다고 하겠다. 그 당시 박정희 대통령은 보건사회부장관(신현확)에게 의료보험제도의 조속한 시행을 지시하였다. 이에 따라 보건사회부는 관련 자료의 수집이 비교적 용이한 일본의 예에 따라 조합방식으로 의료보험제도를 도입하였다.

이를 위하여 당초 1963년에 임의적용방식으로 시행된 의료보험법은 1976년에 강제적용방식으로 개정되어 1977년 7월 1일부터 시행에 들어갔다. 적용대상은 우선 500인 이상의 대규모 기업의 근로자부터 시작하여 단계적으로 확대적용해 나갔고 1979년에는 공무원, 직업군인, 사립학교 교직원에게도 적용하였다.

생활보호대상자 등 저소득층을 위하여는 의료보호법을 제정하여 1977. 1. 1부터 시행하였다. 이는 정부재정에 의하여 외래·입원 전액 무료(근로능력이 있는 대상자의 입원은 일부 자부담)의 치료를 받는 제도로서 이 제도에 의하여 약 210만 명이 의료서비스를 받게 되었다. 이 제도는 저소득층 이외에도 정책적으로 이재민, 인간문화재 및 그 가족 그리고 월남귀순자와 그 가족에게도 무료의료혜택이 돌아가도록 조치되었다.

1962년부터 시행된 생활보호제도는 그 동안의 경제성장에 따라 정부의 재정능력이 확충되었으므로 외국원조에 의한 양곡지원에서 벗어나 정부(국가 및 지방자치단체)의 재정으로 보호의 수준을 대폭 향상시켜 나갔다.

1977년부터 생활보호대상자에 대한 양곡지원을 종전의 밀가루에서 알곡(1일당 쌀 2홉과 보리쌀 1홉의 혼합) 지급형태로 변경하고 부식비, 연료비 등도 지급하게 되었다. 또한 근로능력이 있는 저소득가구를 위한 자활사업도 도입되었다. 중학생 자녀를 위한 수업료 지원, 생업자금융자, 기능훈련사업 등이 시행되었다. 그러나 생활보호대상자를 위한 생계보호의 방식은 대상가구의 거주지역, 가구원수 등 특성을 고려하지 못하고 1인당 지원물량을 동일하게 획일적으로 시행되었으며 생계보호의 수준은 최저생계보장에 훨씬 미달하는 수준이었다.

1970년대는 그 동안 3차에 걸친 경제개발 5개년계획의 시행으로 고도경제성장을 이룩하여 국가경제력이 크게 신장되었으며, 이를 바탕으로 제4차 5개년계획부터는 사회개발정책을 병행할 수 있게 된 시기이다. 무엇보다도 최우선 과제로 국민을 질병의 고통으로부터 구한다는 데에 중점을 두고 의료보장사업을 본격적으로 추진한 것이다. 저소득층은 국가재정에 의한 의료보호제도로, 부담능력 있는 계층에게는 사회보험방식의 의료보험제도로 적용을 확대해 나갔다. 1970년대는 우리의 경제력 신장에 따라 제대로 된 사회보험제도를 비로소 본격적으로 시작한 시기라고 할 수 있다. 이를 바탕으로 앞으로 연금제도 등 여타 사회보험제도를 하나씩 도입해 나갈 수 있는 기틀을 마련한 시기로 평가될 수 있는 것이다.

제4장

상대적 빈곤과 사회복지서비스의 도입(1980년대)

1980년대에는 지난 20여 년간의 고도성장에 따른 여러 가지 경제·사회적인 문제들이 제기되게 되었다. 전반적인 국민소득수준의 향상으로 절대빈곤인구의 비율은 1965년 41.8%에서 1978년 12%로 감소되었으나, 상대적 빈곤률은 1965년 12%에서 1978년 14%로 증가되고 있어 경제성장에 따라 오히려 상대적인 박탈감이 커지고 있음을 알 수 있다.[1]

정치적으로는 광주민주화운동 등으로 정권의 정통성에 대한 시비가 잇달았고 노동자들의 노조조직화 확대와 근로조건의 개선요구 등으로 정치적 불안이 심화되었다. 사회적으로는 산업화와 도시화, 생활양식의 현대화 등으로 산업재해, 환경오염의 증가 등이 나타났으며 가족구조의 핵가족화에 따라 새로운 가족문제가 대두되었다.

가족해체로 인한 가출아동, 비행아동, 결손가정, 소년소녀 가장세대 등 다양한 형태의 요보호 아동이 크게 늘게 되었다. 또한 노인인구의 증가에 따라 노인복지대책이 필요하게 되었고 교통사고, 산업재해로 인한 후천적 장애의 증가로 장애인문제에 대한 대책도 요구되는 등 새로운 사회복지적 수요가 대두되게 되었다.

이러한 새로운 사회복지적 수요에 대응하기 위하여 노인, 아동, 장애인을 위한 전문적인 사회복지서비스의 제도가 각각 도입되었다.

아동복지에서는 이러한 새로운 유형의 요보호 아동을 위하여 생계비 등 물질적 지원 이외에 가정환경, 교육의 기회, 심리 · 정서적 안정 등 비물질적 지원이 필요하게 되었다. 이에 따라 1961년에 제정된 아동복리법을 전면 개정하여 1981년에 새로운 아동복지법을 제정하여 이 아동들의 비물질적 · 심리적 욕구도 충족시켜 주는 사업을 시작하게 되었다. 나아가 아동복지의 대상을 요보호 아동뿐만 아니라 모든 아동의 복지를 증진하는 방향으로 하여 아동의 건전한 성장 · 발달을 도모하도록 선언하였다.

노인복지에서는 핵가족가구의 증가와 여성취업률의 증가 등으로 자녀에 의한 노인부양이 점차 어려워지고, 노인들도 노후에 자녀의 도움을 받지 않고 독립해서 살겠다는 경향이 높게 나타나고 있어 노인문제를 예방하고 해결하기 위한 국가적 차원의 노인복지 대책의 필요성이 제기되어, 1981년에 노인복지법이 제정되었다. 이 노인복지법은 초기에는 주로 선언적 내용을 담고 있었으나 1980년대 중반을 거치면서 여러 가지 구체적 사업이 실시되기 시작하였으며 1989년 전면적인 법개정에 의하여 노인복지프로그램이 상당히 다양화·체계화되었다.

장애인 복지정책은 1980년대에 들어와 본격적으로 추진되었다. 그 이전에는 주로 보호를 요하는 장애인을 사회복지시설에 수용보호 하면서 기본적으로 필요한 의식주 문제를 해결하는데 불과하였다. UN이 1981년을 '세계 장애인의 해'로 선포하면서 전 세계적으로 장애인에 대한 관심이 증대됨에 따라 우리나라에서도 1981년에 심신 장애자복지법을 제정하고 장애인 복지정책을 본격적으로 추진하기 시작하였다.

특히, 1988년 대통령 직속으로 '장애인복지대책위원회'가 설치되어 장애인 복지증진을 위한 종합대책을 마련하고 심신장애자복지법을 장애인복지법으로 전면개정하였다. 그리고 장애인 복지대책의 초점을 시설보호에서 장애인이 가족과 함께 생활하면서 여러 가지 장애인 복지서비스를 이용할 수 있도록 하는 재가장애인복지로 전환해 나가게 되었다.

사회보험제도에서는 우선 1977년부터 시작한 의료보험제도의 확대 적용사업이 계속하여 추진된다. 피용근로자에 대하여는 1981년에 100인 이상, 1983년에는 16인 이상의 사업장 근로자까지 강제적용 대상으로 확대되었다. 이처럼 피용근로자에 대하여는 확대적용이 비교적 용이하였다. 왜냐하면 피용근로자에 대하여는 소속사업장을 통하여 일괄 관리가 가능하며 보험료 징수도 월급에서 원천징수할 수 있기 때문이다.

문제는 농어민과 자영자에 대한 관리였다. 이들은 개별관리를 해야 하며 보험료도 개별적으로 자진납부해야 하기 때문이다. 더구나 의료보험제도에 가입된 피용근로자들은 낮은 의료보험수가가 적용되는데 반하여, 의료보험제도에 가입되지 않은 농어민과 자영자는 비싼 일반수가로 치료를 받아야 하므로 이들의 불만은 매우 컸다. 사회보장제도의 실시로 국민통합을 이루고자 하는 취지였으나 오히려 통합에 역행하는 결과가 초래되고 있었다. 따라서 의료보험제도를 이들에게 확대 적용하는 것이 그 당시 최우선의 과제였다.

그러나 농어민과 자영자에게 확대하는 것은 지극히 어려운 과제이기 때문에 우선 시범사업을 실시하여 확대적용 가능성을 시험하기로 하고, 1981년에 옥구·군위·홍천군 주민에게 강제적용하였고, 1982년에는 강화·보은군과 목포시 주민을 추가하여 6개 시·군에서 시범사업을 실시하였다. 그 후 7년간의 시범사업 실시결과를 바탕으로 1988년 1월에 농어촌의 군지역 전부에, 1989년 7월에 시지역 전부에 시·군·구단위로 의료보험을 전면실시함으로써 1977년 의료보험 실시 12년 만에 전국민 의료보험 적용을 달성하였다.

연금제도에서는 1973년 국민복지연금제도의 실시가 연기된 이래 수차례에 걸쳐 일반국민을 위한 연금제도의 실시를 위한 논의가 있었으나 성사되지 못하고 마침내 1986년에 종전의 국민복지연금법의 내용을 전면개편하여 새로이 국민연금법이 제정되었다. 이 법은 1988년 1월부터 시행되어 우선 일정규모(당초 10인) 이상의 사업장의 피용근로자에게 강제적용하고 점차로 적용대상을 확대키로 하였다.

공적 부조제도에서는 1962년에 제정된 생활보호법을 1982년에 현실에 맞게 전면 개정하여 현대적 의미의 공적 부조제도의 틀을 갖추게 되었다. 그러나 아직도 법규정에 의한 보호수준과 실제적인 보호수준 간에는 상당한 괴리가 있었으며 보호대상자에 대한 최저생계보장에 미흡한 수준이었다.

1980년대는 지난 20여 년간의 고도성장으로 국민 간에 상대적 빈곤감이 오히려 증대되었고 아동·노인·장애인 문제 등 새로운 사회복지적 욕구가 대두된 시기이다. 이러한 새로운 욕구에 대응하기 위하여 전문적인 사회복지서비스의 제도를 새로이 도입하여 시행하였다. 그리고 의료보험제도의 전국민 적용달성으로 모든 국민을 질병의 고통으로부터 벗어날 수 있게 하고, 새로이 국민연금제도를 시행하여 향후 노후소득보장을 위한 단초를 마련한 시기로 평가될 수 있다.

제5장

시민참여와 사회보험제도의 전국민 적용
(1990년대 이후)

1980년대 말부터 역대정권들이 평화적으로 정권교체를 이루어 정치적으로 안정되고 민주화가 확산되게 되었다. 또한 1995년 지방자치제의 실시로 풀뿌리 민주주의가 점차 자리잡고 지방의 자율이 확대되게 되었다. 이러한 정치·사회적인 분위기에 따라 각종 시민단체들의 결성과 활동이 활성화되고 정부정책에 대한 시민단체 등 민간의 참여가 확대되게 되었다.

경제적으로는 1997년 말에 IMF 구제금융을 받게 되는 경제위기에 직면하기도 하였다. 이에 따라 기업의 연쇄부도와 경제난의 가중 그리고 기업과 금융 등 사회 각 부문의 구조조정으로 명예퇴직자와 실업자가 양산되어 새로운 사회문제가 발생하였다. 노숙자문제, 가정파탄,

자살, 알코올중독, 과로사, 생활범죄 등의 문제가 제기되었다.

세계적으로는 1990년대에 들어와서 경제의 세계화에 따라 국제경쟁이 치열해 지고 미국·영국 등을 중심으로 한 신보수주의적 정책기조가 확산되어 복지정책에서도 보수주의적인 경향이 나타나 우리에게도 영향을 미치게 되었다.

그러나 이러한 상황 속에서도 1970년대 말부터 시작한 사회보장제도의 확대를 위한 활동이 계속되었다. 더욱이 이념적으로 복지정책에 대해 비교적 전향적인 정권이 집권함으로써 사회보장제도의 확대에 도움이 된 면도 있다 하겠다.

우선 사회보험제도에서는, 의료보험제도는 이미 1980년대 말에 전국민에게 적용(1988년 농어민 적용, 1989년 도시자영자 적용)을 달성한 바 있으며 1999년 2월 국민건강보험법이 제정되어 2000년 1월부터 시행되었다. 이 법에 의하여 종전의 조합방식의 의료보험체계가 통합체제로 전환되어 국민건강보험공단이 설립되고 제도의 명칭도 건강보험제도로 변경되어 질병치료 이외에 사전예방사업과 재활사업이 강화되었다. 또한 건강보험제도와 관련시켜 과거 수십 년간의 과제였던 의약분업도 시행되었다.

국민연금제도는 확대적용이 중요한 과제였다. 국민연금제도의 경우에도 의료보험의 경우처럼 농어민과 자영자에게 확대하는 것이 지극히 어려운 과제였다. 어쩌면 의료보험의 확대보다도 더욱 어려운 과제이다. 왜냐하면 국민연금은 그 자체가 소득을 보장하는 제도인데 이 농어민과 자영자들의 소득이 제대로 파악되지 않기 때문이다. 그러나 농어민과 자영자에게 의료보험을 확대실시했던 경험과 자료는 국민연금의 확대에도 도움이 된 것은 사실이다.

1995년 7월부터 농어민연금을 실시하고, 뒤이어 1999년 4월에는 도시자영자에게 연금을 실시하여 전국민 연금적용을 이룩하였다. 1999년 도시자영자 연금 실시시에는 정치권 일부에서 여건미성숙 등을 이유로 실시연기론이 제기되기도 하였다.

전국민 연금적용이 되었다고는 하나 실제로는 소득이 있음에도 불구하고 아직 가입하지 않고 있는 국민이 꽤 많아 실질적으로 전국민 연금이 되었다고 할 수 없다. 의료보험의 경우에는 거의 모든 국민이 가입하여 실질적으로 전국민 적용이 이루어졌다고 할 수 있으나, 국민연금의 경우는 그러하지 못하다. 이것이 안 되는 근본적인 이유는 이들의 소득이 아직 제대로 파악되지 않고 있기 때문이며, 이 점이 비로 국민연금의 중요한 과제이다.

이 시기에 새로이 도입된 또 하나의 사회보험제도는 고용보험제도이다. 우리나라는 1960년대 이래 높은 경제성장이 유지되어 왔기 때문에 고용정책은 주로 인력의 양성측면에 중점을 두어 왔다. 그러나 1980년대 후반부터 인력의 수요·공급구조가 크게 변하여 인력난과 취업난이 공존하고 산업구조의 개편 과정에서 많은 실직자가 발생하게 되었다.

따라서 1993년 고용보험법을 제정하여 1995년 7월부터 실시되었다. 이 제도는 실업이 발생한 경우 실업급여(생계비)를 지급하는 전통적 의미의 실업보험사업 이외에 실업의 예방을 위한 적극적인 고용정책으로서 고용안정사업과 직업능력개발사업이 함께 포함된 제도이다. 즉, 사회보장제도인 동시에 인력정책적인 제도로 실시되었다.

이 제도는 당초 계획으로는 5인 미만의 소규모 사업장에 대하여는 2000년대 이후에 확대 적용할 예정이었으나, 1997년 말 IMF 사태를 겪으면서 소규모 사업장에서도 많은 실업자가 발생함에 따라 그 시행 일정을 당겨서 1998년 10월부터 적용하였다.

한편, 업무상 재해의 경우 소득과 의료를 보장하는 산업재해보상 보험제도는 1964년부터 실시되어 초기에는 500인 이상의 광업과 제조 업에만 적용하였으나, 점차 적용업종과 적용업체 규모를 확대하였다. 적용업종 면에서는 1998년 7월에 금융·보험업까지 적용함으로써 모 든 업종에 확대되었고, 적용업체의 규모면에서는 2000년 7월부터 5인 미만의 소규모 사업장까지 확대되었다.

이로써 산업재해보상보험제도와 고용보험제도의 경우 5인 미만의 소규모 사업장에까지 확대 적용되어 1인 이상을 고용하고 있는 사업장 의 모든 피용근로자가 적용되었다. 대부분의 국가에서 이 두 사회보험 제도는 피용자만을 대상으로 하고 있고 농어민과 자영자는 제외하고 있으며, 우리나라도 그러한 입장이므로 일단 적용대상이 되는 자 모두 를 적용하였다고 할 수 있다.

그러나 5인 미만의 소규모 사업장은 신설과 폐업이 빈번하고 또한 이 사업장들은 근로자의 취업과 퇴직도 매우 빈번하여 이 사업장들의 근로자가 모두 이 두 사회보험제도에 실질적으로 가입되어 있지는 못 한 실정이다. 실제로는 이 소규모 사업장 근로자들의 절반 정도가 가입된 것으로 추정하고 있다.

공적 부조제도에서는 1999년 9월에 국민기초생활보장법이 새로이 제정되고 종전의 생활보호법이 폐지되었다. 이는 종전의 생활보호법이 생계보호대상을 근로무능력자(65세 이상의 노인, 18세 미만의 아동, 불구·폐질자)로 국한하여 매우 제한적으로(매년 약 40만 명) 생계보호를 하고 있어 근로능력은 있지만 생활이 어려운 극빈층의 생활이 오히려 심각한 상황이었다. 따라서 이 법에 의하여 이들에게는 자활사업에 참여하는 것을 조건으로 생계보호를 하도록 대상을 확대하여 보호대상은 약 150만 명으로 늘어나게 되었다.

이는 국민의 기초생활보장을 하나의 권리로 인정한 것으로 매우 획기적인 조치라 할 수 있다. 이 법의 제정과정에서 1998년에 45개 시민단체가 '국민기초생활보장법 제정추진 연대회의'를 구성하여 법률제정 청원을 하는 등 활동을 한 것도 중요한 계기가 되었다.

사회복지서비스에서도 그 동안 경제규모의 성장과 국가재정능력의 향상에 따라 정부재정과 민간재원의 투자가 크게 늘어나게 되어 서비스의 다양화와 질적 수준향상이 이루어 졌다.

새로운 법제로는 1991년 영유아보육법이 제정되어 탁아사업을 체계화하고 저소득가구의 아동에 대한 국가책임을 강화하였다. 1997년에는 사회복지공동모금법을 제정하여 종래의 이웃돕기성금으로 모금된 돈을 국가가 쓰던 방식을 바꿔, 민간주도로 모금하여 민간이 자율적으로 배분하여 쓰도록 민간모금을 체계화하였다. 1997년에 장애인·노인·임산부 등 편의증진에 관한 법률이 제정되어 장애인·노인·임산부 등 거동이 불편한 사람들에게 일상생활에서의 불편을 덜어주기 위한 각종 편의시설(경사로, 전용주차구역 등)의 설치가 의무화되었다.

2000년대에 들어와서 저출산·고령사회의 도래에 대비한 새로운 입법이 있었다. 2005년 5월 저출산·고령사회 기본법이 제정되어 국가차원에서 종합적인 저출산·고령사회 기본계획을 수립하여 시행토록 하였다. 그러나 이 법은 구체적인 급여나 프로그램이 제시되지 못하고 있어 앞으로의 과제를 남기고 있다. 또한 2007년 9월 노인장기요양보험법이 제정되어 2008년 7월부터 시행되었다. 이 법은 치매, 중풍 등 노인성 질환으로 장기요양을 필요로 하는 자에 대한 신체활동 또는 가사활동 지원 등을 사회보험제도에 의하여 지원하기 위한 것이다.

1990년대 이후 사회 각 분야의 자율과 개방이 확대되고 시민단체 등 민간의 활동과 참여가 확대되어 왔다. 사회보장제도에서는 과거 어느 시기보다도 획기적인 발전이 이루어졌다. 가장 두드러진 특징은 4대 사회보험제도(의료보험, 국민연금, 산재보험, 고용보험)가 모두 도입되고 이를 확대적용하여 전국민에게 적용을 이룩한 점이다.

의료보험의 통합, 의약분업의 실시, 국민기초생활보장법의 제정 등도 복지이념의 측면에서 평등이념과 사회적 권리를 강화하는 진일보한 개혁정책으로 평가될 수 있다. 그러나 이미 도입된 여러 제도의 질적 수준을 향상시켜 사회보장성을 강화함으로써 실질적인 완전보장을 이루어 나가야 하는 어려운 과제들을 안고 있다.

제6장

사회양극화와 완전보장의 과제(21세기)

1997년 말 외환위기는 2000년대에 들어와 점차 극복되었으며 그 동안의 복지정책 확대에 따라 사회복지비 지출은 계속 증대되었다. 그럼에도 불구하고 2000년대 초에 나타난 새로운 현상은 소득분배가 개선되지 않고 오히려 경제·사회적인 양극화현상이 나타나 사회적 쟁점으로 부각되기 시작하였다.

소득의 양극화는 중간소득계층(즉, 중산층)이 붕괴되면서 소득분포가 양극단으로 지우치는 현상을 의미하며 이를 방치할 경우 사회통합에 악영향을 미치고 사회갈등이 확대될 가능성이 있는 것이다. 소득분배지표의 변화를 통해서 볼 때 우리사회에서 불평등의 확대와 중산층의 위축이 확인되고 있다. 한국보건사회연구원의 자료에 의하면 절대빈곤율은 1996년 3.1%에서 2006년 11.9%로, 상대빈곤율은 1996년

9.0%에서 2006년 16.6%로 각각 악화되고 있고, 중산층 가구의 비율은 1996년 68.7%에서 2006년 54.6%로 줄어들고 있다.[1]

이러한 사회양극화에 따라 노동시장에서 정규직에 속하지 않는 비정규직 근로자의 비율이 크게 증가하고 있다. 비정규직이라 함은 일용직, 임시직, 기간제 근로자, 단시간 근로자, 파견·용역·호출 등의 형태로 종사하는 근로자를 말하며, 기업들이 외환위기의 극복과 산업구조의 고도화과정에서 고용유연성을 확보하기 위하여 비정규직이 크게 증가하게 되었다.

비정규직의 규모는 외환위기 이후 지속적으로 증가하여 전체 근로자의 1/3 수준을 넘어서고 있으며 월평균 임금도 2006년 8월 통계로 정규직의 62.8%에 불과하다.[2] 사업체의 규모로 볼 때 종업원 300인 이상의 업체는 비정규직의 비율이 19.7%이나, 종업원 1~4인의 업체는 종업원 수의 50.4%가 비정규직으로 구성되어 있다.[3]

사회보장제도에서 가장 핵심적인 제도는 사회보험제도이다. 사회보험제도는 노령, 질병, 사망, 불구, 실업 등 각종 사회적 사고가 발생하였을 때에 본인 및 그 가족에게 기본적으로 필요한 수준의 생계비(소득)와 의료문제를 해결할 수 있도록 보장해 주는 제도이다. 이 사회보험제도가 지향하는 방향은 크게 보아 세 가지 라고 할 수 있다. 첫째는 모든 국민에게 보편적으로 적용되어야 하는 것이고, 둘째는 모든 사회보험제도를 보편적으로 고루 갖추어 어떤 사회적 사고를 당하더라도 어려움을 당하지 않도록 미리 대비해 놓아야 하는 것이며, 셋째는 이러한 사회보험제도에 의한 보장수준이 적절한(adequate) 수준이 되어야 한다는 것이다.

첫째, 보편적 적용의 측면을 살펴보면, 우리나라는 1990년대 말까지 4대 사회보험(의료보험, 국민연금, 산재보험, 고용보험)을 대상국민 모두에게 적용하여 전국민 적용을 이룩하였다. 그러나 실제 적용상황을 보면 국민연금의 경우 농어민과 자영자 중 아직 가입하지 않고 있는 국민이 꽤 많은 실정이며, 산재보험과 고용보험의 경우에도 5인 미만의 소규모 사업장의 경우에는 근로자의 절반 정도밖에 가입되지 않은 것으로 추정되고 있다.

더욱이 2000년대에 들어와서 사회양극화에 따라 비정규직이 크게 증가하고 있는데 이들은 사회보험의 사각지대에 놓일 가능성이 크다. 국민연금법 등 사회보험 관련법에 의하면 임시·일용직, 계약직으로서 1개월 미만 근로자, 시간제로서 월 80시간 미만 근로자는 사업장 가입자(피용 근로자)로 관리되지 못하고 지역가입자(자영자)로 관리되어야 하며, 단순노무자, 아르바이트생, 보험설계사, 골프장 캐디, 방문판매원 등 특수고용관계에 있는 자는 근로자신분이 되지 못하여 지역가입자가 되도록 되어 있다. 이들은 제도상으로는 지역가입자가 되어야 하나 고용이 매우 불안정하고 보험료도 본인이 전액부담하여야 하므로 실제로는 보험에 가입하지 않고 사각지대에 놓일 가능성이 매우 큰 집단이다.

따라서 현재 4대 사회보험 미가입자의 상당부분은 이 비정규직 근로자들이라고 할 수 있다. 이러한 비정규직의 증가로 사회보험의 전국민적용 목표에 오히려 역행하는 현상이 초래될 우려가 있는 것이다.

둘째, 모든 사회보험제도를 보편적으로 고루 갖추는 문제를 살펴보면, 우리나라는 선진국에서 실시하고 있는 제도 중 아직 가족수당(또는 아동수당)제도가 실시되지 않고 있다. 이 제도는 가족(또는 아동)수가 많아 초래되는 생계상의 어려움을 덜어주기 위하여 아동수를 고려하여 정부재정 또는 보험료로 조달하는 사회보장재정에서 생계비를 지급하는 소득보장제도로서 아동의 건전육성과 더불어 인구정책에도 기여하기 위한 제도이다.

모든 국민을 각종 사회적 사고로부터 완벽하게 보호하기 위해서는 사회보험의 다섯 가지 제도를 고루 갖추어야 하며, 우리나라가 아직 도입하지 않은 마지막 제도인 가족수당(또는 아동수당)제도까지 도입하여야 한다.

셋째, 사회보험제도에 의하여 보장되는 수준의 적절성 문제에 관하여 살펴보면, 제도별 보장수준은 매우 미흡한 실정이다. 이 적절성의 판단은 국가에 따라 그리고 시대에 따라 다를 것이므로 일률적으로 결정할 수는 없으나 양적·질적으로 보아 기본적으로 필요한 수준은 되어야 한다.

건강보험제도에 의한 의료보장 수준은 당초부터 너무 낮게 시작되었으며, 국민연금제도에 의한 노후소득보장 수준은 최근(2007년)에 장기적인 재정안정을 이유로 대폭 낮춘 바 있어 매우 부적절하다. 산재보험제도에서는 업무상 재해의 인정기준이 너무 엄격하고 급여수준도 다소 낮은 편이며, 고용보험제도에서도 급여수준이 최소한의 생계보장에는 미흡한 수준이다. 아무리 보편적 제도를 갖추고 보편적 적용을 이루었다 하더라도 그 보장의 수준이 사회통념상 적절한 수준이 되지 못하고 있다면 사회보장제도로서 결코 성공적이라고 할 수는 없는 것이다.

이처럼 사회보장제도가 지향하고 있는 세 가지 과제가 모두 완벽하게 충족되어야만 완전한 사회보장이 이루어지는 것이다. 즉, 모든 사회보험제도를 고루 갖추고, 각 제도의 적용대상을 모든 국민에게 확대하고, 이 제도들의 보장수준이 적절한 수준이 될 때, 모든 국민이 어떠한 사회적 사고를 당하더라도 사회보험제도에 의하여 소득보장과 의료보장이 되도록 사회보험의 그물을 완벽하게 치게 되는 것이다.

그렇게 되더라도 사회보험의 그물에서 빠져 나가는 사람을 위한 안전판 역할을 하는 보완적 제도가 공적 부조제도이다. 노인, 아동, 불구폐질자 등 근로능력 없는 자와 기타 사유로 스스로 생계를 유지할 수 없는 자에 대하여는 국가가 보호하여야 한다. 현재로서는 국민기초생활보장제도에 의한 보호수준이 최저생계 유지에 미흡하고 보호대상자 개개인의 구체적 상황(소득수준, 가족 수, 거주지역, 건강상태 등)에 맞게 개별적 보호가 이루어지지 못하고 있고 근로능력이 있는 대상자에 대한 자활사업이 내실 있게 이루어지지 못하고 있어 이를 해결해야 하는 과제가 있다.

또한 노인, 아동, 장애인 등 도움을 필요로 하는 사람들에게 제공되는 사회복지서비스에서도 대상자의 상황에 맞게 보다 개별적·전문적인 서비스가 제공되어야 하며 이를 위한 전문인력의 확충과 자원봉사활동이 체계화되어야 한다. 이 분야에 정부재정투자의 확충과 민간재원의 모금·활용이 보다 활성화되어야 한다. 서비스의 대상도 저소득가구의 노인·아동·장애인 등 선별적 접근방식에서 벗어나 모든 노인·아동·장애인을 대상으로 하는 보편적 접근방향으로 나아가야 한다.

이러한 과제 하나하나가 매우 지난(至難)한 과제이다. 이러한 과제를 제대로 해결하여 모든 국민이 어떠한 사회적 사고를 당하더라도 완벽하게 사회보장제도에 의하여 보장될 수 있을 때 우리나라도 진정한 복지국가가 될 수 있는 것이다.

제4부

제도별 과제와 발전방향

제1장

실질적 전국민연금의 달성

국민연금제도는 1988년부터 실시되어 먼저 사업장 근로자에게 강제적용하였다. 초기에 10인 이상 사업장 근로자에게 적용하고 1991년부터는 5인 이상 사업장근로자까지 확대하였다. 1995년 7월부터는 농어민연금을 실시하여 농어촌지역(군 지역)의 주민(농어민 및 자영자)과 도시지역의 농어민에게 강제적용하였다. 1999년 4월에는 나머지 계층인 도시지역의 자영자에게 강제적용하였다. 이로써 제도 시행 11년 만에 소득이 있는 전국민에게 적용하게 되었다.

1999년 4월 도시자영자 연금 실시과정에서 가입신고와 신고권장소득을 둘러싸고 많은 민원이 발생하였고 이에 따라 정치권 등 일각에서 도시자영자 연금의 실시연기론이 제기되기도 하였으나, 여러 가지 보완대책을 강구하여 예정대로 시행하였다.

그 당시 도시자영자 연금 실시과정에서 제기된 주요한 문제는 적용대상자의 절반 정도밖에 소득신고(가입신고)를 하지 않았다는 점, 소득신고를 한 사람도 소득을 실제보다 낮게 신고한 점, 보험료징수율이 매우 낮은 점 등이 문제로 제기되었다.

　　첫째, 1999년 4월 소득신고자(가입신고자)의 비율은 대상자의 45.0%에 불과하여 이른바 납부예외자의 비율이 55.0%나 되었다. 이 납부예외자들 중 상당수는 소득이 있는 것으로 추정됨에도 불구하고 소득이 없다고 신고하여 연금제도에 가입을 거부한 것으로 볼 수 있다. 둘째, 소득신고자의 신고소득액의 평균은 84만 원으로 사업장 가입자(직장근로자)의 평균소득(144만원)의 약 60%에 불과하여 소득의 하향신고와 이에 따른 사업장 가입자와의 형평성 문제가 제기되었다. 셋째, 소득신고자의 보험료 징수율은 1999년 4월 68.4%였으며 그 후에도 약 75% 수준에 머물고 있다.[1]

　　이처럼 1999년 4월 소득이 있는 모든 국민에게 국민연금제도를 강제적용하도록 제도화하여 형식적으로는 전국민연금이 달성되었다고 하나, 실제로는 자영자와 농어민 중 절반 정도는 가입하지 않고 있으므로 실질적으로는 전국민연금이 되어 있지 않은 것이다. 앞으로 이 실질적 전국민연금의 달성은 매우 중요하고도 어려운 과제로 남아 있는 것이다.

　　2000년대에 들어와서 여러 가지 보완대책을 통하여 소득신고율의 향상, 신고소득 수준 및 징수율의 상승 등 부분적으로 성과를 올린 바 있다. 그 후 2003년부터 5인 미만의 소규모 사업장에 근무하는 근로자를 지역가입자(자영자, 농어민 그룹)로부터 직장가입자(사업장 가입자 그룹)로 점차 이관하게 되었다. 이들은 성격상으로는 사업장 근로자이나 그동안은 관리상의 어려움이 있어 지역가입자로 개별관리하였으나 이를 직장가입자로 전환하여 보험료의 절반은 사용자(고용주)가 부담토록 정상화한 것이다.

이처럼 5인 미만의 사업장 근로자를 이관함에 따라 이제 남은 계층은 실질적인 자영자·농어민과 임시·일용직, 단시간 근로자 등 비정규직 등이 남게 되었다. 이제 관리하기 어려운 계층만 남게 된 것이며, 그 결과로 소득신고율은 43.5%(납부예외율은 56.5%)로 1999년 자영자연금 실시 초기보다도 더욱 악화된 것으로 나타나고 있다.[2]

납부예외제도는 국민연금에 의무적으로 가입해야 하는 대상 중에서 소득이 없어 보험료를 낼 수 없는 경우에 가입자의 자격을 상실시키지 않고 소득이 없는 기간 보험료 납부를 유예토록 하는 제도이다. 즉, 사업의 중단, 실직, 재해, 사고 등으로 소득활동에 종사할 수 없는 경우나 군복무, 재학 중, 교도소 수감 등의 경우에 납부예외를 인정하고 있다.

실질적으로 전국민연금이 이루어진 선진국의 경우에도 납부예외율은 가입대상자의 20% 정도가 되고 있다. 따라서 우리의 경우에도 선진국의 예에 따라 실제 납부예외대상이 될 자의 비율을 20% 정도로 추정한다면 소득신고율(즉, 가입신고율)은 80% 수준은 되어야 하며, 현재보다도 소득신고율은 35% 정도 더 높여야 실질적으로 전국민연금이 이루어졌다고 할 수 있는 것이다.

이처럼 소득신고율이 낮은 이유는, 첫째로 국민들이 국민연금제도에 대한 인식이 부족하다는 점이다. 우리나라는 사회보험제도가 시행된 지 아직 일천하여 국민들이 사회보장제도의 취지, 적용의 강제성, 소득재분배 구조 등에 대한 이해가 부족하다. 따라서 국민연금제도에 대한 거부감이 아직 많이 남아 있기 때문이며, 이는 연금제도가 어느 정도 성숙되어 주변에서 연금수급자가 많이 생기게 되는 시기가 되어야 해결 될 수 있는 문제이다.

둘째는, 우리의 경우 아직 자영자 및 농어민의 소득을 정확히 파악하기 어렵다는 점이다. 아직은 자영자 및 농어민의 소득과 관련된 거래의 투명성이 부족하고 무자료거래도 상당부분 존재하고 있어 소득관련자료의 확보가 어렵다. 자영자·농어민 등 지역가입 대상자 중 국세청의 소득자료가 있는 대상자의 비율은 2007년 현재 25.8%에 불과한 것이다.[3]

국민연금의 보험료는 소득을 기준으로 부과하고 있는데 지역가입 대상자의 약 75%는 소득세 자료가 없는 것이다. 이는 자영자·농어민 중에서 국민연금에 가입시켜 노후소득보장을 해 주어야 할 대상이 국세청의 소득세 부과대상보다 훨씬 많다는 것을 의미한다. 여기에 국민연금관리에 근본적인 어려움이 있는 것이다.

소득세자료가 있는 대상자에 대하여는 이를 기초로 하여 보험료를 부과하나, 소득세자료가 없는 대상자에 대하여는 가입자 본인이 스스로 신고하는 금액에 의존할 수밖에 없어 소득이 없다고 신고하면 납부예외자가 되고 소득신고액을 실제보다 낮게 신고하더라도 그대로 받아들일 수밖에 없는 것이다. 따라서 납부예외자가 많고 소득이 하향신고되는 경향이 나타나게 되는 것이다.

이러한 소득파악의 문제에 대한 해결은 보건복지가족부와 국민연금공단의 노력만으로는 한계가 있는 것이다. 자영자 및 농어민의 소득이 노출되도록 자료에 의한 거래가 이루어지도록 해야 한다. 거래영수증 주고받기, 신용카드에 의한 거래 등 투명거래가 정착되어야 한다. 또한 국세청에 소득정보 인프라스트럭처 구축, 금융소득 종합과세제도의 시행, 부가가치세제의 단계적 개선 등 세제 및 세정의 개선도 필요하다. 연금보험료의 부과 및 징수에 관한 책임을 소득관련자료를 관리하고 있는 국세청이 담당하도록 하는 것도 하나의 방안이 될 수 있을 것이다.

실질적 전국민연금이 되려면 자영자 및 농어민 중 소득신고율이 80%(즉, 납부예외율이 20%)가 되고 보험료 징수율이 90%는 되어야 한다. 이는 선진국수준인 것이다. 선진국의 경우 대체로 1인당 국민소득 2만 달러 정도가 되면 이러한 수준을 달성하고 있는 것으로 나타나고 있는데, 우리의 경우 1인당 국민소득 2만 달러 시대가 왔는데도 실질적 전국민연금의 달성은 아직 요원한 것 같다.

사회보장제도의 성공은 국민의 제도에 대한 인식과 이해의 개선과 더불어 관련되는 사회·경제적 여건 및 제도개선이 뒷받침되어야 가능한 것이다.

제2장

국민연금체제의 장기적인 개혁방향

국민연금재정은 장기적으로 안정되게 운영되어야 한다. 그러나 2003년 실시한 재정계산에 의하면 기존 국민연금제도의 체제(보험료율은 9%, 급여수준은 40년 가입시 종전 소득의 60% 지급)를 그대로 유지할 경우 2047년이면 기금이 고갈될 것으로 추계되었다. 따라서 국민연금의 체제를 근본적으로 개혁하여야 한다는 주장이 제기되었다.

당초 1988년 국민연금제도를 처음 실시할 당시의 급여수준은 이보다도 높게 40년 가입시 종전 소득의 70%를 지급토록 되어 있었다. 그러나 이 수준이 보험료 부담에 비하여 지나치게 높다는 지적이 있어 1998년 12월 법개정에 의거 60%로 낮춘 것이다. 그러나 이 60%도 보험료 부담수준 9%로는 감당하기 어렵다는 지적인 것이다.

이 40년 가입시 종전 소득의 60%의 수준은 국제노동기구(ILO)가

세계 각국에 권장하고 있는 수준이다. ILO는 1967년에 제정한 「노령·장애·유족연금에 관한 조약」에 의하여 30년 가입시 45%의 수준을 보장할 것을 권고하고 있으며, 이를 40년으로 환산하면 60%가 되는 것이다.

당초 국민연금제도를 입안할 당시 고려한 점은, 보험료의 수준과 급여수준은 긴밀하게 연계하여 결정해야 할 문제이지만 제도의 조기정착과 시행 초기 피보험자의 부담능력을 우선 고려하다 보니 보험료율과 급여수준을 직접적으로 연관지어 결정할 수는 없었다. 처음부터 보험료 수준을 높게 할 경우 제도에 대한 거부감으로 제도의 도입 및 확대가 어려울 것임을 우선 고려한 것이다. 또한 국민연금에 초기에 가입한 세대는 그 동안 우리나라의 경제발전에 기여한 세대이며 그 동안 가정 내에서 부모를 부양해 왔고 또한 본인 스스로의 노후도 책임져야 하는 이중적인 부담이 있는 세대임을 감안하여 보험료부담을 경감해 주었다고 볼 수 있다.

어쨌든 국민연금제도 시행초기의 체제(보험료율과 급여수준)는 과도적인 체제로서 이제 제도시행 20여 년을 지나 제도가 성숙됨에 따라 제도를 근본적으로 개혁하여 항구적이고 정상적인 체제로 전환할 시기가 된 것이다.

보험료부담(9%)에 비하여 급여수준(40년 가입시 종전 소득의 60% 지급)이 높다면, 제도의 개혁방향은 보험료부담을 높이거나 급여수준을 낮추는 것이며 또는 이 양자를 병행하는 것일 것이다.

이러한 방향에 따라 정부는 2004년 6월에 국민연금법 개정안을 국회에 제출하였다. 보험료율은 2010년부터 5년마다 1.38% 포인트씩 인상하여 2030년에 15.9%가 되게 하고 급여수준은 2008년부터 50% 로 인하하는 내용이었다. 이렇게 할 경우 2070년까지 적립기금이 소진 되지 않고 적립률(1년간 지출액 대비 적립기금의 비율)도 2배 수준의 적립 금을 보유할 수 있다는 계산이다.[1]

그러나 국민연금제도의 개혁과제는 정치권에서 뜨거운 감자가 되 어 장기간 표류하게 되었다. 국민연금제도는 장기적인 제도이며 모든 국민이 관련되는 제도이므로 장기적인 재정계산에 입각하여 정치권은 물론 국민 모두가 냉철하게 처리해야 하는 과제인 것이다. 더욱이 정 치일정(2007년 말 대통령 선거, 2008년 국회의원 선거)을 앞두고 이를 처리 한다는 것은 합리적 개혁을 어렵게 하는 것이다. 여하튼 여야 간 협상 을 거쳐 2007년 7월 국민연금법이 국회를 통과하게 되었으며 이와 더 불어 여야협상과정에서 기초노령연금법이 제기되어 함께 통과되었다.

개정된 법률에 의하면, 국민연금제도에서는 보험료율은 현행 9% 를 손대지 않고 그대로 두고, 급여수준만 인하하는 것으로 하였다. 급 여수준을 40년 가입시 종전 소득의 60%를 지급하던 것을 40%로 낮추 도록 하되 2008년에 50%, 2009년부터 매년 0.5% 포인트씩 낮추어 2028년에 40%가 되도록 하였다. 이렇게 할 경우 기금소진년도는 당초 2047년에서 2060년으로 13년 늦춰 진다는 것이다.

새로 제정된 기초노령연금법에 의하면 65세 이상 노인 중 소득기 준으로 하위 60%에 해당하는 노인에게 국민연금가입자 평균소득월액 (A값)의 5% 해당액을 정부재정에서 지급하게 된다. 2008년의 경우 약

300만 명에게 월 8만~9만 원을 지급하여 총소요액은 2조 3000억 원이 된다.[2] 이 기초노령연금제도는 본인이 보험료를 내지 않는 무갹출 노령연금제도로서 현 노령계층은 물론 향후 국민연금 미수급자의 노후소득보장을 위한 보충적인 제도인 것이다.

2007년의 국민연금개혁을 평가하자면 한 마디로 미완의 개혁이라고 평가할 수 있다. 보험료수준(9%)은 당연히 올렸어야 한다. 국민들의 부담능력을 고려하여 장기에 걸쳐 점진적으로 인상할 필요가 있다. 급여수준을 40년 가입시 종전 소득의 60%에서 40%로 낮춘 것은 지나치게 낮춘 것으로 본다. 국민연금 가입기간은 25세부터 시작하여 65세까지 계속 가입해야 40년이 되는데 실제는 길어야 35년 정도가 될 것이므로 급여수준은 실제로는 종전 소득의 35%도 되기 어려운 것이다. 이는 노후소득보장에 매우 미흡한 수준이다. 이렇게 볼 때 국민연금제도는 장기적인 관점에서 다시 개혁하여야 한다.

현행 일원제(一元制)의 국민연금체제를 이원제(二元制)로 근본적으로 개편하는 방안을 검토할 필요가 있다. 현행 국민연금제도는 균등부분(A부분)과 소득비례부분(B부분)으로 되어 있다. 균등부분은 가입자 전체의 평균소득에 해당하는 부분이며, 소득비례부분은 가입자 개인의 소득과 기여에 비례하는 부분이다. 이 중 균등부분을 통하여 소득재분배 효과를 거두도록 되어 있다. 그렇지만 연금은 국민연금 재원으로부터 하나의 연금만 지급받는 것이다.

이원연금제는 제도를 2층 구조로 개편하여 두 개의 연금을 지급받도록 하는 것이다. 1층에는 기초연금제에 의하여 모든 노인에게 정액의 기초연금을 지급하고, 2층은 소득비례연금에 의하여 가입자 개인의 소득과 기여에 비례한 연금을 지급하는 것이다.

이원연금제에 관한 논의는 그 동안 학계, 정부 내에서 오랫동안 계속되어 왔던 것으로, 문제는 기초연금제에 필요한 재원을 어떻게 마련할 것인가가 문제이다. 모든 노인에게 노후생활에 필요한 정액의 기초연금을 지급한다는 것은 바람직한 것이나, 이를 전액 보험료로 할 경우 동액갹출·동액급여의 체제가 되어 소득재분배효과가 전혀 없게 된다.

따라서 기초연금제를 실시하는 국가는 대부분 그 재원을 전액 정부재정으로 하거나 보험료와 정부재정을 혼합하는 방식에 의하고 있다. 모든 국민이 세금으로 부담한 정부재정을 투입하여 가입자의 부담을 덜고 또한 소득재분배 효과를 거두고 있는 것이다.

기초연금제는 소득수준을 불문하고 모든 노인에게 연금을 지급하는 보편적인(universal) 제도로서 복지이념상으로는 평등주의에 입각한 제도이다. 2008년 새로이 도입된 기초노령연금법은 노인 중 하위 60%에 대하여 소득조사에 기초한 선별적인(selective) 제도로서 노인계층을 소득 유무에 따라 양분(兩分)하는 것은 사회제도로서 바람직한 것이 아니다.

따라서 차제에 기초노령연금제도를 확대하여 모든 노인을 대상으로 하는 보편적인 제도로 개편하는 것을 검토할 필요가 있다. 문제는 정부재정에서 부담하는 비율을 몇 %로 할 것인지 또한 국민세금으로 이를 부담할 능력이 있느냐가 검토되어야 할 사항이다.

2008년에 새로이 도입된 기초노령연금제도는 성격상 한시적인 제도로서 국민연금제도가 성숙되어 모든 노인이 노후에 연금을 받게 되는 시기가 되면 별로 필요성이 없어지게 되는 제도이므로 항구적인 제도로 개편을 검토할 필요가 있다.

이렇게 이원연금제가 되면 현재 국민연금제 하에서 자영자와 농어민의 소득파악의 어려움으로 전국민 적용을 하지 못하고 있는 문제를 근본적으로 해소할 수 있다. 기초연금제는 보험료를 부담하더라도 정액부담이므로 소득파악이 필요 없으며, 소득비례연금제는 엄격히 소득(보험료 납부)에 비례하므로 소득의 하향신고 경향이 없어지게 될 것이다.

기초연금제는 보편적 제도로서 전업주부에게도 노후에 독자적인 연금권을 보장하게 되므로 남녀평등에도 기여하는 제도이며, 장기적으로는 남북통일시 북한주민에게도 우선적으로 적용할 수 있는 부분이므로 통일에 대비하는 제도가 될 수도 있는 것이다. 면밀한 검토 하에 제도설계를 잘 한다면 이원연금제로 전환하더라도 국민들에게 큰 부담 없이 시행방안을 마련할 수 있을 것으로 본다.

제3장

노후소득보장의 3층구조론

노후(老後), 즉, 은퇴 후에 필요한 생계비는 은퇴 전에 비하여 줄어드는 것이 일반적인 현상이다. 소요비용의 수준은 나라에 따라 다를 수 있으므로 일률적으로 말할 수는 없으나, 미국의 경우 은퇴한 부부가 은퇴 전과 비슷한 수준의 생활을 유지하는 데에는 대체로 은퇴 전 소득의 65~85%에 해당하는 소득만 있으면 된다고 보고 있다.[1]

이는 은퇴 후에는 자녀를 부양할 필요가 없으며 취업에 따른 비용이 들지 않고 연금소득은 대체로 면세가 되기 때문이다. 우리나라의 경우에는 아직 이 수치가 공식적으로 제시되지 않고 있으나 앞으로 노후소득보장을 제대로 하려면 이 수치에 근거하여야 할 것이다.

노후에 소요되는 생계비를 충당하는 방법은 자본주의 국가에서는 국가가 관여하는 사회보장제도(연금제도)에 의하여 필요한 최소한 만을 보장하고, 그 이상의 수준의 생활을 위하여 개개인을 고용했던 기업에서 기업복지의 측면에서 이를 보충해 주거나 또는 개개인의 저축 등에 의하여 보충토록 하고 있다. 이처럼 노후에 소요되는 생계비를 다원적 방식에 의하여 국가, 기업 그리고 개인 이 3자가 상호보완적 관계에서 보장하는 방식을 3층 보장방식(three_tiered system)이라 한다.[2]

이 중에서 2층에 해당하는 기업연금 또는 직장연금(occupational pensions)은 기업복지의 대표적인 제도라고 할 수 있으며, 대부분의 국가에서 종업원을 위하여 기업연금을 들어주는 것을 기업주에게 강제하지 않고 기업주의 자발적 의사에 맡기는 임의방식을 택하고 있으나 이를 강제하는 나라도 있다.

프랑스는 사회보장제도에 의한 연금을 보충하기 위한 보충연금제도가 전국사용자협의회와 노조단체 간의 전국적인 협약에 의하여 운영되고 있다. 그리고 이 협약은 1961년부터 전 산업에 강제되어 실질적으로 모든 산업에 이 협약연금(기업연금)이 강제되고 있다.

스웨덴의 경우에는 기업연금을 법적으로 강제하지는 않지만 1969년부터 노사대표자협의체에서 노사 간의 합의사항으로 기업연금을 가입하게 되어 사용자연합회의 회원인 기업은 모두 기업연금을 제공하고 있다. 미국, 일본, 독일 등에서도 기업연금에 의무가입토록 되어 있지는 않지만 기업주가 유능한 종업원을 유인하기 위하여 기업연금을 들어주는 비율이 점차 높아지고 있다. 미국의 경우 피용근로자의 절반 정도는 기업연금에 가입되어 있다.

영국은 1978년에 이원연금제를 본격적으로 시행하면서 2층에 해당하는 소득비례부분은 국가에서 운영하는 제도에 가입하거나 국가제도로부터 계약면제(contracting_out)를 받아 기업연금(occupational pensions)에 가입하여도 되도록 허용하였다. 이에 따라 기업연금에 가입하는 비율이 늘고 있다.

그러나 기업연금은 능력 있는 대기업에서 성행하고 있고 중소기업은 가입하지 못하는 경우가 많으며, 또한 직장을 옮길 경우 연금수급권 보호가 불충분하며, 인플레이션 등에 따른 연금액의 실질가치 유지가 어려운 점 등이 문제점으로 지적되고 있다.

우리나라의 경우 이 기업연금의 도입문제는 오래 전부터 논의되어 왔다. 근로기준법에 의한 퇴직금제도를 기업연금제도로 전환하자는 것이다. 퇴직금은 일시금으로 지급되어 장기적·안정적으로 소득보장 기능을 수행키 어렵고 또한 퇴직금의 지불보장대책도 미비한 등의 문제가 있으므로 이를 연금형태로 전환하자는 것이다. 그러나 이 문제는 노사 간의 이해가 다르고 또한 보험료부담의 문제 등이 따르므로 쉽사리 해결될 수 있는 과제가 아니다.

이를 위하여 1997년에 근로기준법 개정으로 기업주가 근로자를 위하여 민간보험회사 등이 운영하는 퇴직연금보험을 들어 줄 수 있는 길을 열어 놓았으나 이는 별로 활성화되지 못하였다. 다시 2005년에 근로자 퇴직급여보장법을 제정하여 퇴직연금제가 시행되었다.

이 법에 의하면 기업주는 법정퇴직금 또는 퇴직연금 중 하나 이상을 선택할 수 있게 하고 근로자가 10년 이상 가입하고 55세 이후 퇴직 시 연금으로 타거나 일시금도 선택할 수 있도록 하고 있다. 그러나 이

퇴직연금제도도 기업주의 부담이 따르는 문제이므로 쉽사리 활성화되기는 어려울 것이며 사회적인 분위기가 바뀌어 기업연금이 보편화되는 시기가 되어야 가능할 것으로 본다.

3층에 해당하는 개인보장은 개개인이 개인연금에 가입하거나 개인저축, 부동산에 투자하는 등 스스로 노후에 대비하는 것으로 국가연금 또는 기업연금 이외에 노후에 보다 여유 있게 지내기 위한 수단이라 할 수 있다. 자녀가 노후의 부모를 부양하는 것 또한 개인보장에 속한다.

과거에 국가연금(국민연금)제도가 시행되기 전에는 자녀에 의한 부양이 위주가 되었으나 이제는 이 역할을 국민연금제도가 제도적으로 대행하는 것이라 할 수 있다. 이 개인보장도 어느 정도 여유가 있고 부담능력이 있는 사람이 가능한 것이라는 한계가 있다. 현재로서는 우리나라의 개인연금 보급률은 경제활동인구의 25% 정도에 불과한 수준이다.

노후보장의 3층 구조에서 국가, 기업, 개인이 각각 어느 정도를 담당할 수 있을 것인가 하는 상관관계가 중요하다. 다시 말하면 노후에 소요되는 생계비 중에서 기업보장과 개인보장의 수준을 고려하여 국가보장(국민연금)의 수준이 결정되어야 하는 것이다.

현행 근로기준법에 의한 기업주의 퇴직금 부담률 8.3%(근속기간 1년당 1개월 임금에 해당하는 퇴직금 지급)를 퇴직연금으로 전환할 경우 종전 소득의 약 25%에 해당하는 연금이 지급될 수 있을 것으로 본다. 개인보장의 수준도 사람에 따라 다를 것이지만 약 5~10%는 될 것으로 본다.

노후생계비의 소요는 사람에 따라 다를 것이지만 퇴직전 소득의 4

분의 3(약 75%)으로 추정할 경우, 기업보장(25%)과 개인보장(5~10%)을 제외하면 국가보장(국민연금)에 의한 보장수준은 적어도 40~45%는 되어야 한다는 계산이 나오는 것이다. 여기서 기업보장과 개인보장의 수단이 마련되어 있는 사람의 경우는 괜찮겠지만 이것이 마련되어 있지 않은 사람은 국민연금에만 의존하게 되어 노후 생계유지가 어려워지게 될 우려가 있는 것이다.

근로자 중에서 중소기업에 근무하는 사람은 현재도 퇴직금을 제대로 받지 못하는 경우가 많으므로 앞으로 기업연금을 받지 못하는 경우도 많을 것이다. 또한 아직도 우리사회에서 큰 비율을 차지하고 있는 자영자와 농어민의 경우에는 기업보장은 있을 수 없으며 개인보장에만 의존할 수밖에 없다는 점 등이 이들의 노후소득보장을 어렵게 하고 있다.

노후생계비의 소요액을 국민연금에만 의존할 수는 없는 것이다. 이것을 국민연금만으로 해결하려면 보험료를 현재보다 훨씬 많이 부담해야 하므로 이것은 불가능한 일이다. 따라서 퇴직금제도를 기업연금제도로 전환하는 것이 중요하고도 시급한 과제이다. 그리고 개인적으로도 스스로 노후에 대비하는 준비를 차분히 해 나가야 한다. 이것이 우리가 복지국가에서 노후에 행복하게 살아가는 방식인 것이다.

제4장

연금제도의 모형과 재원조달방식

사회보장제도에 의하여 노후의 소득을 보장하는 연금제도의 유형은 나라마다 그 기반으로 하는 경제체제가 다르고 제도도입의 역사적 과정이 다르므로 다양한 형태를 취하고 있다. 대별하여 사회보험방식과 적립기금방식으로 구분할 수 있다. 사회보험방식은 다시 일원제(一元制)와 이원제(二元制)로 구분된다. 일원제는 급여액 산정방법에 따라 정액방식과 소득비례방식으로 구분되며, 이원제는 정액방식의 연금과 소득비례방식의 연금을 합산하여 두 개의 연금을 지급하는 방식이다.

정액방식(flat system)은 보편적 프로그램이라고 할 수 있는데 대체로 소득수준, 재산상태 등을 불문하고 모든 국민(영주권자 포함)에게 정액의 연금을 지급하는 방식이다. 경우에 따라서는 일정기간의 거주 또는 고용기간을 조건으로 하는 경우도 있다.

이에 필요한 재원은 대체로 일반세입(general revenue)에 의한 국가 재정으로 하는데 부분적으로 본인 또는 그의 사용자의 보험료로 보충하는 경우도 있다. 베버리지(Beveridge)의 건의에 따라 1946년 영국에서 채택한 동일갹출·동일급여 방식은 이러한 정액방식의 대표적인 예이다.

소득비례방식(earnings_related system)은 급여의 자격요건 또는 급여수준을 직접 또는 간접적으로 가입기간 및 그 기간의 소득수준과 연관시키는 방식이다. 이는 가입 중의 기여도에 따라 그에 상응하는 혜택을 준다는 자유주의적 사고에 입각한 것으로서, 재직 중의 생활정도를 그대로 유지할 수 있도록 하려는 생각이 내포되어 있다.

이에 필요한 재원은 가입자 본인 또는 그의 사용자로부터 가입자의 소득의 일정비율에 해당하는 보험료로 조달함이 일반적이다. 사회보험방식을 채택한 대부분의 자유주의 국가들은 대체로 이 소득비례방식을 기본으로 하되 소득재분배 장치를 포함하여 저소득자에게 다소 유리한 구조로 하고 있다. 독일은 소득재분배 장치를 포함하지 않고 엄격한 소득비례방식에 의하고 있다.

정액방식의 연금과 소득비례방식의 연금을 합산하여 지급하는 이원제(二元制)는 당초 정액방식에 의하여 연금제도를 실시하였던 국가에서 그 후 여러 가지 여건 변화에 따라 소득비례방식을 추가함으로써 그러한 형태를 취하게 되는 경향이다.

영국은 1946년 정액방식을 채택하였으나 그 후 1978년에 소득비례방식을 추가하였고, 스웨덴도 1946년에 기본연금(정액연금)을 실시한 후 1959년에 소득비례 보충연금을 추가하였다. 그러나 스웨덴은 1999년에 이원연금제를 포기하고 기본연금 부분을 최저보장연금으로 변경하였다. 일본은 1942년부터 소득비례연금을 실시해 오다가 1985년 연금개혁을 통하여 모든 국민에게 정액의 기초연금제를 도입함으로써 이원연금제로 전환하였다.

복지이념의 구분으로 볼 때 정액방식은 평등주의에, 소득비례방식은 능력주의에 각각 입각하고 있으며, 정액방식과 소득비례방식을 합산하는 이원제는 능력주의에 평등주의를 가미한 것으로 볼 수 있다.

한편 적립기금방식(provident funds system)은 가입자 개개인에게 개별적으로 구좌(personal account)를 설정하여 가입자 본인과 그의 사용자가 적립한 금액에 이자를 가산하여 가입자 본인이 퇴직시에 일시금으로 지급하는 방식이다. 이 방식은 사회보험방식에서와 같은 소득재분배 및 위험분산의 효과를 가지지 않는다.

이 방식은 주로 영국의 식민지였다가 제2차 세계대전 후에 독립한 아시아, 아프리카, 중남미지역의 국가 등에서 실시하고 있으며, 주로 부담능력이 있는 피용자계층에 실시되어 비교적 방대한 기금이 적립되고 가입자 본인이 적립한 금액 중에서 주택자금 등으로 대출되기도 한다.

사회보험방식에서 연금재원의 조달방식은 적립방식, 수정적립방식 그리고 부과방식으로 대별할 수 있다.

적립방식(積立方式)은 장래에 지급하게 될 급여액을 제도에 가입하고 있는 기간의 보험료 등에 의하여 적립토록 하는 방식으로서, 가입

초기부터 보험료를 일정하게 유지할 수 있도록 평준보험료를 설정하므로 평준보험료방식이라고도 한다. 이 방식은 본인이 타게 될 급여액을 본인이 적립하게 되므로 세대 간 보험료의 공평부담과 적립금의 적립으로 재정의 안정적 운영을 기할 수 있는 장점이 있으나, 제도의 시행 초기부터 높은 보험료 부담과 경제·사회적 여건변화 등을 고려한 장기계획이 어려운 점 등의 문제가 있다. 이 방식은 주로 민영보험에서 완전재정 마련을 위하여 쓰는 방식이다.

수정적립방식(修正積立方式)은 제도의 시행 초기에는 평준보험료율보다 낮은 요율에 의하되 그 후의 경제적 상황, 연금재정상황 및 재정예측 등을 고려하여 보험료율을 단계적으로 높여가는 방식이다. 이 방식은 제도의 시행 초기에 보험료율이 낮아 우선 제도를 도입하기 쉽게 하고 어느 정도 적립금도 보유할 수 있으므로 사회보험방식으로 제도를 시행하는 나라들은 대부분 이 방식에 의하고 있다.

부과방식(賦課方式)은 일정한 짧은 기간(보통 1년간)에 지출하여야 할 급여비를 그 기간의 보험료수입에 의하여 충당토록 하는 방식으로서 'pay_as_you_go' 방식이라 한다. 이 방식은 적립금을 전혀 보유하지 않거나 보유하더라도 위험준비금의 역할만 할 정도를 가지고 있다. 이 방식은 기금의 적립과 증식을 위한 부담은 없지만 노령인구가 크게 증가하는 시기가 되면 후세대의 부담이 커진다는 문제가 있다. 연금제도를 도입한 지 오래 된 선진국들은 초기에 적립방식(또는 수정적립방식)으로 제도를 시행하였다 하더라도 이미 적립금이 소진되었거나 거의 소진되어 가는 상태에 있어 대부분 부과방식으로 제도를 운영하고 있다.

연금급여액의 산출방식은 확정급여(defined benefit)방식과 확정기여(defined contribution)방식으로 대별할 수 있다.

확정급여방식에서는 급여액은 미리 정해진 산식에 의하여 정액으로 하거나 소득의 일정률에 가입기간을 곱하여 산출하는 방식으로 실제 기여액을 크게 고려하지 않는 방식이다. 이 방식은 노후에 적절한 수준의 안정된 급여를 보장하기 위하여 전통적 사회보험방식의 연금제도에서 택해 오던 방식으로서 대부분의 선진국들은 이 방식에 의하고 있다. 그러나 인구의 고령화, 경기침체 등으로 연금재정조달이 어려워질 경우 연금급여수준 자체를 낮추도록 급여산식을 수정해야 한다는 정치적 부담이 따른다.

확정기여방식에서는 사전에 기여금만 확정되어 있을 뿐 급여액은 확정되어 있지 않다. 급여액은 적립한 기여금과 그 투자수익에 의하여 결정된다. 따라서 연금재정의 위기 등의 문제는 걱정할 필요가 없으나 노후의 연금액수준은 기금의 투자수익과 그 당시의 경제상황 등에 의하여 결정되므로 노후에 안정된 수준의 연금액이 보장되지 않을 우려가 있다. 이 방식은 적립금을 개인별 구좌로 관리하는 민영보험에서 주로 쓰는 방식이며, 오늘날 사회보험방식으로 운영하는 나라 중 일부에서 연금재정의 위기 등을 겪으면서 확정급여방식에서 확정기여방식으로 전환하는 나라들이 나타나고 있다.

오늘날 일부 국가에서는 확정기여방식을 수정한 명목확정기여(Notional Defined Contribution : NDC)방식을 도입하고 있다. 연금재정이 부과방식으로 운영될 경우 가입자가 기여한 금액은 즉시 연금수급자에게 지출되기 때문에 개인구좌는 그가 납부한 기여금과 이자를 단지 장부상으로만 기장하게 된다. 따라서 명목확정기여방식은 가입자 개개인의 보험료 기여액 및 실질임금상승분 조정액을 개인의 명목계정(notional account)에 귀속하게 하는 방식이다. 스웨덴은 1999년 이 방식으로 전환하여 퇴직시에 개인별로 명목상 적립액을 연금화하되 그 퇴직시점의 동일 연령집단의 평균여명을 고려하여 연금액을 결정토록 하고 있다. 이탈리아도 명목확정기여방식으로 전환하였다.

이처럼 연금제도의 모형과 재원조달방식, 연금급여 산출방식은 매우 다양하고 각기 장단점이 있으며 실제 채택되는 형태는 나라에 따라 다르고 한 나라 안에서도 여건변화에 따라 변경되는 경우도 있다.

비교적 바람직한 연금제도의 형태는 이원제(二元制)방식으로서 정액방식의 기초연금제를 통하여 모든 국민의 기본적인 노후를 보장하면서 개개인의 능력에 따른 소득비례연금을 합산하는 형태라고 할 수 있다. 또한 재정방식으로는 가급적 높은 수준의 적립금을 장기간에 걸쳐 보유하여 후세대에게 과중한 보험료를 부담시키지 않는 방식이라 할 수 있다. 급여액의 산출방식은 전통적인 확정급여방식에 의하여 노후소득보장의 안정성과 적절성을 유지하는 방식이라 하겠다.

그러나 오늘날 선진국에서도 인구의 고령화 등으로 연금재정의 장기적인 안정이 위협받고 있어 불가피하게 차선을 선택하고 있는 나라들이 늘어가고 있음은 아쉬운 일이다.

제5장

연금개혁에 관한 국제기구들의 입장

오늘날 선진국들은 노령인구의 증가로 대부분의 국가에서 연금재정이 불안해지고 기존의 공적 연금제도의 지속가능성에 의문이 제기되고 있다. 반면에 개발도상국들은 전통적인 공적연금제도로는 적용 확대에 한계를 느끼고 있어 전세계 60억 인구 중 15% 정도만이 공식적인 노후보장체제의 테두리 안에서 보호받고 있으므로, 경직된 공적 연금제도보다는 유통성 있는 대안이 필요하게 되었다. 따라서 세계 각국은 연금개혁의 방안들을 모색하게 되었고 관련국제기구들도 연금개혁에 관한 기본입장을 제시하게 되었다.

이러한 연금개혁에 관한 논의에 불을 지핀 것은 세계은행(World Bank)이다. 세계은행은 각국의 거시경제, 금융정책 등에 관여하는 경제관련 국제기구임에도 불구하고 1994년 『노령위기의 예방(Averting the Old_Age Crisis)』이라는 보고서를 통하여 공적 연금 개혁방향에 관한 기본입장을 제시하고 있다.

World Bank의 연금개혁방안이 제시되자 전통적인 사회보장기구인 국제노동기구(ILO)는 연금제도에 관한 ILO의 기본입장을 재정리하여 제시하고 있다. 이 밖에도 경제관련 국제기구인 국제통화기금(IMF)과 경제협력 및 개발기구(OECD)도 연금개혁에 관한 기본입장을 제시하고 있으나, 이 두 기구는 세계은행처럼 구체적인 모형까지 제시하지는 않고 공적 연금의 연금부채 증가문제, 금융부문의 인프라스트럭처 개선을 통한 적립기금의 효율적 운영문제 등과 관련하여 세계은행과 비슷한 입장을 취하고 있다. 따라서 World Bank와 ILO의 기본입장에 대하여만 중점적으로 살펴보겠다.

World Bank는 기존의 공적 연금제도의 역할을 축소하고 그 대신 민영연금제도의 확대를 기본방향으로 하는 대안을 제시하고 있다. 전통적인 사회보험방식에 의한 공적 연금제도에 의할 경우 인구의 노령화 등으로 연금보험료 부담이 매우 높아지게 되어 근로자의 근로의욕을 떨어뜨리게 하여 경제활동참여(labor force participation)에 저해요인이 되며, 기업의 입장에서도 부담증가로 기업활동 위축 및 경쟁력 저하의 요인이 된다는 것이다.

또한, 공적 연금제도에 의할 경우 오늘날 대부분 부과방식으로 운영되어 기금적립이 거의 되지 않을 뿐만 아니라, 일부 적립방식에 의하여 기금이 적립되더라도 기금을 공적 기구가 운영하는 것은 민간기관이 운영하는 것보다 경직성이 높기 때문에 금융 및 경제활성화에 별로 도움이 되지 않는다는 것이다.

이러한 입장에서 World Bank는 노후소득보장체계에 있어 3층구조를 제시하고 있다.[1] 1층은 정부가 운영하는 공적 연금제도로서 모든 국민에게 강제적용하며 모든 국민의 노후최저생활 보장을 위하여 정액연금 또는 최저연금을 지급하되 재원은 사회보험료(부과방식) 또는 세금으로 조달할 것을 권고하고 있다.

2층은 민간부문이 운영하는 소득비례연금으로 강제적용하되 완전적립방식으로 하여 강제저축 기능을 도입하고, 3층은 역시 민간부문이 운영하는 추가적인 소득비례연금으로 희망에 따라 임의적용하되 완전적립방식으로 하도록 권고하고 있다. 여기서 World Bank는 2층 및 3층 부분에 민간부문이 운영하는 적립방식으로 하도록 하여 국가저축의 증대를 통한 경제활성화에 주안점을 두고 있다 하겠다.

ILO는 기구설립 이래로 사회보장정책의 핵심적 분야인 공적연금제도에 대하여 많은 기준과 권고를 제시하며 당위론적 입장을 견지해왔다. ILO는 빈곤선 이상의 최저소득보장을 강조하고 있다. 저소득층에게는 최저급여를, 중간 이상 소득층에게는 과거 생활수준을 유지할 수 있는 소득을 중요시하고 있다. ILO는 연금제도에 따른 경제적 효율성 또는 거시경제적 효과보다는 소득재분배나 퇴직 후 소득의 적절성을 보다 중시하고 있다.

이러한 입장에서 ILO는 다양한 소득원으로부터 노후소득을 충당하도록 4층 체계의 연금구조를 권고하고 있다.[2] 1층은 최저소득보장을 위하여 자산조사를 통하여 대상자를 선정하고 정부의 일반재정으로 연금을 지급하는 공적 부조성격의 제도를 권고한다. 2층은 모든 국민에게 기초적인 연금을 보장하는 공적 연금제도로서 정부가 운영하는 강제적용제도로 부과방식으로 재원을 조달하고 적정수준의 소득대체율(생애평균소득의 40~50%)을 보장하는 확정급여방식을 권고한다. 3층은 소득비례연금으로 민간부문이 운영하는 강제적용의 확정기여방식으로 하고, 4층은 추가적인 소득비례연금으로 역시 민간부문이 운영하고 희망에 따라 가입하는 확정기여방식을 권고하고 있다.

여기서 ILO 권고의 핵심은 1층과 2층(특히 2층)의 공적 연금제도를 통하여 모든 국민에게 노후의 적절한 소득을 보장하는 데 주안점을 두고 있으며, 3층과 4층의 민간부문운영의 소득비례부분을 혼합함으로써 가입자의 능력에 따라 공적연금의 수준을 보충할 수 있게 하고 공공부문의 경직적인 제도운영을 보완하여 경제활성화에도 도움을 줄 수 있게 하려는 것이다.

1994년 World Bank의 보고서 발간 이후 국제기구 간에 전개되었던 연금개혁에 관한 논쟁은 초기에는 매우 이질적인 견해가 피력되었으나, 지금은 상당부분 서로 이해하는 방향으로 전환되고 있다. 장기적으로 지속가능한 안정적인 연금제도의 구축필요성에 대한 공통된 인식을 기반으로 과거에 비해 연금개혁방향에 대해 상당 부분 공감하고 있는 실정이다.

그러나 World Bank는 연금제도 자체의 고유한 목적보다는 연금제도가 미치는 경제·사회적 파급효과를 중시하고 있고, ILO는 연금제도 본연의 목적에 더욱 충실해야 한다는 기본적인 입장차이는 지금도 변함이 없다 하겠다.

우리나라의 국민연금제도의 장기적인 개혁문제에 대하여도 세계은행과 OECD 등 경제관련 국제기구들은 이러한 입장에서 공적 연금제도의 경직성을 완화하고 민간부문의 역할강화를 권고하고 있다.

이에 따라 국내의 관련 부처 간의 견해도 다소 엇갈리고 있다. 재정 및 경제정책을 담당하고 있는 부서는 금융 및 경제활성화에 보다 관심이 있으며, 전통적인 복지담당 부서에서는 연금제도의 본래 목적인 공적연금제도를 통한 노후소득보장의 적절성에 보다 더 관심을 가지고 있다 하겠다.

노후소득보장의 적절성을 유지하면서도 연금제도의 운영을 통하여 금융 및 경제활성화에도 기여할 수 있는 방안을 찾아내는 지혜가 필요하다 하겠다.

제6장

민영연금은 공적 연금의 대안인가

장기적인 수리추계에 의하면 거의 모든 OECD 국가들에서 공적 연금의 급여비 지출이 급격하게 증가할 것으로 전망되고 있다. 이 지출액 규모는 독일, 이탈리아, 일본에서는 GDP의 15% 이상이 될 것으로 전망되고 영국, 미국, 캐나다, 호주에서는 10% 미만이 될 것으로 전망되고 있다.[1] 이처럼 영어사용권 국가들의 지출이 낮은 것은 연금급여 수준이 비교적 낮기 때문이다.

인구의 노령화와 낮은 경제성장으로 인하여 OECD 국가들의 공적 연금제도는 앞으로 재정적인 곤란을 겪을 것으로 예상되고 있다. 이러한 공적 연금제도의 재정문제에 대한 대응책으로 각국은 보험료를 인상하거나 연금급여 수준을 낮추거나 연금수급 개시연령을 늦추는 등의 조치를 취하고 있다.

일부 국가에서는 부분적으로 민영화를 도입하였거나 이의 도입을 검토하고 있다. 민영화(privatization)는 연금제도를 민간기관이 운영토록 하는 것을 의미하며 광의로는 기업연금(occupational pension)제도를 도입하는 것도 포함한다. OECD 국가 중 3분의 1 정도는 공적 연금을 부분적으로 민영화하였다.

한편, 개발도상국 중 일부는 기존의 공적연금제도가 거의 재정파탄상태에 이르러 민영연금제도로 완전히 전환한 경우가 있는데 남미의 칠레가 대표적인 예이다. 그밖에도 전통적인 연금제도를 도입하기에는 제반여건이 미흡하여 민영연금제도를 대안으로 도입하는 나라들이 나타나고 있다.

칠레의 예를 따라 아르헨티나 등 중남미 7개국이 칠레의 제도를 모방하고 있으며 사회주의체제의 붕괴 이후 헝가리, 폴란드 등 동유럽권의 여러 나라들이 민영연금제도를 전면 또는 부분적으로 도입하였다. 그 중에서 1981년에 시행된 칠레의 연금개혁을 살펴보겠다.

과거 칠레의 공적연금제도는 군인, 공무원, 국영기업체 직원, 생산직, 사무직, 전문직 등 다양한 형태의 직역으로 나뉜 30여 개 이상의 제도로 운영되었다. 이러한 다원화된 분립체제는 남미 여러 나라에서 대체로 공통적인 현상이었다. 이러한 분립체제로 인하여 대상집단의 능력과 영향력의 차이에 따라 차등적인 제도가 형성되고 집단 간의 복지추구경쟁으로 급여수준이 높아지고 이에 따라 보험료 부담수준도 높아지게 되었다. 이러한 결과로 1974년에 보험료율이 노동자 임금의 50% 이상이 되게 되고 사회보장 부문의 재정적자는 GDP의 약 25%

수준까지 증가하는 상황이 발생하게 되었다.[2]

1973년에 집권한 피노체트 정권은 신자유주의적 경제정책 기조 위에서 경제·사회 전반에 걸쳐 자유화를 목표로 하는 구조개혁을 단행하였다. 이러한 구조개혁의 일환으로 공공부문의 비중과 역할을 감소시키는 정책을 추진하였으며, 이러한 원칙은 사회보장제도에도 적용되어 1981년 연금개혁을 단행하였다.

연금개혁의 골자는 기존의 부과방식의 공적 연금제도를 폐지하고 개인계정에 의한 강제적용 민간연금제도를 도입한 것이다. 신연금제도에서 피용근로자는 강제가입되며 자영자는 희망에 따라 임의가입된다. 제도의 직접 운영은 국가가 하지 않고 법률에 의하여 설립된 민간기관인 연금기금관리기관(AFP)이 담당하며 국가는 이 AFP들에 의해 관리되는 기금에 대한 감시·감독만 한다. 가입자는 자유롭게 AFP를 선택할 수 있다. AFP의 수는 1981년 13개에서 1999년에는 8개로 줄었다.

이러한 칠레의 연금개혁은 초기에 상당한 성과를 거둔 것으로 평가되었다. 국가저축률은 1986년의 10% 미만에서 1996년 29%로 증가하였으며, AFP에 의하여 관리되는 연금기금의 규모는 크게 증가하여 1985년 GDP의 10%에서 1998년 42% 수준으로 증가하였다.[3] 기금운용의 수익률은 1994년까지 연평균 11.2%의 양호한 실적을 보였으나, 1995년 −2.5%, 1998년 −1.1%의 손실을 기록하였고 그 후 1999년에 다시 9.7%의 수익을 나타냈다.[4]

그러나 칠레의 민영연금제도는 근본적인 문제점들을 안고 있다.

첫째로, AFP의 자유경쟁체제 하에서는 가입자의 계좌이동이 자유롭기 때문에 가입자를 유치하기 위한 판매, 마케팅, 홍보비용 등이 많이 들게 되어 있다. 국가가 관리하는 공적 연금은 비교적 관리비용이 낮은데(미국의 경우 운영비가 보험료 수입의 0.8%) 비하여 칠레는 보험료 수입의 15~20%를 관리비로 지출하고 있다. 이는 그 만큼 급여수준을 하락시키게 되고 특히 보험료 절대액이 적은 저소득자에게 불리하게 된다.

둘째로, 신연금제도는 원칙적으로 강제가입이지만 실제 보험료 납부자의 비율은 1980년대의 70%대에서 1990년대에 들어서면서 50%대로 감소하였고 1998년에는 43.9%로 과반수에도 미치지 못하고 있다. 또한 임의가입대상인 자영자는 10% 정도만 가입하고 그 중에서 40% 정도만 보험료를 납부하고 있다. 이렇게 연금제도에 가입하지 않거나 보험료를 납부하지 않고 있는 계층은 임시직, 계약직 등 비정규직 근로자와 저소득층이 높은 비율을 차지하고 있으므로 소득불평등의 문제는 더욱 악화될 가능성이 높다. 이는 바로 민영연금이 가지고 있는 근본적인 한계인 것이다.

셋째로, 공적 연금제도에는 일반적으로 저축기능과 소득재분배기능이 혼재되어 있으나, 민영연금에는 소득재분배기능을 배제하고 가입자의 선택에 의한 저축기능만을 하고 있다. 따라서 소득재분배를 통한 노후소득보장의 사회적 적절성의 유지기능은 포기하게 되는 것이다. 이 점 역시 민영연금의 근본적인 한계인 것이다. 더욱이 민영연금의 경우는 기금의 수익률이 크게 떨어질 경우, 공적 연금과는 달리, 연금급여액의 수준에 대한 지급보장이 되지 않으므로 퇴직자의 노후소득보장 수준이 적절하지 못하게 될 위험성이 크다.

따라서 기존의 공적 연금제도를 포기하고 민영연금으로 완전히 대체하는 것은 바람직한 대안이 되지 못한다고 본다. 그러나 공적 연금제도는 장기적으로 볼 때 인구구조의 노령화 등으로 재정적인 곤란을 겪을 것이 예상되므로 장기적으로 지속가능한 연금체제의 대안을 찾는 노력이 필요하다.

그러한 대안의 하나로 기존의 공적 연금제도를 주축으로 하되 보다 융통성 있고 신축적인 민영연금을 통하여 이를 보완하는 방안을 검토할 필요가 있다.

기존의 공적 연금제도가 모든 국민에게 적정수준의 기본적인 노후소득을 보장하는 기능을 충실히 수행토록 하고, 그 위에 2층에 해당하는 역할을 하는 소득비례연금 부분이나 기업연금 부분에 민영연금을 도입하는 방안을 고려할 수 있다. 이러한 국가운영의 기본적인 공적 연금과 민간운영의 소득비례연금을 혼합하는 형태는 오늘날 ILO가 각국에 권고하고 있는 노후소득보장의 모형이기도 하다.

제7장

국민연금기금의 투자는 어디에

국민연금제도의 재정방식은 수정적립방식으로 되어 있어 많은 액수의 적립금(기금)이 적립되도록 되어 있다. 노령연금의 지급은 원칙적으로 20년 이상 가입 후에 하도록 되어 있어 앞으로 제도가 성숙되어 노령연금 수급자가 본격적으로 나오기까지는 많은 액수의 기금이 조성되게 되어 있다.

2003년 실시한 재정계산 결과에 의하면 그 당시의 제도(보험료 9%, 급여수준은 40년 가입시 종전 소득의 60%)를 그대로 유지할 경우, 2010년 329조 원, 2020년 908조 원, 2030년 1,582조 원, 2035년 1,715조 원으로 최고 수준이 되고 2036년부터 당해연도 적자가 발생하여 2047년에는 기금이 고갈되는 것으로 추계되었다(이를 2000년 불변가격으로 계산하면 2010년 242조 원, 2020년 497조 원, 2030년 645조 원, 2035년 603조 원으로

추계됨).[1]

오늘날 선진 각국의 연금제도는 대부분 부과방식으로 운영되어 적립기금이 별로 없는 데 비하여 국민연금제도는 이처럼 방대한 기금이 적립되어 세계적으로도 몇 번째 안에 드는 규모가 될 것으로 본다.

이 국민연금기금은 장래의 연금급여를 위한 준비금으로 보험료와 그 운영수익으로 조성되는 공적 기금이므로 기금이 안정되게 투자되고 투자된 기금의 실질가치가 유지될 수 있도록 하는 것이 매우 중요하다. 따라서 안정성(安定性), 수익성(收益性), 공공성(公共性)을 기본목표로 기금을 운용하여야 한다.

국민연금제도를 일종의 적립방식으로 시작한 취지는 연금제도가 성숙되는 기간 많은 액수의 기금을 적립하여 후세대에게 과중한 보험료 부담이 되지 않도록 하기 위한 것이다. 따라서 기금을 가급적 수익성이 높은 분야에 투자하여 최대한 증식함으로써 연금재정의 장기적 안정을 기하여야 한다. 또한 이 기금은 모든 국민이 납부한 보험료로 조성된 공적 기금이므로 국가의 경제·사회발전에도 기여하도록 운용하는 공공성의 원칙이 적절히 조화되도록 하여야 한다.

국민연금기금은 금융부문, 공공부문, 복지부문의 세 부문으로 나누어 투자되고 있다. 금융부문은 국·공채, 회사채, 수익증권, 주식 등 금융기관에서 발행하는 금융상품에 투자되는 부분이다. 공공부문은 도로, 항만 등 사회간접자본의 확충을 위한 사업, 국민주택건설 및 중소기업육성 등 정부의 공공사업에 투·융자되는 부분이다. 복지부문은 연금가입자 및 연금수급자에게 직접적인 복지혜택을 줄 수 있도록 사회복지시설 설치자금의 대여, 생활안정자금의 대여, 연금휴양시설의 설치 등을 할 수 있는 부분이다.

국민연금제도의 시행 초기에는 공공부문에 투자비율이 너무 커서 문제가 되었다. 2000년 이전까지는 국민연금기금의 여유자금은 공공자금관리기금법에 의하여 원칙적으로 정부의 공공자금관리기금에 예탁하도록 되어 있었다. 이에 따라 연금기금 총액 중 약 2/3에 해당하는 금액이 공공자금관리기금에 예탁되었고 그 이자율이 금융부문에 투자할 경우보다 낮아(약 1.5~2.0% 정도 낮아) 기금의 수익성 측면에서 문제가 되었다.

그러나 2001년 이후에는 이 의무예탁제도를 폐지하고 공공부문에의 투자는 정부가 발행하는 국채를 매입하도록 변경되었다. 이렇게 국민연금기금이 정부가 발행하는 국채를 매입하여 보유하게 되면 채권의 유동성이 확보되고 추후 상환이 확실하게 보장되게 된다. 따라서 이제는 정부가 발행하는 국채를 매입하는 것도 금융부문으로 관리하고 있다.

2007년 말 현재 적립된 국민연금기금의 총액은 220조 원으로서 부문별 투자비율을 보면 금융부문이 99.7%, 복지부문이 0.1%, 기타 0.2%로 되어 있다.[2]

금융부문 중에서는 채권 79.7%, 주식 17.6%를 차지하고 있고 채권 중에서는 국채 44.9%, 금융채 35.2%, 특수채 15.5%, 회사채 3.6%를 차지하고 있어 국가와 특수공법인 등이 발행한 채권에 투자되는 비율이 높다. 회사채는 우량 회사채에 국한하여 투자하고 있어 그 비율이 낮은 편이다.

주식에의 투자비율 17.6%는 기금규모에 비하면 아직은 낮은 수준이라고 할 수 있으며 직접투자와 위탁투자가 각각 절반 정도를 차지하고 있다.

금융부문의 투자액 중 국내외 투자비중을 보면 국내채권 73.8%, 국내주식 15.5%, 해외채권 8.2%, 해외주식 2.5%로 되어 있다. 이 밖에도 대체투자로서 벤처조합투자, SOC 투융자, 부동산 간접투자 등이 0.25%가 있다.

복지부문으로는 그 동안 가입자에 대한 생계안정자금의 융자, 보육시설 설치비의 융자 등이 있었으며 현재로서는 국민연금 청풍리조트(충북 제천 소재)가 운영되고 있을 뿐 아주 미미한 수준이다.

앞으로 국민연금기금이 크게 늘어나게 되어 있어 부문별 투자의 대폭 확대와 장기적인 안목에서의 투자의 다변화가 요구되고 있다.

첫째로 투자확대가 필요한 분야는 주식이다. 국내 금융시장에서 투자가 가능한 분야는 주로 채권과 주식이다. 이 중에서 국내 채권시장은 투자에 한계가 있다. 국채, 금융채, 특수채는 국가와 특수 공법인 등이 자금조달의 필요가 있을 때 발행하는 채권으로서 이들 채권의 발행규모는 한계가 있기 때문에 앞으로 국민연금의 규모가 더욱 커지면 기금 전체에서 이들 국·공채 등에 투자되는 비율은 현재보다 훨씬 낮아지게 될 것이다.

한편 회사채의 발행시장의 총규모는 현재도 그리 크지 않으며 국민연금기금은 회사채 중에서도 우량회사채에 한하여 투자하고 있으므로 회사채에 투자할 수 있는 비율도 매우 낮은 수준이다. 그렇다면 앞으로 투자확대가 가능한 분야는 주식인 것이다.

그 동안 국민연금기금에서 주식에 투자하는 것에 대하여는 국민여론이나 정치권 등에서 별로 적극적이지 못하였다. 그 주된 이유는 우리나라 주식시장이 매우 불안하여 기금손실에 대한 우려가 크기 때문이라 할 수 있다. 그러나 주식투자는 손실우려가 있기는 하나 장기적으로 볼 때에는 수익성이 가장 높은 투자수단이라 할 수 있다. 그리고 연금기금은 장기성 자금이기 때문에 주식투자에 가장 적합한 자금이다. 일시적으로는 손해를 보는 경우가 있다 하더라도 장기적으로는 수익성이 큰 것이다.

외국의 공적 연금기금 중에서 수익성 위주로 투자하고 있는 경우, 예를 들면 미국의 캘리포니아 공무원연금기금(Calpers)과 캐나다 연금기금(CPP) 등은 기금의 대부분을 주식에 투자하고 있다.

국민연금기금은 모든 국민과 기업주들이 납부한 보험료로 조성된 공적 기금이므로 우리나라의 기업들이 주식시장을 통하여 자금을 조달하는 것을 도울 필요가 있는 것이다. 더욱이 우리나라처럼 주식시장이 불안한 상황에서는 국민연금기금은 기관투자가로서 주식시장의 안정에 기여할 필요가 있는 것이다. 그러므로 국민연금기금에서 주식투자 비율은 현재보다 대폭 확대하되 주식시장의 안정에 무리가 가지 않도록 점진적으로 확대해 나갈 필요가 있다.

둘째로, 투자확대가 검토되어야 할 분야는 해외투자이다. 우리의 경제규모로 보아 국내의 채권시장과 주식시장은 한계가 있기 때문에 필연적으로 해외시장으로 나가지 않을 수 없게 되어 있다. 이미 해외 채권과 해외주식에 직접투자와 위탁투자를 시작하여 아직은 시험적 단계에 있으나, 앞으로 해외투자기법 등을 심도 있게 연구하여 투자규모를 확대하고 투자방법을 다양화하여야 할 것이다.

셋째는, 대체투자의 확대 및 다양화를 검토하여야 한다. 이미 2002년부터 벤처조합투자를 시작으로 2003년부터 SOC 투융자, 부동산 간접투자, 기업구조조정조합투자 등을 실시하고 2006년부터 해외 부동산 등에도 간접투자를 시작하였으나 아직은 시험적 단계에 있다. 앞으로 기금규모가 커지면 이러한 대체투자도 확대하여야 한다.

이 중에서 국내부동산에 대한 투자는 자산유동화법(ABS)에 의하여 금융기관 등 일정요건을 갖춘 매도인의 부동산을 자산유동화(ABS)증권의 형태로 매입하는 간접투자의 방식에 의하고 있다.

그러나 이 간접투자방식은 한계가 있으므로 앞으로 부동산에 직접투자하는 방안도 검토되어야 할 것이다. 다만, 국민연금기금이 국내부동산에 직접 투자함으로써 국내 부동산 투기를 부추기는 결과가 되지 않도록 제한하는 안정장치를 강구하여야 할 것이다. 나아가 해외부동산 시장의 개척 및 신규 투자상품의 개발도 검토되어야 한다.

넷째는, 복지사업에 관한 문제이다. 국민연금법은 국민연금재정의 안정을 해치지 않는 범위 안에서 연금가입자와 연금수급권자의 복지 증진을 위한 사업에 투자할 수 있도록 되어 있다. 그러나 현재로서는 복지부문에의 투자는 매우 미미한 수준이다.

선진 외국의 예를 보면 연금기금에서 복지투자를 하고 있는 경우는 일본 이외에는 별로 없다. 다른 나라들은 대부분 부과방식으로 운영되어 적립기금도 별로 보유하고 있지 않지만 연금재정은 주로 연금급여비 자체에 충당하는 데 집중하고 있다.

일본의 경우에는 연금복지사업 실시를 위하여 연금복지사업단을 별도로 설치하고 있다. 연금적립금 중 일부를 떼어 연금복지사업단에서 관리하고 있다. 이 사업단에서는 환원융자사업으로 가입자에게 주택자금, 교육자금 등을 대여해 주고 복지시설 설치·정비자금도 대여하고 있으며, 전국 13개소에 대규모 연금보양단지(휴양·레저시설)를 운영하고 있다. 이와는 별도로 후생연금보험(피용자 연금)에서는 근로자를 위한 후생복지시설을 직접 운영하고 있다.

일본은 1960년대부터 경제발전에 따라 증대하는 국민의 레저욕구를 충족시켜 주기 위하여 민간부문보다 먼저 선도적으로 레저산업을 육성하는 데에 연금기금을 활용하였던 것이다.

우리나라의 경우에는 이미 연금적립금의 장기적인 안정성에 대한 우려에서 연금개혁이 논의되고 있는 상황에서 연금기금으로 복지사업을 실시하는 것은 어려울 것으로 생각된다.

이러한 늘어나는 방대한 기금을 전문적으로 책임 있게 관리하기 위하여는 국민연금기금 운영기구를 조속히 개편하여야 한다. 기금운영에 관한 의사결정기구인 국민연금 기금운영위원회는 상설기구화하여야 하며 통화신용정책에 관한 금융통화위원회 수준 이상의 독립적인 위상이 부여되어야 한다. 국민연금기금은 모든 국민의 노후생계를 책임지는 준비금이므로 그 운영에 있어 정부나 정치권 등으로부터 독립성이 보장되어야 한다. 또한 실제 기금투자를 관리하는 기구는 보다 전문적인 전담기구가 설립되어야 한다. 현재는 국민연금공단의 기금 운용본부 체제로 되어 있으나 이를 독립기구로 하여 기금투자 전담기구가 설립되어야 한다. 캐나다의 경우 1998년에 연기금의 관리만을 담당하는 전문기구로 캐나다연금제도투자위원회(Canada Pension Plan Investment Board)를 독립기구로 설립한 것은 참고할 만하다.

제8장

전국민 의료보험의 달성과정

우리나라는 1977년 의료보험제도를 실시한 후 1989년에 전국민에게 적용하여 제도시행 12년 만에 전국민 의료보험을 달성하였다. 이는 세계에서 유례가 없는 일이다.

우리나라 의료보험법은 1963년에 처음 제정되었다. 그러나 이 법은 임의적용방식으로 희망자만 가입하는 형태였다. 임의적용방식의 의료보험은 가입·탈퇴의 임의제로 인한 역선택 현상, 보험급여의 지나친 제한, 소득비례 보험료 부과의 곤란 등으로 공적 의료보험의 기능을 제대로 수행할 수 없어 성공적이지 못하였다.

이 법에 의하여 1970년대 중반까지 직장근로자를 위한 피용자 의료보험조합 4개와 자영자 등 지역주민을 위한 지역의료보험조합 8개 등 도합 12개의 의료보험조합이 구성되어 운영되었으나 모두 재정적인 어려움을 겪었다.

의료보험제도의 시행이 본격화된 것은 제4차 경제·사회발전 5개년계획이 시작된 1977년부터이다. 의료보험의 적용방식을 강제적용방식으로 전환하기 위하여 1976년 의료보험법을 전면 개정하고 우선 피용자부터 강제적용하기 시작하였다. 조직화된 피용근로자를 먼저 적용한 것은 이들이 소속된 회사에서 집단적으로 자격관리와 보험료 징수를 해 줄 수 있어 관리가 용이하였기 때문이다.

관리방식은 우선 적용가능한 집단별로 묶어서 관리하면서 점차 적용확대를 용이하게 하기 위하여 조합방식을 채택하였다. 국민을 직종·집단별로 구분하지 않고 함께 적용하는 통합체제로 해서는 처음부터 자영자·농어민에 대한 강제적용이 어려운 문제에 봉착하기 때문에 적용가능성을 고려하여 조합방식을 택한 것이다.

피용근로자 집단도 공무원과 교직원은 별도로 분리하여 적용키로 하고 일반사업장의 근로자도 사업장 규모에 따라 단계적으로 확대키로 하였다. 일반사업장은 1977년 7월 500인 이상, 1979년 7월 300인 이상, 1981년 1월 100인 이상, 1983년 1월 16인 이상의 사업장으로 확대하였으며 마지막으로 1988년 7월 1일 농어촌 지역의료보험의 실시와 더불어 5인 이상 사업장으로 확대하였다.

공무원 및 사립학교 교직원은 공무원 및 사립학교교직원 의료보험법을 별도로 제정하여 1979년부터 적용하였고 그 후에 직업군인, 공무원연금수급자 등이 추가되었다.

이렇게 피용근로자 계층을 먼저 적용하다 보니 남게 되는 미적용계층은 자영자와 농어민 계층이었다. 의료보험제도가 적용된 국민은 정부가 통제하는 낮은 수준의 의료보험수가를 적용받지만 의료보험제도가 적용되지 않은 국민은 비싼 일반수가를 적용하기 때문에 불만이 매우 컸다.

일반수가는 의료보험수가에 비하여 보통 50~60% 정도 높은 수준이었고 심한 경우는 3배 정도에 이르는 경우도 있었으니, 의료보험제도 실시로 사회보장제도를 통하여 국민통합을 이루고자 하는 목적은 오히려 국민통합에 역행하는 결과가 초래되고 있었다. 그리하여 자영자·농어민에 대한 의료보험 확대문제는 지상(至上)의 과제가 되었다.

자영자 및 농어민에 대한 강제적용방식의 의료보험 실시가능성을 모색하고 우리 실정에 적합한 모형개발을 위하여 지역의료보험 시범사업이 1981년부터 실시되었다. 이 시범사업은 1981년 7월 1일 홍천, 군위, 옥구 등 3개 군에서 실시되고, 1982년 7월 1일 강화, 보은, 목포 등 3개 시·군이 추가되었다. 이 사업은 당초 1984년까지 실시할 계획이었으나 결국은 1989년까지 계속되었다.

이 지역의료보험 시범사업의 주안점은 자영자·농어민에게 어떻게 보험료를 부과·책정하고 징수할 것인가 하는 문제와 정부재정의 부담 없이 필요한 보험료 전액을 피보험자가 자부담하도록 하느냐 하는 문제였다.

첫째, 보험료의 책정·부과기준은 사회보험의 원리상으로는 소득수준에 따른 부담과 소득재분배 원리를 실현하는 것이다. 그러나 자영자·농어민의 소득수준은 정확히 파악하기 어렵고 소득수준에 맞게 보험료를 부과하는 기준을 마련하기 어려웠다. 따라서 피용자와는 달리 기본보험료와 능력비례보험료를 가미한 방식을 채택하였다. 기본보험료는 주민의 기본부담으로서 세대당 정액과 가족 1인당 정액으로 하고 능력비례보험료는 소득 이외에도 재산·자동차 등을 고려하여 30등급으로 부과하였다.

부과된 보험료의 징수는 매우 부진하였다. 피용자 의료보험은 소득에서 원천공제하여 일괄징수되는 데 비하여 자영자·농어민은 가입자가 개별적으로 자진납부하여야 하기 때문에 원천적인 어려움이 있었으며 또한 사회보험에 대한 이해부족 등으로 어려웠다. 시범사업의 초기에는 징수율이 매우 저조하였으며 시범사업의 후기에도 5개 군 지역은 80% 수준이었고 목포시는 65% 수준이었다.[1]

둘째, 정부의 재정부담 없이 피보험자의 보험료만으로 보험재정을 조달하는 것은 거의 불가능하였다. 6개 시범지역의 보험재정은 모든 조합들이 재정적자를 기록하여 자립할 수 없었다. 재정적자의 원인은, ① 주민의 부담능력을 고려하여 보험료 수준을 너무 낮게 책정한 점, ② 보험료 징수율이 저조한 점, ③ 보험급여비 증가율이 예상보다 높았던 점 등 여러 가지 요인을 들 수 있다.

시범사업을 계속하기 위해서는 정부에서 재정대여를 하지 않을 수 없게 되었다. 시범사업의 설계 당시에는 정부는 관리운영비만 지원하고 보험급여비에 대하여는 정부가 지원하지 않는다는 방침을 세웠으나 정부의 재정지원 없이는 조합의 존립 자체가 어렵게 된 것이다.

결과적으로 관리비 지원액과 보험급여비에 대한 재정대여금을 합하면 전체 재정지출액의 약 1/3 정도를 정부가 지원하게 된 것이다. 물론 정부의 재정대여금은 상환을 조건으로 하였으나 대여금은 계속 늘어나고 상환은 사실상 불가능하였다. 시범사업의 결과로 지역의료보험은 정부의 재정지원이 불가피하다는 것이 확인된 셈이다.

그 후 1986년 정부가 국민복지 증진대책을 수립할 때에 1988년부터 농어촌지역, 1989년부터 도시지역의 의료보험을 실시하기로 계획을 세웠으며, 이 계획은 1987년의 대통령 선거에서 집권당의 대통령 후보가 대선공약으로 약속하여 실행에 옮겨지게 되었다.[2] 이 공약에 따라 1988년 1월 1일 전국의 농어촌(군) 지역의 모든 주민을 대상으로, 1989년 7월 1일 전국의 도시(시) 지역의 모든 주민을 대상으로 지역의료보험사업이 시행되었다.

처음에는 지역의료보험에 대한 정부의 재정지원 수준을 35%로 하기로 검토되었으나 1987년 말의 대통령선거 과정에서 50% 지원으로 변경되었다. 그 당시 이러한 정부의 재정지원 수준의 결정은 명확한 법률규정에 근거한 것이 아니고 단지 정부의 방침결정에 따른 정부의 일반회계예산 반영수준에 근거한 것이었다.

정부의 재정지원 수준은 1988년 지역의료보험 실시 초기에는 총지출액의 50% 수준이던 것이 세월이 가면서 지역의료보험의 재정규모가 커지면서 점차 낮아져 2000년경에는 26% 수준까지 떨어지게 되고, 지역의료보험의 재정은 더욱 악화되어 마침내는 2000년 의료보험체제의 전면통합으로 의료보험의 재정이 피용자·자영자 구분 없이 통합 관리되는 시대를 맞게 된다.

돌이켜 보면 우리나라는 제도 실시 12년 만(1977~1989년)에 단기간에 의료보험제도를 전국민에게 확대적용한 것이다. 그 당시에는 의료보험의 확대적용은 지상의 과제였다. 확대적용을 할 수 있는 여건이 미흡함에도 불구하고 무리하게 확대한 면이 없지 않다. 그리고 그 여건은 오늘날에도 아직 충분히 성숙되었다고는 할 수 없다. 빠르게 그리고 무리하게 확대한 만큼 더욱 많은 과제와 문제점을 내포하고 있는 것이다.

선진국의 경우를 보면 제도 실시 후 전국민에게 적용하는 데에 영국은 37년(1911~1948년), 일본은 34년(1927~1961년), 독일은 무려 90여년(1883~1975년)이 걸린 것과 대비가 된다.

국제사회보장협회(ISSA) 등 국제기구가 주최하는 국제회의 등에 참석해 보면 한국의 의료보험 확대과정에 대하여 선·후진국 모두가 깊은 관심을 보인다. 우리나라 의료보험의 문제점과 애로사항을 설명하면, 후진국들은 경탄의 눈으로 우리를 보며, 선진들은 세상에 문제가 없는 제도가 어디 있느냐고 하면서 자기들 나라는 제도를 시행한지 오래 되어 문제가 너무 심각하기 때문에 개혁이 불가능하나 한국은 제도를 시행한 지 오래 되지 않았으니 개혁이 쉬울 것이라고 오히려 우리를 위로한다.

그러나 문제는 우리나라도 어느 새 의료보험제도의 기본틀이 이미 굳어져 국민들이 그 체제에 젖어 있기 때문에 과제의 근본적 해결을 위한 제도의 개혁이 매우 어렵게 되어가고 있다는 점이다.

제9장
의료보험체제의 통합과정

1977년 강제적용 의료보험제도는 조합방식으로 시작되었다. 조합방식은 직장·지역별로 각기 독립적인 의료보험조합을 구성하여 해당 집단 내의 피보험자에 대한 관리를 하고 재정도 분립적으로 운영하는 방식이다. 사회보험방식의 의료보험제도를 택하고 있는 나라 중 많은 나라에서 이 조합방식에 의하고 있으며, 그 대표적인 예는 독일과 일본이다.

우리나라가 의료보험제도를 본격적으로 시행하면서 조합방식을 채택한 이유는, 첫째 의료보험제도를 도입하기 쉽고 제도의 적용대상을 단계적으로 확대하는 데 유리하다고 본 것이다. 우선 적용이 용이한 피용자 계층에 대해 단계별로 확대적용해 나가고, 적용이 어려운 농어민·자영자 계층은 추후 여건을 고려하여 점차 적용해 나가겠다는 것이었다. 둘째는, 조합별 자치의 원칙에 의거 보험재정을 자치적·독립적으로 운영함으로써 정부에서 재정지원 없이 의료보험제도를 확대할 수 있다고 본 것이다.

이에 따라 초기에는 의료보험조합을 거의 사업장별로 조직하는 식으로 시작하여 1979년까지 모두 603개의 직장의료보험조합이 만들어지게 되었다. 이렇게 소규모 조합이 난립하다 보니 조합별로 재정안정이 어렵고 위험분산 및 소득재분배 기능이 사업장 내에 국한되는 문제가 있어, 보건사회부는 1980년부터 의료보험조합 통폐합 추진계획을 수립하여 직장의료보험조합은 마침내 1998년까지 총 142개(기업별 단독조합 60개, 지구별 공동조합 82개)로 줄어들게 된다.

이렇게 조합방식에 의하여 조합별로 재정이 독립된 독립채산제로 운영하다 보니 조합별로 보험료의 수준, 보험료 책정방법이 다르고 보험급여의 내용도 다소 차이가 있게 되며 조합별 재정상태도 각기 다른 결과를 초래하게 되었다. 이러한 문제는 앞으로 농어민 및 자영자에게 의료보험을 확대할 경우 심각한 문제를 야기할 것이 예상되었다. 이러한 점을 고려하여 의료보험의 통합일원화 문제가 제기되었다.

의료보험의 통합일원화 논의는 보건사회부 내에서 먼저 시작되었다. 1980년 후반에 새로 취임한 장관이 의료보험의 통합일원화 구상을 처음 밝히면서 그 후 정부 내의 각 부처, 국회, 학계, 언론계 등 각계 각층에서 토론이 전개되었다.

각계의 의견은 의료보험의 통합을 주장하는 측과 기존의 조합방식의 고수를 주장하는 측으로 양분되었다. 정부 내에서도(심지어 보건사회부 내에서도) 의견이 양분되었으며, 의료보험의 보험자 단체(의료보험조합 측)와 전국경제인연합회 등 경제 5단체 및 한국노동조합 총연맹 등은 통합에 반대하는 입장을 표명하였다.

이러한 과정에서 국회 보건사회위원회는 1981년 11월 의료보험의 통합일원화가 의료보험사업에서 가장 중요한 당면과제로 보고 정부가 1982년 정기국회까지 의료보험 통합일원화를 위한 법률안을 제출하라는 결의를 하고 이 결의안은 그 해 12월 국회 본회의에서 그대로 가결되게 된다.

그러나 그 후에도 각계의 찬·반 의견은 양분되어 있었고 정부 내에서도 의견 일치를 보지 못하여 의료보험 통합일원화를 위한 법률안은 제출되지 못하고, 마침내 1983년 2월 보건사회부의 의료보험업무 담당공무원들이 사직당국에 불려가서 조사를 받게 된 것을 계기로 의료보험의 통합일원화 논의는 일단 소강상태에 접어들게 된다.[1]

그 후 정부가 1986년에 농어민 및 자영자에 대한 의료보험 확대방침을 밝히면서 의료보험 통합논의가 다시 일어나게 된다. 정부는 1988년부터 농어촌지역에, 1989년부터 도시지역에 의료보험을 실시할 계획을 밝히면서 기존의 조합방식을 유지하여 시·군·구 단위로 지역의료보험조합을 구성하고 재원부담은 주민이 부담하는 보험료로 한다는 원칙을 세운 것이다.

그러나 1988년 농어촌 의료보험의 실시를 위한 준비가 본격화되면서 그 동안 정부, 정당, 의료보험 관련단체, 학계 등을 중심으로 이루어져 온 논쟁이 의료보험의 수혜자와 농어민 및 도시빈민 조직 등 재

야조직에 까지 확대되었다. 특히 농어민들의 의료보험에 대한 저항은 각 정당에 상당한 영향을 미쳤다.[2]

1988년 말 국회의 의석분포는 야당의원이 여당보다 많은 이른바 여소야대(與小野大)의 상황이었고 야 3당은 서로 연합하여 의료보험을 통합하는 '국민의료보험법안'을 국회에 제출하게 된다. 그 당시 여당은 1987년 말 선거에서 노태우 대통령이 당선되었으나 정치적으로 이른바 '중간평가'를 받기로 국민에게 약속한 바 있어 국민복지에 관한 법안에 대하여 대통령이 거부권 행사를 하지 못할 것이므로 '찬성'당론을 정하고 마침내 이 통합의료보험법안은 1989년 3월 임시국회에서 만장일치로 국회를 통과하게 된다.

그러나 이 법안이 공포되는 과정에서 정치적인 '중간평가' 방침이 철회됨에 따라 이 법안에 대해 대통령의 거부권이 행사되고 재의요구(再議要求)를 하게 된다. 이로써 1988년의 농어촌 지역의료보험과 1989년의 도시지역의료보험은 기존의 조합방식으로 시·군·구 단위로 실시되게 된다.

1989년 전국민 의료보험 적용이 이루어진 후 조합방식의 문제점은 한층 심각하게 부각되게 된다. 피용자로 구성된 직장의료보험조합은 소득파악과 보험료 부과·징수가 용이하며 노인인구의 비율이 낮아 보험재정이 대체로 안정되어 있으며 많은 액수의 적립금을 보유하고 있는 반면에, 자영자·농어민으로 구성된 지역의료보험조합은 소득파악과 보험료 부과·징수가 어렵고 노인인구의 비율이 높은 등의 이유로 보험재정이 안정적이지 못하고 일부 조합은 재정적자를 내는 경우도 생기게 되었다. 이러한 조합방식의 문제점을 보완하기 위하여 정부는 노인의료비와 고액진료비에 대하여는 모든 조합이 공동으로 부담하는 조합 간 재정조정사업을 실시하였으나 그 효과는 한계가 있을 수밖에 없었다.

이에 의료보험의 통합을 위한 운동은 더욱 확대되어 농민, 도시빈민, 노동자, 보건의료인, 학생 등으로 확대되었고 마침내는 지역의료보험조합에 근무하는 직원들까지 가세하게 된다.[3]

이러한 의료보험조합 통합운동은 정치권에도 영향을 미쳐 의료보험의 관리체계를 통합하는 방향으로 움직이게 된다. 우선 1차적인 통합을 위하여 국민의료보험법이 새로이 제정되어 1998년 10월부터 지역의료보험과 공무원 및 사립학교 교직원 의료보험을 하나로 통합관리하되 재정은 별도로 구분관리토록 하였다. 그 결과 전국의 시·군·구 단위의 지역의료보험조합은 하나의 조직으로 통합·관리되고 지역의료보험 전체의 재정은 하나로 통합운영되게 된다.

그 후 직장의료보험까지 포함하여 의료보험을 통합일원화하고 보험재정도 통합관리토록 하는 국민건강보험법안이 정부제안으로 국회에 제출되어 1999년 2월 국회를 통과하게 된다. 이 법에 의하면 2000년 1월 1일부터 전국의 모든 의료보험조합을 통합하여 단일보험자로서 국민건강보험공단을 설립하고 종전의 의료보험조합의 권리와 의무 및 재산(적립금 포함)은 새로이 설립되는 공단이 포괄승계하게 되었다. 이로써 약 20여 년에 걸친 의료보험 통합논쟁은 마무리되게 된다.

이처럼 의료보험 통합논의의 과정이 길었고 특히 의료보험의 통합으로 방향이 결정된 후 실제로 통합을 이루는 데도 2년여가 걸렸으므로 그 과정에서 각 조합들이(특히, 직장의료보험조합) 적절하게 보험료를 인상하지 않음으로 인하여 실제 통합시에 공단으로 승계된 적립금은 별로 없는 상태가 되었다.

통합으로 인하여 이제 보험재정은 직장가입자와 지역가입자의 구분 없이 통합관리하게 되어 흑자조합·적자조합 구분이 없어지게 되고 그 만큼 재정상으로 득(得)이 되게 되었으며, 의료보험을 관리하는 인력도 대폭 줄게 되어(1만 6,000여 명에서 약 1만 명 수준으로 감축) 그 만큼 관리운영비를 절감할 수 있게 되었다.

그러나 통합으로 인하여 새로이 제기된 문제도 있고 앞으로 해결해야 할 과제들이 여전히 남아 있다.

첫째는, 거대조직으로 인한 관리상의 경직성의 문제이다. 예를 들면, 종전의 조합방식에 의하면 조합별로 보험재정을 운영하므로 조합의 재정상태 등을 고려하여 자율적으로 보험료를 조정하는 등 비교적 신축성 있게 운영할 수 있었다. 이 점이 과거에 조합방식의 유지를 주장하는 측에서 내세우는 주요 논거였다.

그러나 통합체제에서는 피용자·자영자 구분 없이 전국민을 피보험자로 하고 있기 때문에 보험료의 조정이 어려워졌다. 보험료의 조정 등 보험료에 관한 사항을 심의하기 위하여 국민건강보험공단에 재정위원회를 두고 있고 재정위원회의 위원은 총 30인으로 구성되어 노·사 대표, 농어민·자영자 대표, 공익위원 등으로 되어 있어 보험료 인상에 관한 합의를 이끌어 내기 어렵게 되어 있다. 이처럼 적기에 적절한 수준으로 보험료를 조정(인상)하지 못하면 그 만큼 보험재정은 어려워질 소지를 안고 있는 것이다.

둘째는, 보험료 책정방법의 일원화 문제이다. 통합방식을 주장하는 측에서는 의료보험의 관리체제를 통합하면 보험료 책정방법을 통일하여 피용자와 자영자·농어민 모두에게 소득만을 기준으로 보험료를 부과할 수 있다고 주장하였다. 이렇게 해야 사회보험의 능력비례 부담원칙에 부합하게 된다는 것이었다.

그러나 현재로서는 피용자는 소득이 정확하게 파악되는 반면 자영자·농어민은 소득파악률이 낮아(소득에 관한 과세자료가 있는 피보험자의 비율은 아직 30% 미만임) 보험료 부과기준의 통일을 기하지 못하고 있다. 피용자는 소득만을 기준으로 하는 데 비하여 자영자·농어민은 소득 외에도 재산, 자동차 등을 고려하고 있다. 보험료의 형평부과 문제는 통합의료보험이 해결해야 할 중요한 과제이다.

셋째는, 통합조직의 완전한 융화문제이다. 의료보험 실시 초기부터 20여 년간 의료보험을 조합방식으로 운영해 온 결과 과거 직장조합과 지역조합으로 구분하였던 뿌리가 아직도 완전히 해소되지 않고 있다. 조직 내 직원 간의 완전한 융화와 통합이 아직도 남아 있는 과제인 것이다.

넷째는 건강보험의 향후 발전에 관한 과제이다. 국민건강보험법에 의하면 제도의 명칭은 과거 '의료보험'으로부터 '건강보험'으로 변경되었다. 질병의 치료 이외에 예방·재활 등을 포함하는 포괄적인 의료서비스를 제공하겠다는 것이다. 과거 20여 년간 우리나라 의료보험은 의료보험의 확대문제와 의료보험 통합논쟁에 매달려 정작 중요한 의료보험의 본질문제에 관한 논의를 소홀히 해 왔다고 평가할 수 있다.

이제 통합된 건강보험체제 하에서 의료보험 실시 30여 년이 지난 시점에서 장기적인 안목에서 건강보험의 틀을 새로운 관점에서 다시 짜야 하는 과제를 안고 있는 것이다. 이것이 무엇보다도 중요한 과제인 것이다.

제10장

건강보험제도의 과제와 발전방향

우리나라 건강보험제도는 1977년에 시행된 이래 이제 제도실시 30여 년을 넘어서고 있다. 그 동안 많은 우여곡절도 있었지만 국민의 건강수준 향상에 크게 기여한 것이 사실이다. 과거 '몸이 아파도 참아야 했던 시대'에서 이제 '아프면 치료받을 수 있는 시대'로 변모한 것이다. 건강보험 실시 30년의 모습을 보면 국민의 98.2%가 건강보험에 가입되고, 1인당 의료기관 이용일수는 연간 16.04회, 국민의 평균수명은 78세로 늘어났다.

그러나 제도실시 초기에 무엇보다도 적용대상의 확대에 정책의 초점을 두어 단기간에 의료보험을 확대하다 보니 여러 가지 해결해야 할 과제를 안고 있다. 또한 장기간에 걸친 의료보험 통합논쟁으로 정작 중요한 건강보험의 본질문제를 제대로 다루지 못한 점도 있다고 볼 수 있다.

무엇보다도 이제는 건강보험의 질(質)적 개선을 이룩해야 한다. 건강보험제도에 의한 보장수준이 진정으로 적절한(adequate) 수준이 되어야 한다. 모든 국민이 언제 어디서나 편리하게 필요한 양질의 서비스를 받을 수 있도록 되어야 한다. 이제 건강보험 실시 30여 년을 지난 시점에서 장기적인 안목에서 건강보험제도의 틀을 새로운 관점에서 다시 짜야하는 여러 가지 과제들을 가지고 있는 것이다.

첫 번째 과제는 건강보험의 보장성을 강화하는 과제이다. 건강보험제도는 제도시행 초기에 국민의 부담능력을 고려하고 또한 제도의 확대적용을 용이하게 하기 위하여 저부담·저급여(低負擔·低給與)의 체제를 유지하여 국민의 부담도 낮게 하면서 보험급여의 수준도 낮은 편이었다.

1989년 전국민 의료보험의 달성 이후 보험급여 항목의 확대, 보험급여 일수의 확대 등으로 건강보험의 보장성은 지속적으로 향상시켜 왔으나 아직도 매우 미흡한 수준이다. 2005년 총진료비 중 건강보험 재정에서 부담하는 비율(보장성)은 61.8%이며 진료시 본인이 부담하는 비율은 38.2%에 해당하여 선진국에 비하면 본인부담 비율이 매우 높은 수준이다.[1] OECD 국가의 평균 본인부담률은 1985년 16.3%에서 2004년 19.8%로 증가된 점과 대비가 된다.[2]

이제는 건강보험의 질적 수준을 높여 양질(良質)의 의료서비스를 받을 수 있도록 고부담·고급여(高負擔·高給與)의 체제로 개편해 나가야 한다. 그러나 이는 일시에 달성하기는 불가능하며 국민의 부담능력을 고려하여 점진적으로 추진해 나가야 한다.

건강보험의 보장성을 강화하는 방안으로는 진료비가 많이 드는 고액·중증질환자에 대하여는 본인부담률을 대폭 낮추고 저비용·경중질환의 경우에는 만성질환자나 저소득자 등 취약계층에 대하여 본인부담률을 낮추는 방안이 필요하다. 또한 현재 비급여 항목으로 되어 있는 항목 중에서 필수진료에 해당하는 부분은 건강보험의 급여로 포함되어야 한다. 건강증진, 질병예방, 질병관리, 재활 등에 대한 보험급여를 확대하여 질병발생을 사전에 예방하고 질병치료 후 신속히 사회복귀를 할 수 있도록 해야 한다.

또한 민간의료보험을 활성화하여 건강보험의 재정건전성을 훼손하지 않으면서도 국민의 선택권이 확대되도록 하여야 한다. 질병치료 시 환자에게 과중한 부담이 발생하는 비급여항목을 중심으로 민간의료보험의 급여범위를 확대하는 것이 바람직하다.

두 번째 과제는 건강보험 재정의 지속성을 확보하는 과제이다. 건강보험이 성공적으로 운영되기 위해서는 보험재정이 장기적으로 안정되어야 한다. 건강보험 진료비는 그 동안 소비자물가 인상수준을 훨씬 상회하는 수준으로 연평균 약 10~20% 수준으로 매년 증가되어 왔다. 이는 의료보험수가의 인상, 인구의 고령화, 의학기술의 발전 등 여러 가지 요인이 복합적으로 작용한 결과로 생각된다. 국내총생산(GDP) 대비 국민의료비의 지출규모는 2005년 기준으로 5.9%(OECD 국가의 평균은 8.9%)로서 2010년 7.1%, 2015년 9.3%로 증가할 것으로 전망되고 있다.[3]

앞으로 건강보험의 보장성 강화, 인구의 급속한 고령화, 새로운 의학기술의 발전, 국민기대 수준의 상승 등으로 건강보험의 지출은 더욱 증가할 수 있으므로 건강보험의 '재정적 지속가능성' 확보는 매우 중요한 과제이다. 건강보험의 재정을 안정시키기 위한 대책의 기본방향은, 첫째는 수입을 증대하는 것이고, 둘째는 진료비의 지출을 적절히 통제하는 것이다.

첫째, 수입을 증대하는 방안으로는 보험료수입의 증대와 국가재정 지원의 안정적 확보를 들 수 있다. 보험료의 수준은 건강보험 실시의 초기부터 낮게 시작하여 아직도 5% 수준(사용자 부담분 포함)을 유지하고 있으나 건강보험의 질적 수준을 높이기 위해서는 이보다 훨씬 높은 수준으로 보험료를 조정하여야 한다. 보험료 부담을 높이지 않고 급여 수준만 높아지기를 바라서는 아니된다.

보험료의 부과체계는 능력에 따라 부담하는 원칙을 강화하여야 한다. 현재는 피용자는 소득을 기준으로, 자영자 및 농어민은 소득 이외에도 재산, 자동차 등을 고려하고 있으나 이를 소득기준으로 통일하여야 한다. 소득기준을 적용함에 있어서도 현재 보험료 부과대상에서 누락되어 있는 금융소득, 양도소득 등에 대하여도 보험료를 부과하여 능력에 따른 부담원칙을 강화하여야 한다.

국가의 재정지원(국민건강증진기금 포함)은 1989년 전국민 의료보험 초기에는 지역가입자(자영자·농어민)를 위한 지출액의 50%를 지원하던 방식에서, 현재는 전체 보험료 수입액의 20%를 지원하도록 되어 있어 건강보험의 재정상황에 따라 국가의 지원규모가 변동되도록 되어 있으나, 이를 전체 보험재정의 일정 부분(예를 들면, 총급여비의 20%)을 지원하도록 법정화하여 국가책임부분을 명확히 하고 건강보험 재정안정의 기반이 되도록 하여야 한다.

둘째, 진료비 지출을 적절히 통제하기 위해서는 건강보험의 진료비 지불방식을 개편하는 것이 매우 중요하다. 현행의 행위별 수가제(fee for service)는 진료행위의 양 만큼 진료비를 지불하는 제도이므로 환자에게 최대·최선의 서비스를 받게 한다는 장점이 있으나, 반면에 과잉진료, 불필요한 진료를 유발하게 되고 보상수준이 높은 서비스 위주의 의료행위로 의료의 왜곡현상을 초래하는 등으로 진료비 증가를 통제하기 어려운 문제가 있다. 따라서 행위별 수가제는 장기적인 관점에서 의료기관의 운영과 의료의 질 및 의료기술의 발전에 지장을 주지 않는 범위 내에서 점차 개편해 나갈 필요가 있다.

입원진료에서는 미국의 공적 노인의료보험(Medicare)에서 채택하고 있는 포괄수가제(DRG)의 도입을 추진할 필요가 있다. 포괄수가제는 제공된 의료서비스의 양과 관계없이 질병군(疾病群)별로 미리 정해진 일정금액을 지불하는 제도이다.

이 포괄수가제는 1997년부터 3년간 시범사업을 거쳐 2002년 7월부터 7개 진단군에 한정하여 원하는 병원에 한하여 적용하고 있으나 이를 점차 확대하여 모든 병원에 대하여 전체 질병군으로 확대해 나가야 할 것이다.

이 포괄수가제는 국민의료비를 절감하고 병원경영의 합리화를 유도할 것으로 기대되나 과소진료의 우려가 있고 오랫동안 시행해 온 수가체계의 개편에 따른 혼란 등을 고려하여 우선 공공병원을 대상으로 시범사업을 통하여 시행방안을 강구할 필요가 있다. 포괄수가제가 실시되면 진료비의 청구 및 심사업무도 간소화되어 의료기관, 진료비 심사기구, 보험관리기관 등 대폭적인 인력절감도 기대할 수 있을 것이다.

외래진료에서는 진료비 목표관리제를 도입할 필요가 있다. 이는 매년도 진료비의 총액목표를 정해서 관리하는 체제로서 매년도 총액목표의 결정은 건강보험공단과 의사협회 등이 계약으로 정하고 각 의료기관 간의 배분은 이 총액범위 내에서 성과불(成果拂)방식을 원칙으로 하여 산출하는 방식이다.

이 방식으로 시행하고 있는 예로는 독일의 질병보험제도에서 보험의(保險醫)의 외래진료에 대하여 각 주(州)단위로 보험의협회와 질병금고연합회 간에 매년 계약에 의하여 총액으로 계산하여 지불하는 총액계약제(總額契約制)가 있으며 국민의료비의 관리측면에서 효과적인 것으로 평가되고 있다.

이 밖에도 의원급에 대하여 주치의(主治醫)제도에 기반한 인두제(人頭制)의 도입을 검토할 필요가 있다. 인두제는 진료내용과 관계없이 1인당 정액으로 지불하는 방식으로 진료비를 통제하면서도 환자와 개원의에게 선택권을 확대할 수 있다. 다만, 특수한 서비스 및 고가서비스에 대하여는 행위별 수가제를 허용할 필요가 있다.

건강보험의 세 번째 과제는 과거의 '의료보장'에서 '건강보장'으로 국민의 생애건강을 실질적으로 관리해 나가는 과제이다. 건강증진, 예방, 질병관리, 재활 등이 체계적으로 연계되게 하여 국민의 자기건강관리능력을 배양할 수 있도록 지원하여야 한다. 국민 각자가 개인별로 건강관리 담당의사(주치의) 또는 의료기관을 지정하여 관리토록 하고, 질병예방과 관련된 보험급여 항목을 확대하고 특히 생애전환기의 건강검진사업과 건강상담사업을 강화하여 질병을 조기에 발견하여 조기에 치료할 수 있도록 돕는 건강보험제도가 되어야 한다.

특히 성인병과 만성질환을 가진 노인의 적절한 의료이용을 돕고 노인의료비를 적절히 관리할 수 있는 건강보험제도가 되어야 하며, 담당 의사와 의료기관의 틀을 이용하여 2008년 7월부터 새로이 시행된 노인장기요양보험과 효율적으로 연계·관리하는 체계가 되어야 한다.

이미 건강보험 급여비 중 노인의료비가 차지하는 비율은 1/4를 넘어서고 있으며 앞으로 고령화가 진전될수록 노인의료비는 급격하게 늘어나게 될 것이므로 이를 효율적으로 관리하지 못하면 건강보험제도는 결코 성공할 수 없는 것이다.

제11장

민간의료보험의 활성화

민간의료보험을 현재보다 활성화하여 공보험(사회보험)인 건강보험의 부족한 점을 보충하는 역할을 하도록 해야 한다는 주장이 오래 전부터 있어 왔다. 사회보험인 건강보험만으로는 개인마다 다양한 욕구를 충족시키는 데에는 한계가 있으며 기본적인 의료보장과 관계없는 고급의 의료서비스에 대한 욕구까지 건강보험에서 모두 포괄할 수 없으며 또한 사회보험의 역할 범위에서도 벗어난다는 주장이다.

이러한 건강보험의 역할범위를 벗어나는 부분에 대하여 민간의료보험을 보다 활성화하여 질병으로 인한 국민의 경제적 부담을 실질적으로 경감시키고 국민의 선택권을 확대해야 한다는 것이다. 특히, 오늘날 건강보험의 급여범위를 확대하여 보장성을 강화하고자 할 경우 건강보험의 재정지출이 크게 늘어나게 되어 이를 제대로 실행할 수 없는 현실에서 민간의료보험으로라도 이를 포함시켜 보험에 의한 보장성을 확대하는 방안이 될 수 있기 때문이다.

민간의료보험은 민간보험회사 등에서 판매하는 보험상품으로서 우리나라에서는 아직 별로 활성화되어 있지 않다. 현재 개발되어 있는 보험상품으로는 암보험, 성인병 및 특정질병 보장보험, 장기요양보험 등이 있으며 진료비 지급형태는 정액형(명시된 금액을 정액으로 지급) 또는 실손형(실제 진료에 소요된 비용 지급) 등 계약내용에 따라 다양하다.

민간의료보험은 사회보험제도인 건강보험과는 근본적으로 다른 몇 가지 특성을 가지고 있다.

첫째로, 건강보험은 모든 국민에게 강제적으로 적용하는 데 반하여, 민간의료보험은 희망에 따라 가입하는 임의방식을 택하고 있다. 임의방식에 의할 경우 보험가입의 역선택(adverse selection)현상, 즉 치료가 필요할 때 가입하여 고액의 치료를 받은 후 탈퇴하는 현상으로 인하여 재정안정이 어렵게 된다. 따라서 민간의료보험에서는 가입 전의 질병은 배제하는 등 급여제한을 많이 하는 것이 보통이다.

둘째로, 건강보험에 의한 급여수급권은 법에 의하여 보장된 법적 권리로서 급여수준은 모든 국민에게 균등하게 함이 원칙인 데 반하여, 민간의료보험에 의한 급여는 계약에 의한 수급권이며 급여내용, 급여수준 등은 계약내용에 따라 보험료 기여에 비례한 차등급여가 원칙이다.

셋째로, 건강보험의 보험료는 소득에 비례하여 부담함이 원칙인데 반하여, 민간의료보험은 질병발생의 위험도(risk)에 따라 부과함이 보통이며 따라서 병약자, 노인 등의 보험료가 높아지게 된다.

이러한 민간의료보험을 활성화할 경우 가져올 수 있는 문제점에 대한 우려도 많다.

첫째, 민간의료보험은 보험모집인 활용, 홍보비 등 판매비용 (marketing cost)과 행정비용이 많이 들기 때문에 급여율이 건강보험에 비하여 낮을 수밖에 없다는 점이다. 민간의료보험 체제에 의하고 있는 미국의 경우에도 전체 보험료수입의 약 1/4이 관리비용으로 지출되고 있다.

둘째, 민간의료보험은 지불능력이 있는 사람과 건강상 위험이 적은 건강한 사람들에게 적합한 상품을 판매하게 된다는 점이다. 기존 질병을 가지고 있는 사람과 치료비가 많이 드는 질병은 가입하기 어렵고 지불능력이 부족한 저소득자는 가입하기 어렵게 되어 있다. 따라서 민간의료보험의 확산은 평등과 사회통합의 측면에서 바람직하지 않다는 지적이 있다.

셋째, 민간의료보험제도의 확산은 보건의료제도를 양극화시키고 공보험인 건강보험제도를 위축시킬 우려가 있다는 지적이다. 지불능력이 있는 계층은 민간의료보험을 이용하고 지불능력이 부족하고 건강하지 못한 계층은 건강보험을 주로 이용하게 되며, 정치적으로도 민간의료보험을 이용할 수 있는 지불능력 있는 계층은 건강보험제도의 질적 개선을 위한 재원투입에 반대할 가능성이 높다.

또한 민간의료보험의 급여범위가 확대되어 보장성이 높아지면 건강보험의 보장성을 확대해야 한다는 국민적인 요구가 그 만큼 줄게 되어 정부입장에서도 공보험인 건강보험이 해야 할 책임을 민간의료보험으로 떠넘기는 결과를 초래할 우려가 있다.

그러나 사회보험인 건강보험만으로는 국민의 다양한 욕구를 충족시키는 데에는 한계가 있으므로 민간의료보험을 통하여 건강보험의 역할을 보완해야 하는 것은 당연한 것이다. 특히, 우리나라는 의료공급이 민간주도로 이루어 져 있으며 장기적으로는 의료비가 급증하고 있고 또한 늘어나는 고급의료서비스의 선호경향을 고려할 때 이를 흡수할 수 있는 민간의료보험의 도입 또는 확대는 불가피하게 갈 수밖에 없는 방향인 것이다.

민간의료보험의 확대를 허용한다고 해서 공보험인 건강보험이 해야 할 책임을 민간으로 떠넘기는 결과가 되어서는 아니된다. 국가에서 기본적으로 보장해 주어야 할 부분에 대하여는 건강보험이 마땅히 보장해 주어야 한다.

공보험인 건강보험제도를 성숙시키는 작업이 우선적으로 이루어져야 하며, 이와 함께 민간의료보험이 적절히 역할을 분담하여 건강보험을 보완하는 역할을 수행하도록 관계가 설정되어야 한다. 민간의료보험이 도입되더라도 공보험인 건강보험을 위축시키지 않는 범위 내에서 이루어져야 한다.

현재 민간보험회사에서 판매하고 있는 상품 중 실손형(實損型)의 경우 환자가 치료시 부담하는 본인부담금(국민건강보험법에 의한 본인부담금 및 건강보험의 비급여 부분) 전액을 보장하는 상품이 대부분인데, 국민건강보험법에 의한 본인부담금을 전액 보장해 줄 경우 불필요한 진료를 억제하기 위한 장치가 없어지게 되어 건강보험의 진료비가 크게 늘어날 우려가 있다. 따라서 민간의료보험의 급여범위 확대는 건강보험의 비급여 부분 위주로 이루어져 건강보험 재정에 영향을 미치지 않도록 하여야 할 것이다.[1]

제12장

의료보장제도의 모형비교

시회보장제도는 소득보장과 의료보장의 양대 축으로 구분할 수 있다. 소득보장은 연금제도가, 의료보장은 의료보험제도가 가장 대표적인 제도이다. 따라서 연금제도와 의료보험제도가 사회보장의 양대 축이 되는 제도라 할 수 있다.

이 중 어느 것을 먼저 실시하느냐는 나라에 따라서 차이가 있기는 하나 대체로 의료보험제도를 먼저 실시하는 경향이다. 우리나라도 의료보험제도를 1977년에 먼저 실시하고 국민연금제도는 1988년에 실시하였다. 이는 질병치료에 대한 보장대책이 더 시급한 문제라고 보고 있는 것이다.

인간의 기본적인 욕구 중 질병의 고통으로부터 벗어나고자 하는 욕구는 가장 원초적인 욕구이다. 몸이 아파 가지고는 아무 것도 할 수 없는 것이다. 그러기에 의료(치료)의 문제는 공공재(公共財) 중에서도 가장 기본적인 것이다. 공공재라 함은 공기, 물과 같이 우리 일상생활에 누구나 없어서는 안 될 기본적으로 꼭 필요한 재화를 말하며 의료도 이러한 공공재에 속한다고 본 것이다. 그러기에 의료의 사회성(社會性)이 강조되는 것이다.

질병치료(의료)의 문제는 개인에게만 맡겨 두어서는 아니되며 사회(국가)가 공동으로 책임을 지도록 해야 한다는 것이다. 또한 질병의 치료는 영리를 목적으로 해서는 안 된다고 보고 있으며 이러한 취지에서 우리나라에서도 의료법인은 비영리법인으로 하고 있다(의료법 제33조).

그리고 의료서비스에 대하여는 소비자가 전문지식이 없기 때문에 공급자(의사)에게만 맡겨 놓거나 민간자유시장에서 일반상품처럼 자유롭게 거래하게 하는 것은 바람직하지 않다고 보고 국가가 사회보장제도를 통하여 적절히 통제를 하고 있는 것이다.

사회보장제도를 통하여 의료문제를 해결하는 모형은 나라에 따라 조금씩 다르기는 하나 크게는 세 가지로 유형화할 수 있다. 집합성 (collectivity)의 정도를 기준으로 삼고 있는 조지(Vic George)와 윌딩 (Paul Wilding)의 견해에 따라 반집합주의(anti_collectivism), 소극적 집합주의(reluctant collectivism), 페이비언 사회주의(Fabian socialism)로 구분하는 모형구분이 의료보장의 경우에 가장 잘 맞아 떨어지고 있다.[1]

집합성이라 함은 사회적 연대책임의 정도를 말하는 것으로서 의료보장에서 반집합주의는 민간보험 위주(최소한의 공적보장)의 방식을, 소극적 집합주의는 사회보험 방식을, 페이비언 사회주의는 국가보건서비스 방식을 각각 의미한다. 이 중 집합성의 정도가 높은 것부터 설명하겠다.

첫 번째 모형인 페이비언 사회주의에 의하면 자본주의 체제를 전제로 하되 의료문제의 해결에 있어 개인의 경제적 능력보다는 치료의 요구(need)에 입각하여 사회의 모든 구성원에게 평등하게 주어져야 한다는 입장이다. 이를 위하여 정부재정으로 무료의 보건서비스를 제공하는 유형으로 영국, 스웨덴, 이탈리아와 영연방에 속하였던 국가 중 일부가 이에 해당한다.

영국은 1911년 국민보험법에 의하여 사회보험제도로 의료보험을 실시하였으나 1940년대 중반까지도 전국민의 절반 정도밖에 가입하지 못한 상태였으며, 1948년 국가보건서비스(National Health Service : NHS) 제도로 전면 개편하여 국가재정으로 전국민에게 적용하였다.

NHS에 의하면 외래진료는 가정의(family doctor)가 담당하며 가정의는 관리하고 있는 주민수에 따라 인두제(人頭制)에 의하여 1인당 정액으로 국가로부터 진료비를 지급받는다. 입원진료를 담당하는 병원은 국영이며 의사 등 의료요원은 공무원이고 치료비는 국가가 부담한다. NHS는 질병의 치료 이외에도 공중보건, 환경보전 등 예방적 대책까지 포함하고 있어 국민의 보건문제에 대하여 종합적으로 책임지는 제도이다.

의료문제를 국가재정으로 해결하므로 국가 재정적자의 주요인이 되고 있으며 또한 의료서비스의 질적 수준의 미흡과 장기간의 입원대기 등 진료지연의 문제가 있으나, 모든 국민에게 평등(平等)의료를 보장한다는 장점이 있어 영국 국민들은 아직도 NHS를 선호하고 있다. 비용의 측면에서도 의료비가 비싼 미국과 비교하면 비슷한 치료를 하는데 약 2/3의 비용이면 가능하다고 보고 있다.

스웨덴은 중세 이래로 의료의 사회화 전통이 있어 왔으며 의료문제에 대한 일체의 책임을 주(州) 정부가 담당해 왔다. 외래진료는 주로 지방의료센터에 배치된 공무원 신분인 지방의무관(地方醫務官)이 담당하고 민간개업의는 의사 총수의 약 5%에 불과하다. 입원진료를 담당하는 병원은 대부분 주립 병원이다. 주정부 세출예산의 75~80%가 보건의료비로 쓰이고 있으니 주 정부의 기본임무는 주민의 의료문제를 해결하는 데 있다고 하여도 과언이 아니다.

두 번째 모형인 소극적 집합주의에 의하면 자본주의 체제의 자유경제질서를 유지하되 질병 등 사회적 사고에 대하여는 사회가 공동으로 대처하여 종합적인 사회보험제도에 의하여 해결하여야 한다는 입장이다. 따라서 모든 국민에 대하여 사회보험 형태로 의료보험제도를 실시하는 유형으로 독일에서 최초로 실시한 이래 프랑스, 일본과 우리나라 등 자본주의 국가에서 이 모형으로 실시하는 나라가 가장 많다고 하겠다.

독일은 1883년 의료보험법 제정 이전부터 있어 온 의료공제조합의 전통을 이어받아 조합방식으로 의료보험제도를 시행하였다. 이 조합방식은 의료보험금고(Kranken Kasse)가 관리운영하는 방식으로 금고의 조직과 운영이 자율적·자치적으로 이루어지는 전형적인 형태이다. 금고는 직업별·지역별로 설치되는데 일반의료보험금고는 7종으로 구분되며 서독지역에만 약 1,200여 개가 구성되어 있으며 농민에 대한 농업자 의료보험금고는 주(州) 단위로 19개가 있다. 1990년 동서독 통일 후 구동독지역에도 서독에서 실시하고 있는 조합방식을 그대로 확대 실시하였다.

일본은 독일의 모형을 모방하여 1922년에 건강보험법을 제정하여 1927년부터 사업장 근로자에게 실시하여 1935년 모든 사업장 근로자에게 적용하였으며, 1938년에 국민건강보험법을 제정하여 농어민 및 자영자를 대상으로 실시하여 1961년에 전국민에게 적용하게 되었다.

일본도 다원화된 조합방식에 의하여 기업별·직종별·지역별로 조합을 구성하여 전국적으로 약 5,300여 개의 조합이 있어 매우 세분된 형태이며, 이 중 자영자, 농어민의 경우에는 지방자치단체인 시·정·촌이 직접 관리주체가 되어 3,200여 개의 조합이 구성되어 있다.

이처럼 사회보험 방식에 의하는 나라들은 대부분 조합방식에 의하고 있으며, 우리나라처럼 의료보험을 통합방식의 체제로 전환한 나라는 별로 없는 편이다.

세 번째 모형인 반집합주의는 원칙적으로 의료문제 해결을 개인의 자유에 맡기고 국가가 개입하는 것을 반대한다. 다만, 스스로 의료문제를 해결할 능력이 없는 저소득층에 한하여 국가가 개입하는 공적 의료보장제도에 의하고 나머지는 민간의료보험에 가입하는 등 개인에게 맡기는 형태로, 현재 미국의 경우가 이 유형에 해당한다.

미국은 1965년 사회보장법 개정에 의하여 두 가지 공적 의료보장제도를 도입하였다. 하나는 65세 이상 노인을 위한 노인의료보험제도 (Medicare)이며, 다른 하나는 저소득층을 위한 의료보호제도(Medicaid) 이다. Medicare는 재직 중에 65세 미만까지 보험료를 납부하였다가 65세 이후 노인이 되면 의료보험혜택을 받는 제도이다. Medicaid는 정부재정으로 주(州) 정부가 운영하는 공적 부조제도로서 연방정부는 주 정부의 재정상태에 따라 소요재정의 50~83%를 주정부에 보조하고 있다.

이 밖에 나머지 국민은 민간보험회사 등이 운영하는 민간의료보험 에 가입하고 있다. 민간의료보험은 가입자가 희망에 따라 임의로 가입 하는 제도로서 가입자의 능력에 따라 다양한 형태가 있다. Blue Cross 와 Blue Shield 그리고 건강유지기구(HMO) 등은 매우 비싸고 좋은 보 험상품으로 알려져 있으며 아주 최소한의 보장만 하는 저렴한 보험상 품도 있는 등 계약내용에 따라 급여내용, 급여범위 등이 대단히 다양 하다.

현재 미국 국민의 의료보험 가입현황을 보면 Medicare 14%, Medicaid 12%로 전국민의 약 1/4이 공적 의료보장의 혜택을 받고 있 으며, 민간의료보험에 60%, 의료보험에 가입하지 않은 무보험 국민도 약 15%가 되는 실정이다.

미국이 이처럼 공적 의료보장제도를 제대로 갖추지 못하고 있는 이유의 발단은 1935년 사회보장법(Social Security Act) 제정시로 거슬러 올라간다. 당초 입법안에는 사회보험제도로서 의료보험제도를 도입하 는 내용이 포함되어 있었으나 의회의 심의과정에서 의사단체가 자유진료제한, 수입감소 등을 이유로 반대함으로써 입법화되지 못하였다.

　그 후 복지문제에 대하여 비교적 적극적인 입장인 민주당이 집권할 때마다 의료보험제도의 도입을 추진하나 아직까지 성사되지 못하고 있다. 현재 시행 중인 공적 의료보장제도인 Medicare와 Medicaid도 1960년대에 민주당 정부인 케네디(Kennedy)와 존슨(Johnson) 대통령시에 도입된 것이다. 1992년에 집권했던 민주당의 클린턴(Clinton) 대통령도 의료보험제도의 도입을 위한 의료개혁(Health Care Reform)을 추진하였으나 성공하지 못하였다.

　미국처럼 자유주의 전통이 강한 나라에서, 그리고 오늘날 이 자유주의를 더욱 강화하여야 한다는 신자유주의의 세계적인 조류를 이끌고 있는 나라에서, 그리고 미국 의사협회의 힘이 아직도 막강하여 세계에서 의료의 질이 가장 높은 수준이고 의료비가 가장 비싼 의료서비스를 제공하고 있는 나라에서, 국가가 자유의료에 대한 통제를 가하게 되는 사회보험 방식의 의료보험제도를 도입한다는 것은 아마도 요원한 과제인 듯하다.

　의료보장제도의 모형별로 국민의료비의 수준을 비교하는 것은, 나라마다 제도도입의 연륜, 의료이용의 형태 및 의료의 질 등이 다르므로 단순비교하는 것은 무리가 있다. 그러나 2003년의 통계를 기준으로 단순비교해 보면, 정부재정에 의한 서비스방식에 의하는 영국은 국내총생산(GDP) 대비 7.9%, 스웨덴 9.3%이며, 사회보험방식에 의하는 독일 10.9%, 프랑스 10.4%, 일본 8.0%, 한국 5.5%이며, 주로 민간의료보험에 의하고 있는 미국은 15.2%이다.[2] 이렇게 볼 때, 대체로 민간의

료보험이 제일 높고, 사회보험방식이 중간 수준이며, 서비스방식이 비
교적 낮은 수준이라고 할 수 있다.

제13장

의료공급체제의 발전과제

건강보험제도는 의료의 수요자 측면을 체계화하여 치료비용을 조달하기 위한 제도이다. 그러나 건강보험제도가 효율적으로 운영되기 위하여는 이를 뒷받침하는 의료자원, 즉 의료인력 및 의료시설의 공급량이 적절해야 하며 또한 이 인력들과 시설이 효율적으로 활용될 수 있도록 연계체계가 마련되어야 한다. 이처럼 의료의 수요에 맞게 의료공급량이 적절히·체계적으로 관리되어야 건강보험제도도 성공적으로 운영될 수 있는 것이다.

이를 위해서는 의료자원의 공급이 적정해야 하며, 의료자원의 효율적 활용을 위한 의료공급체계가 확립되어 있어야 하며 또한 의료인력 중 핵심적 위치에 있는 의사와 약사 간의 협조가 원활해야 한다.

먼저, 의료자원의 적정배치에 관하여 살펴보면, 제일 중요한 것이

의사의 양성 및 배치문제이다. 2006년 현재 의과대학 입학정원은 41개교에 3,058명이며 의사 총수는 8만 8,856명이고 인구 10만 명당 183.1명으로 선진국 수준이다. 이 밖에도 치과의사가 인구 10만 명당 46.1명, 한의사가 33.0명이 있어 의사인력의 공급량은 부족한 편이 아니다.[1]

문제는 이러한 의료인력과 의료시설이 주로 도시에 편중되어 있고 또한 경영주체가 대부분 민간소유로 되어 있어 공공의료가 매우 취약하다는 점이다. 2006년 현재 의사는 88.3%가 도시에, 11.7%가 군 지역(농어촌)에 근무하고 있고, 의료기관 5만 1,286개소 중 87.1%가 도시에, 12.9%가 군지역에 소재하고 있으며 총병상 41만 581개 중 84.1%가 도시에, 15.9%가 군지역에 소재하고 있어 농어촌지역의 의료공급이 매우 부족한 것을 알 수 있다.

경영주체별로 보더라도 병원급 이상의 의료기관 총 1,498개소 중 민간부문이 89.4%, 공공부문이 10.6%로서 정부에서 국・공립 병원을 별로 짓지 않고 민간의료공급에 주로 의존하고 있음을 나타내고 있다. 외국의 경우를 보면 미국은 총병상 중 34.6%(1994년 기준)가 공공부문이며 일본도 32.8%(1993년 기준)가 공공부문인 점과 비교하더라도 우리나라의 공공부문이 매우 취약한 것을 알 수 있다.

정부는 농어촌지역의 의료공백을 해소하기 위하여 1980년에 농어촌 보건의료를 위한 특별조치법을 제정하여 공중보건의(병역의무 대신에 3년간 근무)를 배치하고 있다. 2006년 현재 의사 3,130명, 치과의사 1,092명, 한의사 848명, 도합 5,070명이 농어촌의 보건소, 보건지소,

공공병원, 정부지원 민간병원, 사회복지시설, 병원선 등에 배치되어 있다. 또한 의사의 배치가 곤란한 면지역과 도서지역에는 보건진료소를 설치하여 간호사 또는 조산사의 자격을 가진 보건진료원을 1,878명 배치하여 제한된 범위 내에서 투약과 처치를 하고 있다.

오늘날 도로와 교통시설의 발달로 농어촌지역도 의료접근도는 종전에 비하여 크게 향상되었으나, 기본적으로 필요한 1·2차 진료는 지역단위에서 해결할 수 있도록 농어촌지역의 진료기능은 획기적으로 보완되어야 한다. 농어촌지역에는 민간의료기관이 들어가기를 기피하고 있으므로 이 부분에 공공의료기관의 설치를 대폭 확대하는 것은 정부가 해야 할 기본적인 임무인 것이다. 특히, 기상상태 등의 영향을 받는 도서·벽지 등에는 유사시 현지에서 1·2차 진료를 해결할 수 있는 기본적인 의료기관을 정부가 설치하여야 한다.

두 번째, 의료전달체계에 관하여 살펴보면, 환자의 질병의 종류, 상태 등에 따라 적절한 의료기관을 이용토록 하는 것이 한정된 의료기관을 효율적으로 활용하기 위하여 필요하다. 또한 의료기관 간의 균형발전을 유도하고 불필요한 의료이용의 억제로 국민의료비와 보험재정의 안정을 도모하는 데에도 목적이 있다.

가벼운 질환의 치료는 지역의 의원과 보건소 등에서 1차 진료(primary care)를 받고, 1차 진료기관으로부터 이송된 환자의 전문치료와 일반질환의 입원진료는 병원·종합병원 급에서 2차 진료(secondary care)를 받게 하고, 2차 진료기관에서 제공되지 않는 고도로 전문화된 장기이식, 심장수술, 화상치료 등의 3차 진료(tertiary care)는 대학

병원 등 종합전문요양기관에서 받도록 체계화하는 것이 필요하다.

이와 같이 보건의료서비스를 단계별로 구분하여 이용케 하는 의료전달체계(health care delivery system)는 선진국의 경우에는 관행으로 오래 전부터 형성되어 왔으나, 우리나라의 경우에는 가벼운 질환의 경우에도 큰 병원으로 몰리는 경향이 있어 1989년 전국민 의료보험 실시와 더불어 의료보험제도를 통하여 이를 강제하고 있다.

현재로서는 전국민 의료보험 실시 초기보다는 의료전달체계를 간소화하여 전국의 어느 의료기관에서나 자유롭게 1차 진료를 받을 수 있도록 완화하였고, 다만 43개 3차 진료기관(종합전문요양기관)은 1차 진료기관에서 진료의뢰서를 발급받아 이용하도록 하되 가정의학과에 한하여 예외를 인정하고 있다.

진료전달체계가 실효를 거두기 위해서는 국민의 의료관행이 바뀌어야 하는 문제이므로 진료에 불편이 없도록 생활권 단위에 1차 진료를 담당할 의원과 병원이 충분히 배치되어야 하며 무엇보다도 1차 진료기관의 의료서비스의 질을 개선하여 국민의 신뢰를 얻는 문제가 중요하다.

세 번째, 의사와 약사 간의 기능분담과 협조를 위한 의약분업에 관하여 살펴보면, 의약분업(醫藥分業)이라 함은 의(醫)와 약(藥)을 구분하여 의사는 환자를 진단하여 처방전을 발행하고 약사는 처방전에 의하여 조제 및 투약을 하도록 하는 것이다. 의약분업을 통하여 의사와 약사의 전문성을 제고하고 양자 상호간의 견제·협조를 통하여 불필요한 투약을 방지하고 약품에 의한 해(害)를 줄여 국민건강 증진에 도움을 주자는 것이다. 유럽과 미국 같은 선진국들은 오랜 관행에 의하여 의약분업이 시행되고 있다.

우리나라는 과거에 의약분업이 되어 있지 않았다. 이는 종전 약사법 제21조에 의하여 "약사만이 의약품을 조제할 수 있으며 전문의약품을 조제할 때에는 의사의 처방전에 의하여야 한다"고 규정하여 의약분업의 원칙을 선언하고 있으면서도, 동법 부칙 제1조에 의하여 "의사가 자신의 치료용으로 사용하는 의약품에 대하여는 직접 조제할 수 있다"는 규정을 두고 있어 실질적으로 의약분업이 되지 않고 있었다.

과거에 의약분업이 되지 않고 있음으로 해서 병·의원에서의 과잉투약, 약국에서의 임의투약, 소비자의 자가처방에 의한 약의 남용 등 폐단이 있었다. 특히, 항생제, 스테로이드제제, 향정신성 의약품의 오·남용으로 인하여 국민건강에 큰 폐해를 주고 있었다.

의약분업의 실시를 두고 약 40~50년간에 걸친 의·약사 간의 업권분쟁 끝에 우여곡절을 거치면서 어렵사리 2000년부터 의약분업이 제도화된 것은 매우 획기적인 일이라 할 수 있다. 선진국이라 할 수 있는 이웃 나라 일본이 아직 완전한 의약분업을 하지 못하고 있는 것을 보면 의약분업의 제도화가 얼마나 어려운 것인지 알 수 있다.

의약분업 실시 이후 의사의 처방내용의 변화를 보면, 항생제 처방건수가 54.7%(2000년)에서 38.8%(2005년)로 줄고 있고, 주사제 처방건수도 60.8%에서 33.2%로, 스테로이드제 처방건수도 15.9%에서 10.7%로 준 것으로 나타나고 있어 약의 오·남용 우려는 크게 줄었다고 할 수 있다.[2]

그러나 아직 의약분업은 완전히 정착되었다고 할 수는 없으며 앞으로도 많은 보완이 필요하다고 본다. 의약분업은 국민건강을 위하여 의사나 약사가 상대방의 전문성을 존중하여 각기 양보하고 협조하여야 하며 임의투약과 임의조제를 해서는 아니된다. 그리고 국민들도 자신의 건강을 위하여 다소 불편한 점이 있더라도 참고 따를 때에 성공적인 제도로 정착할 수 있는 것이다.

제14장

국민기초생활보장제도의 발전과정

국민기초생활보장제도는 종전에는 생활보호제도였다. 우리나라의 생활보호법은 당초 1962년에 제정되었다. 생활보호제도는 빈곤층에게 정부(국가 및 지방자치단체)의 재정으로 생계비(소득)를 지원해 주는 공적 부조제도이다.

1960년대 초 5 · 16혁명 후 군사정부는 우선 공적 부조사업에 역점을 두어 생활보호법을 제정하였다. 생활보호법은 노령, 아동, 불구, 폐질 등으로 근로능력이 없거나 근로능력이 있더라도 소득이 낮아 생계보호를 필요로 하는 자에게 생계보호를 실시하도록 되어 있었다. 그러나 실제로는 65세 이상 노인, 18세 미만 아동, 불구 · 폐질자 등 근로능력 없는 무의무탁한 자에 한하여 생계보호(거택보호 및 시설보호)를 실시하였으며 그 보호수준은 매우 미흡하여 매년 인구 약 40만 명에 대하여 소맥분(밀가루) 1인당 1일 350그램을 지급하는 것에 불과하였다. 소득수준이 낮더라도 18세 이상 65세 미만의 근로능력이 있는 자가 있는 가구에는 생계보호가 실시되지 못하였다.

그리고 근로능력은 있으나 자립생활을 하지 못하는 가구를 위하여 1964년부터 자조근로사업을 실시하여 근로참여의 대가로 양곡을 지급하였는데, 이 사업에 필요한 재원은 미 공법(U. S. Public Law) 480호에 의한 구호양곡과 정부재정으로 충당하였다. 미 공법에 의한 구호양곡 지원은 1972년까지 계속되었다.

3차에 걸친 경제개발 5개년 계획의 성과로 우리 경제가 성장하고 우리 정부의 재정능력도 어느 정도 확충되어 제4차 5개년 계획부터 사회개발을 병행추진키로 하고 우선 생활보호사업부터 확대해 나가기 시작하였다. 어느 나라를 막론하고 국가의 1차적인 기본임무는 생활이 어려운 극빈층의 최저생활을 보장하는 것이기 때문이다.

우선 1977년부터 생활보호대상자(거택보호)에 대한 양곡지원을 종전의 밀가루 350그램 지원에서 쌀과 보리쌀을 혼합하여 1인당 1일 3홉(쌀 2홉, 보리쌀 1홉)을 지급하는 형태로 변경하고 부식비와 연료비 등도 지급하였다. 그러나 지급인원 약 40만 명은 늘리지 않고 계속 유지되었으며 근로능력자가 있는 가구에 대한 직접 생계보호는 실시되지 않았다.

이때부터 근로능력 있는 저소득 가구에게 자활보호사업이 부분적으로 실시되기 시작하였다. 직업훈련사업을 실시하여 직업훈련을 받을 수 있는 자에게 훈련수당, 가족생계비 보조, 식비, 취업준비금 등을 지원하고, 생업자금융자사업을 실시하여 소규모 자본으로 가능한 자영업을 하는 데 필요한 자금을 저리로 장기간 융자해 주었는데, 이 두 사업은 정부재정의 한계로 매우 제한된 범위 내에서 실시되었다. 또한 취학 연령기에 있는 자녀에게 사회가 요구하는 최소한의 교육기회를 제공하기 위하여 1979년부터 중학생에게 학비(입학금 및 수업료 전액)를 지원하기 시작하였으며 이 사업은 그 후 고등학교 학생에까지 확대되었다.

그러나 생활보호대상자에게 실질적으로 도움을 준 것은 의료보호사업이었다. 근로능력이 없는 자(거택보호대상 및 시설보호대상)에게는 외래·입원전액 무료로, 근로능력이 있는 자(자활보호대상)에게는 일부 자부담(약 20% 자부담)으로 의료혜택을 받도록 하여 인구의 약 5%가 적용되었다.

그러나 생활보호사업은 1970년대 말까지도 생활보호법에 규정된 보호 수준과 실제 시행되는 보호수준은 상당한 괴리가 있었다고 할 수 있다. 그러나 1962년에 제정된 생활보호법은 그 동안 사업내용이 다양해지고 보호의 수준도 크게 향상되는 등 여건 변화에 맞게 고칠 필요가 있게 되어 1982년에 현실에 맞게 전면 개정하여 현대적 의미의 공적 부조제도의 틀을 갖추게 된다. 그러나 생활보호사업은 1990년대 후반까지도 보호대상자에 대한 최저생계 보장에는 미흡한 수준이었다.

이 생활보호법의 근본적인 문제점은 생계보호의 대상을 65세 이상의 노인, 18세 미만의 아동, 불구·폐질자 등 근로무능력자에 국한하고 있는 점이었다. 따라서 18세 이상 65세 미만의 근로능력이 있는

자는 소득이 없어 아무리 생계유지가 곤란하더라도 생계보호대상이
될 수 없었다. 그러나 이 근로능력이 있는 자들에게까지 생계보호를
확대하기에는 정부재정 형편상 어려운 실정이었다.

여기에서 근본적인 문제제기의 계기가 된 것은 1997년에 닥친
IMF의 경제위기로 인하여 수많은 실직자와 명예퇴직자가 발생한 것이
다. 이에 따라 기존의 생계유지가 어려운 계층을 포함한 국가 전체의
빈곤계층에 대하여 단순 생계지원이 아닌 종합적인 빈곤대책으로서의
새로운 형태의 공적부조 체계를 마련하지 않으면 안 되게 된 것이다.
1998년 45개 시민단체가 '국민기초생활보장법 제정추진 연대회의'를
구성하여 국회에 입법청원을 하는 등 조직적인 활동을 한 것도 도움이
되어, 마침내 1999년 9월 7일 국민기초생활보장법이 제정되고 2000년
1월 1일부터 실시되게 된 것이다.

이 법의 제정으로 지난 40여 년 간의 시혜적·단순보호 차원의 생
활보호제도로부터 절대빈곤층의 기초생활을 국가가 보장하도록 변경
하여 최저생활보장이 국민의 당연한 권리라는 점을 명확히 하게 되었
다. 이제 최저생계보호는 근로능력의 유무에 관계없이 받게 되었다.
다만, 근로능력이 있는 자는 자활사업에 참여하는 것을 조건으로 생계
급여를 받도록 '조건부 생계급여대상'으로 책정하고, 정당한 사유 없이
자활사업에 참가하지 않을 경우에는 본인의 생계급여를 중지할 수 있
도록 하였다. 이로써 생계급여대상은 종전의 약 40만 명 수준에서 약
150만 명 수준(인구의 약 3.2% 수준)으로 크게 늘게 되었다.

'조건부 생계급여대상'에 대하여는 시장·군수·구청장이 가구별

자활지원계획을 수립하여 자활사업에 참여하도록 지원하게 되어 있다. 자활사업은 보건복지가족부 소관으로 자활근로사업, 지역봉사, 사회적응프로그램, 자활공동체사업이 있으며, 노동부 소관으로 직업훈련, 취업알선 등 다양한 사업이 있다. 그리고 대상자들의 자활공동체 설립지원 등 자활을 돕기 위하여 민간기관으로 자활후견기관이 242개소 지정되어 운영되고 있다.

이 국민기초생활보장법에 의한 생계급여는 보충급여방식으로서 정부가 정한 최저생계비에서 해당 가구의 실제 소득액(소득인정액)을 뺀 나머지 금액을 생계비로 지급한다. 최저생계비는 현재로서는 가구규모별로 산정하고 있으나(예를 들면, 2008년 기준, 4인 가구의 경우 126만 5,848원), 앞으로 지역별(대도시, 중소도시, 농어촌), 가구규모별, 가구유형별, 장애인 유무 등을 고려하여 달리 산정해야 할 것이다.

근로능력이 있는 자에 대한 자활사업은 자활서비스 공급능력 부족과 대상자의 참여의욕 부족 등으로 인하여 대상자의 일부(2006년의 경우 6만 1,000여 명) 만이 참여하고 있어 사업참여 실적이 저조하다. 또한 대상자의 특성상 취업능력이 부족하고 근로유인이 낮은 계층이므로 성과를 기대하기 어렵고 자활성공률도 매우 낮은 수준이다.[1]

국민기초생활보장법은 빈곤대책은 국가의 당연한 의무이며 국민은 국가로부터 기초적인 최저생활을 보장받을 권리가 있다는 생존권적 기본권을 분명히 인정한 법으로서, 이 법에 의하여 생계급여 대상이 종전의 생활보호법 체제 하에서보다 약 4배가 증가하게 되었다는 것은 매우 획기적인 일이다.

그러나 국민의 생존권적 기본권을 실질적으로 보장하기 위하여는 가구별 특성에 맞게 생계급여사업을 보다 개별화·전문화하고, 내실 있는 자활사업 실시로 대상자의 취업잠재력을 실질적으로 배양해 줄 수 있도록 해야 하는 어려운 과제가 남아 있는 것이다.

제15장

기초생보 자활사업의 과제

국민기초생활보장법은 종전 생활보호법과 달리 근로능력이 있는 자라도 소득이 낮으면 자활사업에 참가하는 것을 조건으로 '조건부 생계급여대상'으로 책정하여 생계급여를 받을 수 있게 하고, 정당한 이유 없이 자활사업에 참가하지 않는 경우에는 본인의 생계급여를 중지할 수 있도록 되어 있다. 이는 근로능력이 없는 노인, 아동, 불구·폐질자 등에 대하여는 정부가 직접 생계보호를 하지만, 근로능력이 있는 자는 일단 생계보호를 하지만 스스로 자활·자립할 수 있도록 하기 위한 것이다. 따라서 국민기초생활보장법 시행을 계기로 정부는 기초생보자에 대한 자활사업을 크게 강화·체계화하였다.

자활사업 대상자의 선정은 시장·군수·구청장이 하는데 18세 이상 65세 미만의 기초생보 수급자와 차상위 계층(정부가 정한 최저생계비의 120% 이하의 소득을 가진 자)에 속한 자 중에서 자활사업 참여 희망자로서 '근로무능력자'에 해당되지 않는 자이어야 한다.

다만, 개별가구 또는 개인여건 등으로 자활사업 참여가 곤란한 자, 근로 또는 사업에 종사하여 소득을 얻고 있는 자, 질병·부상 등으로 참여가 곤란한 자, 시험준비·직업훈련·학원수강, 고교·대학 휴학생 등에 대하여는 조건부과를 유예하고 있다.

2006년 기준으로 자활사업 참여자는 기초생보 수급자 3만 4,000여 명, 차상위 계층 2만 7,000여 명, 도합 6만 1,000여 명이 참여하고 있다.[1]

자활사업 대상자로 결정되면 시장·군수·구청장은 대상자의 근로능력, 가구여건, 취업상태, 자활욕구 등을 고려하여 가구별 자활지원계획을 수립하여 대상자의 자활사업 참여를 지원하게 되어 있다. 자활사업은 보건복지가족부 소관사항과 노동부 소관사항으로 구분되어 있는데, 2006년 기준으로 보건복지가족부 소관에 5만 9,000여 명, 노동부 소관에 2,000여 명이 참여하고 있다.

자활사업은 참여자의 능력에 따라 3단계로 구분하여 단계별로 실시할 수 있게 되어 있다. 1단계는 사회적응 프로그램과 지역봉사사업을 통하여 자활의욕을 고취시키고, 2단계는 자활근로사업을 통하여 자활능력을 배양하고, 3단계는 자활공동체 참여, 취업알선, 창업지원 프로그램을 통하여 근로시장에 진입시키는 것을 목적으로 하고 있다.

1단계 사업인 사회적응 프로그램은 근로의욕이 없는 자 또는 사회적응에 필요한 자활의욕 회복이 필요한 자에게 상담·교육 등을 통하여 자활의욕을 고취시키는 사업이며, 지역봉사사업은 근로능력이 낮은 대상자에게 교통지도・지역환경정비・공원관리 등 지역사회 봉사활동에 참여시키는 사업이다.

2단계 사업인 자활근로사업은 대상자에게 자활을 위한 근로의 기회를 제공하는 사업으로서 참여자의 자활능력과 사업유형에 따라, ① 근로유지형, ② 사회적 일자리형, ③ 인턴형, ④ 시장진입형으로 프로그램을 다양화하고 있다. 사업내용은 간병, 집수리, 청소, 폐자원 재활용, 음식물 재활용 등 5대 표준화 사업과 영농, 도시락, 세차, 환경정비 등 지역실정에 맞는 특화된 사업을 시행하고 있다. 사업은 지방자치단체가 직접 시행하거나 자활후견기관 등 민간기관에 위탁하여 시행하고, 사업참여자에게는 1일 2만~3만 원의 자활급여비를 지급하고 있다.

3단계 사업인 자활공동체 사업은 2단계 사업인 자활근로사업 참여 등으로 자활능력을 갖추게 된 2인 이상의 수급자가 상호협력하여 근로・생산・판매・소득공동체를 결성하여 창업하는 형태로서, 2006년 말 기준으로 597개의 자활공동체가 구성되어 3,100여 명이 참여하고 있고 참여자의 1인당 월평균소득은 84만 5,000원 수준이다.[2] 자활공동체의 창업에 필요한 자금은 정부의 재정투융자 특별회계자금 또는 시・군・구에 조성된 기초생활보장기금에서 장기・저리로 대출을 받을 수 있다.

이러한 자활공동체의 창업을 위한 자금지원, 기술・경영지도 등 사전・사후의 관리와 자활정보 제공 및 취업알선을 위하여 사회복지법인 등 비영리법인과 단체・개인 등으로 자활후견기관이 전국적으로

242개가 지정·운영되고 있다(2006년 기준).

3단계 사업 중 노동부 소관으로는 직업적응훈련(컴퓨터 활용능력·자동차 운전능력 등의 배양), 자활직업훈련(직업훈련기관에 위탁하여 기능습득 지원), 취업알선(취업가능한 자에게 취업알선), 자활취업촉진사업(대상자가 산업현장을 직접 방문하여 구인현황을 파악하고 면접을 통하여 취업토록 지원) 등이 시행되고 있다.

이러한 근로능력 있는 자에 대한 자활사업은 정부의 자활서비스 공급능력 부족과 대상자의 참여의욕 부족 등으로 대상자의 일부만이 참여하고 있다. 기초생보 수급자 중 근로능력이 있는 자는 약 33만 명으로 파악되고 있으나, 2006년 현재로 그 중 약 1/5에 해당하는 6만 1,000여 명이 참여하고 있어 사업실적이 매우 저조하다.

또한 대상자의 특성상 취업능력이 부족하고 근로유인이 낮은 계층이므로 참여자 중에서도 사업성과를 기대하기 어렵고 자활성공률도 매우 낮은 수준이다. 사업참여자 중 사업성공률은 2004년 5.4%, 2005년 5.5%, 2006년 6.0%에 불과한 것으로 나타나고 있다. 2006년 말 현재 자활성공자는 3,223명이며, 반면에 조건불이행으로 본인의 생계급여가 중지된 자도 2,305명이다.[3]

저소득층을 위한 자활사업은 아직 실시된 지 일천하고 대체로 취업능력이 부족한 계층을 대상으로 시행하는 사업이므로 보다 면밀하게 보완하여야 할 여러 가지 과제들을 안고 있다.[4]

첫째로, 자활사업 대상자의 면에서는, 취업잠재력을 고려하여 대상집단을 다시 설정할 필요가 있다. 현재는 기초생보 대상자 중에서 생계급여 지급조건으로 근로의무(자활사업 참여의무)를 부과했기 때문에 18세 이상 65세 미만의 자 중 근로능력자를 대상으로 운영되고 있어 취업잠재력과 근로의지가 낮은 편이다. 따라서 대상자를 25세 이상 55세 이하의 청장년층 중심으로 설정하고 기초생보 대상이 아닌 차상위계층 등으로 확대할 필요가 있다. 특히, 여성참여자들이 근로의지와 인적자원 개발의 잠재력이 비교적 높은 편이므로 여성참여자를 위한 프로그램 개발이 필요하다.

둘째로, 자활사업의 관리체제 면에서는, 자활사업은 복지서비스와 고용서비스를 통합적으로 제공하는 사업이므로 국가가 제공하는 복지서비스와 고용서비스 간에 연계성을 높일 수 있도록 제도를 설계하고 조직과 인력을 배치하여야 한다. 특히, 지역사회단위에서 대상자의 기대수준에 맞는 일자리가 부족하고 취업정보도 부족하므로 지역노동시장의 제한된 노동수요를 효과적으로 연계할 수 있도록 취업알선체계를 강화하여야 한다. 이를 위하여 지방자치단체의 조직과 인력을 보강하고 지방자치단체와 노동부의 고용안정센터 간의 협력 및 정보 공유가 필요하다.

셋째로, 대상자에 대한 사회서비스의 공급확대 대책이 필요하다. 이 빈곤계층들은 상대적으로 가족지지층이 취약하여 취업을 가로막는 요인이 되고 있다. 따라서 사회서비스 공급확대를 저소득층 자활사업 또는 사회적 일자리 창출사업(간병 도우미, 보육지원 도우미, 급식 도우미 등 일자리 제공사업)과 연계시켜 실직빈곤층에게 일자리를 제공하는 동시에 다른 한편으로 취업에 참여할 수 있는 가구여건을 조성할 수 있도록 하는 방안이 필요하다. 또한 여성참여자들을 위하여 획일적인 전일제 참여방식보다는 가사업무와 병행 가능한 프로그램 운영방식도 개발할 필요가 있다.

제16장

저출산·고령사회와 사회복지

2000년대에 들어와서 우리나라에서 저출산·고령사회의 도래가 새로운 화두로 대두되고 있다. 이에 정부도 2003년부터 다가오는 저출산·고령사회에 대비하기 시작하였으며, 2005년 5월 저출산·고령사회기본법을 제정하고 저출산·고령사회 기본계획을 수립하여 추진하고 있다.

저출산·고령사회란 말 그대로 출산율은 낮아지는 반면에 고령화율은 높아지는 현상을 말한다. 이렇게 출산율이 낮아지고 고령화율이 높아지면 장기적으로 볼 때 우리 사회의 지속적인 발전이 어려워지기 때문에 미리 대책을 세워 대응해 나갈 필요가 있는 것이다.

우리나라는 세계에서 고령화속도가 가장 빠른 나라에 속하고 있다. 고령화를 나타내는 지표로서 총인구 중 65세 이상의 노인인구의 비율이 7%를 넘어서면 고령화사회라고 하며, 14%를 넘어서면 고령사회, 20%를 넘어서면 초고령사회라고 한다. 우리나라는 이미 2000년에 고령화사회(7%)를 넘어섰으며 2018년에는 고령사회(14%), 2026년에는 초고령사회(20%)에 진입할 것으로 전망하고 있다.[1]

이렇게 고령화사회에 진입한 후 초고령사회가 되는 데 불과 26년밖에 걸리지 않아 세계에서 고령화속도가 가장 빠른 나라가 되고 있다. 일본은 36년, 독일은 78년, 미국은 88년, 프랑스는 155년이 걸릴 것으로 예상되는 것과 대비가 된다.

현재의 고령화추세가 지속될 경우 우리나라는 2050년경 65세 이상 노인인구 비율이 37.3%가 되어 세계 최고수준에 이를 전망이다. 2050년에 일본은 38.5%, 스페인 35.0%, 프랑스 28.4%, 독일 27.9%, 스웨덴 27.1%, 미국 20.0%가 되어 유럽과 미국 같은 선진국보다도 높은 수준이 될 것으로 예상된다.[2]

한편, 출산율에 있어서는 1983년 합계출산율이 인구대체수준 이하로 하락한 이래로 저출산현상이 지속되어 2001년부터는 초저출산사회로 진입하였다. 합계출산율은 1970년 4.53%, 1980년 2.83%, 2000년 1.47%, 2001년 1.30%, 2005년 1.08%로 낮아졌다가 2006년 1.13%, 2007년 1.26%로 약간 증가하였으나 초저출산현상은 지속되고 있다. 주요 선진국의 경우를 보면, 미국 2.06%, 스웨덴 1.93%, 프랑스 1.92%, 영국 1.80%, 일본 1.26%이며 OECD 국가의 평균도 1.60%인데 비해서도 우리나라가 낮은 수준이다.[3]

이렇게 저출산·고령화의 현추세가 지속될 경우 총인구는 2020년

4,996만 명을 정점으로 감소추세로 돌아서 2030년 4,933만 명, 2050년 4,235만 명으로 줄어 들 것으로 전망된다. 이렇게 되면 생산가능인구의 감소, 평균근로연령의 상승 및 저축·소비투자의 위축 등으로 경제활력이 떨어지고 국제경쟁력이 약화되어 잠재성장률은 2000년 5.08%에서 2030년 2.16%로 하락할 전망이다.

이처럼 우리 사회의 저출산·고령화의 문제는 매우 심각한 수준이며 국가의 장래가 걸린 매우 중요한 문제이므로 정부는 물론 모든 국민이 사태의 심각성을 깨닫고 적극적으로 참여하고 대비해 나가야 할 문제인 것이다. 이 문제는 지금 대비하더라도 그 효과가 나타나는 데에는 장기간이 소요되기 때문에 시급한 대책이 필요한 것이다.

정부는 저출산·고령사회 기본계획에서, 2006년부터 2010년까지 저출산·고령사회의 대응기반을 구축하고, 2011년부터 2020년까지 출산율 회복 및 고령사회에 성공적으로 대응한다는 목표로, 첫째 출산과 양육에 유리한 환경조성, 둘째 고령사회의 삶의 질 향상기반 구축, 셋째 미래성장동력의 확보를 기본과제로 241개의 세부과제를 분야별로 추진할 계획이다.[4] 이 중에서 사회복지와 관련된 문제에 대하여 몇 가지 소견을 제시하고자 한다.

첫째로, 가장 심각한 것은 사회보장비용의 부담문제이다. 노인인구의 부양을 위하여 생산가능인구의 조세 및 사회보장비 부담이 크게 증가하게 될 것이다. 노인인구는 증가하는 반면에 근로인구는 감소하게 되어 2005년에는 생산가능인구(15~64세) 8.2명이 노인 1명을 부양했으나, 2020년에는 4.6명, 2050년에는 1.4명이 노인 1명을 부양하게

될 전망이다.5)

특히, 베이비붐 세대(1955~1963년생)가 퇴직하는 2015~2023년 이후 연금수급자가 급격히 증가하여 연금재정은 당초 예상보다 더욱 악화될 가능성이 크다.

건강보험제도에서도 만성질환 노인의 증가 등으로 노인의료비가 크게 증가되어 건강보험 재정안정이 위협받게 될 것이다. 이미 노인의료비가 건강보험재정에서 차지하는 비율은 2006년 25.9%에 달하여 노인인구 10%가 건강보험재정의 25% 이상을 쓰는 시기가 도래하였고 앞으로 노인의료비의 비율은 더욱 심각한 수준이 될 것이다.

이러한 노인의료비 증가문제에 대비하는 방안의 하나로 2008년부터 노인장기요양보험제도를 도입하였지만 근본적인 해결책은 되지 못할 것이다. 이처럼 저출산에 따른 근로인구의 감소는 연금제도 및 건강보험제도 등 사회보장제도의 존립기반 자체와 지속가능성을 위협하게 되는 심각한 문제인 것이다.

둘째로, 출산율 증대를 위해서는 출산·양육에 대한 책임을 국가가 져야 한다는 점이다. 현재 저출산의 원인으로 가장 중요한 것은 일과 가정의 양립이 곤란하다는 점이다. 여성의 경제활동 참가가 크게 늘었고 특히 임신이 가능한 시기의 여성들의 대부분이 경제활동에 참가하고 있다.

그러나 오늘날 핵가족화로 인하여 가족 내에서 육아지원망이 크게 약화되어 자녀를 출산할 경우 양육에 어려움이 매우 크고 자녀양육을 위하여 퇴직 또는 휴직해야 하는 경우까지 생기고 있다. 또한 자녀의 보육 및 교육비 등 양육비용의 부담이 커서 출산을 꺼리는 요인이 되고 있는 것이다.

현재로서는 보육(탁아)에 대하여 국가가 책임을 지고 있는 대상은 취학 직전 1년(만 5세)의 아동 중 국민기초생보대상 아동과 장애아동은 무상보육대상으로 하여 전액 정부가 비용을 부담하고 있고, 기타 저소득층의 아동은 소득수준에 따라 보육료의 일부(20~100%)를 정부가 지원하고 있을 뿐이다. 이 밖의 중산층 아동의 보육비용은 전액 부모가 부담하고 있다.

따라서 보육사업의 책임을 국가가 지도록 하여 국가가 보육비용을 부담함으로써 보육문제를 사회 전체의 책임으로 할 필요가 있다. 이렇게 함으로써 2세 국민(아동)의 출산을 장려하고 또한 건전한 양육을 기할 수 있고 동시에 여성의 취업촉진 및 경력중단 사례를 방지할 수 있는 것이다.

셋째, 고령인력의 활용문제이다. 노인인구는 증가하고 상대적으로 청·장년층의 근로인구는 감소함에 따라 근로가능인력의 적극적 활용 및 노인소득보장의 차원에서 노인에 대한 취업기회가 확대되어야 한다. 이를 위하여 기업의 정년연장을 유도하고 정년 후 재고용계약을 통한 연장근무제도의 도입을 유도하여야 한다. 월급제, 일급제, 시간제 근무 등 다양한 형태의 연장근무가 가능케 하고 퇴직 전 임금수준의 일정비율로 신규 근로계약을 체결토록 유도하여야 한다. 고문, 상담역, 연구·조사역 등 기업의 특성에 따라 퇴직 전과 다르게 비상근직으로 근무토록 하여 고용연계를 유도하여야 한다.

또한 고령자 적합직종에 대한 의무고용제가 실시되어야 한다. 이를 위하여 고령자 적합직종을 세분화하여 지정하고 이 직종에 대하여는 정부기관은 물론 민간기업에서도 반드시 고령자를 채용토록 하여야 한다.

고령자의 사회봉사 기회가 확대되어야 한다. 고령자의 경험과 지식을 활용하여 각종 자원봉사활동에 적극 참여할 수 있도록 해 주어야 한다. 이를 위하여 자원봉사자의 발굴·등록, 교육 및 배치 등을 담당할 자원봉사기구를 설립하는 등 자원봉사활동을 체계화하여야 한다.

고령노인에 대한 보호는 시설보호, 재가복지서비스 등 공식적 서비스 이외에 지역주민이 상호부조적이며 자발적으로 서비스 제공 등에 참여하는 비공식적인 활동이 활성화되는 케어링 커뮤니티(caring community)의 형성이 필요하다.[6] 즉, 전기(前期)노인이 후기(後期)노인을 돌보고 본인이 후기노인이 되면 다시 전기노인으로부터 도움을 받는 서로 봉사하는 온정이 넘치는 사회가 되어야 한다.

제17장

노인장기요양보험제도의 도입과 과제

우리나라는 2008년 7월부터 노인장기요양보험제도를 도입하였다. 이 제도를 도입하는 첫째 이유는 고령사회에 대응하기 위해서 이다. 우리나라는 고령화가 세계에서 가장 빠르게 진행되고 있다. 65세 이상 노인인구는 2000년에 7.2%로 고령화사회에 진입한 이후, 2018년에 14.4%로 고령사회에, 2026년에 20.0%로 초고령사회에 진입하게 된다. 특히, 후기고령노인이 증가하면서 장기적 요양보호를 필요로 하는 노인이 늘어나게 되어 있다.

통계청의 인구추계에 의하면 2000년부터 2050년 사이에 65세 이상의 전체 노인인구는 4.5배 증가하는 데 비하여 85세 이상의 고령노인은 18배 증가한다.[1] 후기고령노인이 증가하면 치매, 중풍 등 누군가의 도움을 필요로 하는 노인이 증가하게 된다.

두 번째 이유는 가족의 노인부양기능이 크게 변하고 있다는 점이다. 산업사회가 되면서 핵가족·소가족이 보편화되고 여성의 경제활동 참여가 확대되고 있다. 핵가족은 자녀양육에 치중하게 되고 노인을 부양하는 것은 점차 어려워지고 있다. 노인에 대한 가족부양이 어려워지면서 이를 사회적 연대에 의하여 해결하지 않을 수 없는 상황이 되고 있다.

세 번째 이유는 노인장기요양보험제도를 도입하지 않을 경우 기존의 건강보험제도에서 노인의료비가 크게 증가하게 되어 건강보험제도의 운영이 재정적으로 큰 어려움에 봉착할 우려가 있다. 2006년 현재 이미 노인인구 10%가 건강보험 재정의 25%를 쓰고 있고 이러한 현상은 앞으로 더욱 심화될 것이다. 따라서 노인에 대한 의료보장의 비용과 장기요양의 비용을 합리적으로 구분하고 이를 적절히 조절할 필요가 있다.

노인장기요양(long_term care)이란 노쇠, 허약, 질병 또는 장애로 일정한 정도의 기능적 활동능력(functional ability)을 상실하여 스스로 돌보기가 어려운 사람에게 장기간에 걸쳐 지속적으로 제공되는 건강보호, 대인적 보호, 사회적 지원서비스를 말한다. 여기서 기능적 활동능력이란 인간의 생존 또는 생활욕구를 해결하고 관리할 수 있는 능력을 의미한다.

이러한 기능은 일상생활활동 수행능력(Activities of Daily Living : ADL)과 도구적 일상생활활동 수행능력(Instrumental Activities of Daily Living : IADL)으로 구분한다. ADL은 인간의 기본적인 일상생활 활동으로서 식사, 배설, 목욕, 옷 입고 벗기, 일상동작 등 자신의 신변관리를 할 수 있는 능력을 의미한다. 그런데 사람이 살아가는 데에는 이러한 기초적인 활동 이외에 한 걸음 더 나아가 청소, 세탁, 식사준비, 가계관리, 전화사용, 교통 등의 활동이 필요하다. 이러한 기능을 IADL이라 한다. 노인장기요양의 대상자는 이러한 ADL 기능과 IADL 기능을 독립적으로 수행할 수 없거나 제한 받는 노인이 된다.

이러한 대상노인에게 제공될 수 있는 장기요양의 서비스는 건강보호서비스, 대인적 보호서비스와 사회적 지원서비스의 세 종류로 구분된다. 건강보호서비스(health care service)는 신체적 건강 및 기능유지를 위하여 필요한 영양, 건강교육, 간호, 재활 또는 기능회복훈련 등이다. 대인적 보호서비스(personal care service)는 기초적인 생활상의 기능을 돕기 위한 식사, 배설, 목욕, 일상동작 등에 대한 도움과 보살핌(care)을 말한다. 사회적 지원서비스(social support service)는 대상자의 정상적 생활을 돕기 위한 세탁, 청소, 식사준비, 가사잡무, 사회생활 관계, 심리적·사회적 문제해결 등 지원적 서비스를 말한다.

2008년 도입된 노인장기요양보험제도는 제도를 새로이 시작하는 만큼 급여대상이나 급여수준 등에 있어서 매우 제한적으로 시행하고 있다.

급여대상은 65세 이상의 노인 또는 65세 미만의 노인성 질환자로서 거동이 불편하여 6개월 이상 장기요양이 필요한 자로 하여 국민건강보험 대상자와 의료급여(의료보호) 대상자를 포함하고 있다. 노인성 질환은 치매, 중풍 등 뇌혈관 질환과 파킨슨병 등 관련 질환이 해당된다. 2008년에는 요양등급 1~3등급의 중증대상자 15만 8,000여 명(65세 이상 노인인구의 약 3.1%)에만 적용하고 2015년까지 20만 명 수준으로 확대해 나간다는 계획이다.

급여는 재가급여(방문요양, 방문목욕, 방문간호, 주·야간 보호시설 이용, 단기보호시설 이용)와 요양시설급여(노인요양시설에 장기간 입소)를 기본으로 하고 현금급여로 가족요양비, 요양병원 간병비, 특례요양비 등이 있다.

재원은 건강보험 가입자가 납부하는 장기요양보험료, 국가지원 및 본인 일부부담금으로 구성된다. 건강보험 가입자는 건강보험료액에 장기요양보험료율(2008년의 경우 4.05%)을 곱하여 보험료를 추가로 부담한다. 국가지원은 장기요양보험료 예상수입액의 20%와 의료급여 수급권자의 급여비용을 부담한다. 급여시 본인 일부부담금은 재가급여는 15%, 요양시설급여는 20%를 부담하되 차상위 계층은 1/2로 경감하고 국민기초생보대상은 무료이다.

이 제도의 관리운영은 건강보험제도를 관리하는 국민건강보험공단이 한다. 급여를 받고자 하는 자는 국민건강보험공단에 장기요양의 인정을 신청하여 등급판정을 받아야 한다. 공단에 설치된 등급판정위원회에서 심사하여 요양대상으로 결정되면 장기요양인정서와 표준장기요양 이용계획서가 본인에게 통보되며, 이에 따라 본인이 요양시설과 개별적으로 계약하여 필요한 서비스를 받게 된다.

요양시설은 노인요양시설과 노인공동생활가정(group home)이 되며, 시설에 있는 요양보호사가 서비스를 제공하는데 요양보호사는 간호사, 간호조무사 등으로서 임상경험이 있는 자 중에서 소정의 교육을 거쳐야 한다.

이와 같이 노인요양보험제도는 건강보험제도와 관련시켜 사회보험제도의 일종으로 시행된다. 선진국의 경우에도 대체로 그 나라가 채택하고 있는 의료보장의 방식(사회보험 방식, 보건서비스 방식, 민간보험 방식 등)에 따라 노인장기요양보장제도를 도입하는 경향이다. 우리나라의 노인장기요양보험은 그 성격은 노인복지서비스이나 재원조달은 사회보험 방식에 의하고 있는 특이한 제도인 것이다.

새로이 시작된 노인장기요양보험제도는 앞으로 해결해야 할 몇 가지 과제를 가지고 있다.

첫째는, 급여대상자를 중증노인으로 제한하고 있는 점이다. 2001년 한국보건사회연구원의 조사연구에 의하면 65세 이상 노인의 약 15%가 노인요양보장의 대상이 되는 것으로 보았다.[2] 그러나 실제 적용은 중등중 이상(요양등급 1~3등급)에 국한하여 노인인구 중 약 3.1%에만 적용하여 경중(요양등급 4등급 및 5등급) 노인이 배제되어 있다. 이 경증노인들에게도 방문지도, 교육, 재활사업 등 예방사업을 통하여 중증으로 진행되는 것을 예방하는 사업이 필요하다. 보건복지가족부도 요양등급 4등급 중 상위 1/2 정도까지 대상을 확대하는 것을 검토하고 있다.

둘째는, 노인장기요양보험법에 의하면 급여대상은 65세 이상 노인 또는 65세 미만의 노인성 질환을 가진 자로 한정하고 있어 보험가입자와 급여수급권자가 일치하지 않는 문제가 있다. 건강보험에 가입된 모든 국민이 보험료를 납부하는데 급여수급권자는 노인성 질환자에 국한하고 있는 것이다.

보험가입자와 급여수급권자가 일치하지 않는 것은 사회보험의 기본원칙에 반하는 것이다. 보험가입자와 급여수급권자를 일치시키고자 할 경우 장애인이 그 대상이 될 수 있다. 장애인 중 장기요양서비스가 필요한 사람을 포함시킬 경우 국민부담이 그 만큼 증가하게 될 것이다. 참고로 일본은 40세 이상의 국민만 장기요양보험료를 부담토록 하여 보험가입자와 급여수급권자를 일치시키고 있다.

셋째로, 장기요양서비스를 제공하는 요양시설 및 요양인력의 숫자와 서비스의 질을 개선하는 문제이다. 정부는 이 제도의 시행을 앞두고 2006년부터 요양시설을 대폭 확충토록 하였으며 요양서비스를 제공하는 요양보호사를 확보하기 위하여 기존 전문인력을 활용하고 신규인력을 대폭 양성하여 일단 제도시행에 필요한 체제를 갖추었다. 그러나 앞으로 요양시설을 대상자의 수요에 맞게 보다 다양화하고 요양인력의 서비스의 질도 향상시켜 나가야 한다.

넷째로, 이 제도를 관리하는 데 전문적 케어매니지먼트(care management)의 체제를 도입하지 않고 국민건강보험공단이 직접 관리하고 있다는 점이다. 케어매니지먼트는 장기간 보호를 요하는 대상자들을 위한 사회사업실천의 한 방법으로서 건강서비스 및 휴먼서비스 영역에서 널리 활용되고 있으며 케이스 매니지먼트(case management)라고도 한다.

이는 서비스를 받기를 원하는 클라이언트(client)와 서비스 공급기관(service provider) 사이에 중간적 역할을 하는 케어매니저(care manager)를 두어, 클라이언트의 욕구를 파악하고 그 욕구에 적합한 서비스 공급기관을 조정·연결하고 또한 제공되는 서비스에 대한 지속적인 점검(monitoring)을 하도록 하는 것이다.

이렇게 함으로써 클라이언트에게 가장 적합한 서비스를 받을 수 있도록 원조하는 옹호자(advocator)의 역할을 하는 동시에, 제한된 자원을 가장 효율적으로 활용할 수 있도록 서비스의 이용을 통제하는 문지기(gatekeeper)로서의 역할을 할 수 있는 것이다.

그러나 건강보험공단이 이를 직접 관리토록 하여, 공단은 신청인의 건강상태 등을 직접 조사하여 등급판정을 하고, 판정결과 표준장기요양 이용계획서(서비스의 내용·횟수·비용 등 기재)를 신청인에게 송부하고, 신청인은 이에 따라 요양시설과 계약을 체결토록 되어 있다.

이렇게 할 경우 요양서비스는 거의 관료적으로 결정되게 되고 전문적 케어매니지먼트의 방법은 도입되지 않고 있다. 현재로서는 대상자가 중증에 국한되어 있어 제공되는 서비스의 종류 및 내용이 비교적 다양하지 않기 때문에 전문적 케어매니지먼트가 없어도 된다고 생각할 수도 있겠으나, 서비스를 관료적 결정시스템에 따라 행정적으로 결정하면 업무처리는 쉬울지 몰라도 결과적으로 이용자의 선택의 자유를 보장하기 어렵고 공급자의 경쟁시스템이 훼손되어 서비스의 질이 떨어질 우려가 있는 것이다.[3]

제18장

아동보육사업의 국가책임 실시

여성의 경제활동 참가가 증가하면서 아동의 양육문제가 중요한 문제로 대두되고 있다. 여성이 취업하기 위해서는 아동을 보육시설(탁아시설)에 맡겨야 하는데 우리나라에서 보육비용의 부담은 원칙적으로 개인이 부담하게 되어 있어 그 비용부담도 크고 출산율 저하의 원인이 되고 있다. 따라서 아동의 보육문제는 개인책임으로 해서는 안 되며 사회 전체가 공동으로 책임지도록 해야 한다는 주장이 제기되고 있다.

우리나라에서 보육사업(탁아사업)은 여성의 경제활동 참가를 촉진하고 아동의 건전육성과 조기교육 등의 필요에 따라 실시되기 시작하였는데, 그 동안 보건복지부, 내무부, 노동부 등 여러 부처로 주관부처가 나뉘어 실시되다가 1991년 영유아보육법이 제정되면서 사업을 체계화하고 주관 부처도 보건복지부로 일원화되었다. 사업의 명칭도 종전의 단순한 '탁아'사업에서 보호와 교육을 통합한 '보육'사업으로 변경되었다. 그 후 사업이 여성가족부로 이관되었다가 2008년에 다시 보건복지가족부로 이관되어 오늘에 이르고 있다.

현재 보육시설은 국·공립 보육시설, 법인보육시설, 직장보육시설, 민간보육시설 등으로 구분된다. 국·공립 보육시설은 국가 및 지방자치단체가 설치·운영하는 시설이며, 법인보육시설은 사회복지법인이 설치·운영하는 시설이다. 직장보육시설은 상시 근로자 500인 이상 또는 여성근로자 300인 이상을 고용하고 있는 사업장에 사업주가 근로자의 취업을 지원하기 위하여 설치·운영하는 시설이며, 민간보육시설은 기타 개인이나 단체가 설치·운영하는 시설이다. 이 중 직장보육시설은 보육비용을 사업주가 부담하게 되지만 기타 보육시설에 아동을 맡길 때에는 보육비용은 원칙적으로 개인이 부담하여야 하고 정부가 보육료를 지원하는 대상은 아주 제한되어 있다.

현재 정부가 보육책임을 지고 있는 무상보육대상은 초등학교 취학 직전 1년(만 5세)의 아동 중에서 정부재정 형편을 고려하여 순차적으로 시행하도록 되어 있다. 현재로서는 국민기초생보대상 아동, 도서·벽지지역 거주 아동, 읍·면지역 거주 아동에 대하여 무상보육을 실시하고 있다. 그 비용은 국가와 지방자치단체가 분담하고 있다.

이 밖의 아동에 대하여는 저소득층 아동에 한하여 정부에서 보육료를 지원하고 있는데 대상가구의 소득수준에 따라서 보육료의 20~100%를 5개 등급으로 나누어 차등지원하고 있다. 시설의 운영비용에 대하여는 국·공립시설은 물론 국가와 지방자치단체가 부담하고, 사회복지법인 등 비영리법인이 운영하는 시설과 직장보육시설은 보육교사 인건비 등 시설운영비의 일부를 정부가 지원하고 있다.

이와 같이 국가책임으로 하는 무상보육대상과 보육료 지원대상이 주로 저소득층의 아동에 국한하고 있어 중산층의 아동양육비 부담이 크고, 아동양육 부담으로 인하여 여성취업에 장애요인이 되며 또한 출산율 저하의 주된 요인이 되고 있는 것이다. 아울러 아동양육에 관한 부담이 부모, 조부모 등 기타 가족에까지 전가되어 노인들에게도 부담이 되고 노인들의 노후여가활동에도 지장을 주고 있는 실정이다.

특히, 저출산 문제는 오늘날 우리 사회에서 아주 심각한 문제로 대두되고 있다. 합계출산율은 1983년 인구대체수준 이하로 하락한 이래 저출산현상이 지속되어 2001년부터 초저출산 사회로 진입하여 2001년 1.30%, 2005년 1.08%로 낮아졌다가 2006년 1.13%, 2007년 1.26%로 약간 증가하였으나 초저출산현상은 지속되고 있다. 이렇게 저출산현상이 지속될 경우 총인구의 감소는 물론 생산가능인구의 감소, 국가경쟁력의 약화 등을 초래할 것이며 이 문제는 앞으로 국가의 장래가 걸려 있는 매우 중요한 문제인 것이다. 따라서 정부는 이 저출산문제를 해결하는 데 무엇보다도 최우선 순위를 두어야 한다.

저출산 문제를 해결하는 가장 효과적인 방법은 정부가 아동보육사업에 대하여 책임을 지는 것이다. 정부책임으로 보육사업을 실시할 경우 엄청난 국가재정 부담이 따를 것은 분명하며 이를 감당하기 어렵다는 반대론도 있을 것이다. 또한 정부가 소득수준을 불문하고 모든 국민에게 평등하게 보육서비스를 제공하는 것은 자본주의(능력주의)를 기본으로 하는 우리의 복지이념에 맞지 않는다는 주장도 있을 것이다.

그러나 정부책임으로 아동보육사업을 실시하는 것은 현시점에서 국가가 그 만한 대가를 치를 만큼 충분한 가치가 있는 사업이며, 또한 출산율의 회복은 장기간이 소요되기 때문에 지금 시행하지 않으면 시기를 놓치게 될 우려가 있는 것이다.

국가책임으로 보육사업을 실시하고 있는 대표적인 나라로는 스웨덴, 노르웨이, 덴마크 등 북유럽 제국을 들 수 있다. 특히, 스웨덴은 1990년대에 출산율이 2.1에서 1.6 수준으로 떨어졌고 이를 다시 끌어올리기 위하여 피나는 노력을 해 온 결과 오늘날 출산율은 1.93 수준으로 회복되었다.[1]

스웨덴은 국가책임으로 무상보육을 하는 외에도 아동이 8세에 달할 때까지 최장 450일간 부모 중 1인에게 유아휴가를 부여하고 의료보험재정에서 종전소득의 80~90%에 해당하는 생계비를 양친수당(parent's allowance)으로 주고 있다.

스웨덴은 국가보육사업의 실시로 보육시설이 대폭 확충되어 보육교사, 보모 등 여성이 취업할 수 있는 일자리가 크게 늘어나게 되어 여성취업률을 높이는 일자리 창출대책으로도 활용한 것이다. 오늘날 이 나라들에서 여성취업률이 높은 가장 큰 이유는 바로 국가보육사업에 여성취업자 수가 많기 때문이다.[2] 국가보육사업은 바로 복지국가 일자리(welfare state jobs) 창출사업이 되는 것이다.

이처럼 국가책임으로 아동보육사업이 실시되면 여성의 취업장애요인이 제거되어 출산율 증대를 기하며 나아가 2세 국민(아동)의 건전한 양육을 기할 수 있는 복지정책인 동시에 여성이 취업할 수 있는 일자리를 크게 늘릴 수 있는 경제정책으로도 효과적인 사업이 되는 것이다.

국가보육사업은 막대한 정부재정이 소요되는 사업이므로 일시에 시행하기는 어려울 것이므로 장기계획을 세워 단계적으로 확대시행해 나가는 방안을 강구해야 할 것이다. 이 사업은 우리나라 여성계가 오랫동안 소망해 온 숙원사업인 것이다.

제19장

장애의 정의 및 장애인의 범주

한 나라의 장애인의 숫자나 장애인 복지정책의 대상은 장애를 이
떻게 정의하느냐에 달려 있다. 장애의 정의는 협의의 개념과 광의의
개념으로 구분할 수 있다. 협의의 개념은 신체 또는 정신상의 기능저
하·이상·상실 또는 신체의 일부 훼손 등을 지칭하는 의학적 수준에
서의 개념이다. 광의의 개념은 세계보건기구(WHO)가 1990년대 말에
확정하여 제시한 손상(impairments), 활동제한(activity limitation), 참여
제약(participation restriction)에 해당하는 경우를 말한다.

손상은 신체구조나 기능상의 상실이나 비정상, 제한이나 불능을
의미한다. 이는 다시 기능과 구조로 구분된다. 기능이란 정신적 기능
과 보기, 듣기, 말하기, 감각기능 등 제반 신체적 기능을 말하며, 구조
란 뇌, 척추, 순환계, 호흡계, 소화계 등 제반 신체적 구조를 말한다.

활동제한은 일상생활과 관계된 개인의 활동에서의 제한을 의미한다. 말하기, 걷기, 보기 등과 같은 단순한 행위에서의 제한과 인지하기, 의사소통, 과업완수, 대인적 활동 등 복합적 활동에서의 제한을 포함한다.

참여제약은 개인이 사회활동에 참여하는 데의 제약으로서 개인이 환경과 상호작용을 하는 데 나타나는 사회적 불리를 말한다. 개인적인 유지와 보호, 이동성, 정보교환, 사회적 관계, 교육, 노동, 여가, 정신적 영역, 경제생활, 지역사회생활 등에 참여하는 데서의 제약이 포함된다.

이처럼 세계보건기구가 제시한 손상, 활동제한, 참여제약의 세 차원은 장애인뿐만 아니라 일반인에게도 적용할 수 있는 것으로서 이제는 장애와 비장애의 경계가 점차 무너지고 있는 추세이며, 신체적 손상 여부와 상관없이 독립된 개인으로서의 역할을 제대로 수행하지 못하고 생활상 지속적인 문제를 가지고 있는 사람을 장애인으로 간주하는 경향이 증가하고 있다.[1]

따라서 장애의 개념을 협의의 의학적 기준에 의한 개념을 택하느냐 또는 광의의 사회적 기준에 의한 개념을 택하느냐에 따라 장애인의 범주가 크게 달라지게 된다.

미국 등 선진국에서는 장애의 범주에 사회적 활동능력, 예를 들면 노동능력이 감퇴된 자 또는 일상생활 활동에 제한을 받는 자를 장애인으로 간주하고 있어 장애인인구의 비율이 높게 나타나고 있다(미국 19.3%, 영국 19.7%, 스웨덴 20.6%, 독일 18.1%, 프랑스 15.8%, 호주 12.8%).[2]

미국의 장애가 있는 미국인법(The Americans with Disability Act, 약

칭 ADA법)에 의하면 장애인은 개인의 일상생활 활동, 즉 자기보호, 보기, 듣기, 말하기, 걷기, 숨쉬기, 손으로 하는 작업의 수행, 배우기, 일하기 등의 기능 중 한 가지 이상을 현저히 제한받는 신체적 또는 정신적 장애를 지닌 자, 이러한 기능장애의 기록이 있는 자, 이러한 기능장애를 가진 것으로 간주되는 자로 정의하고 있다.

여기서 기능장애를 가진 것으로 간주되는 자라 함은 주요 일상활동을 현저히 제한받지 않지만 고용주에 의하여 그러한 제약을 가졌다고 취급되는 경우를 포함하고 있어 장애인의 범위를 매우 폭넓게 인정하고 있다. 미국의 장애인 인구 19.3% 중 약 절반은 중(重)증인 것으로 보고 있다.

일본의 경우는 장애인복지법에 의하면 장애인이란 신체장애, 정신박약 또는 정신장애가 있음으로써 장기에 걸쳐 일상생활 또는 사회생활에 상당한 제약을 받는 자라고 정의하고 있어 주로 의학적 기준에 의하여 판정하고 있다.

신체장애의 종류는 시각장애, 청각장애, 지체부자유, 심장·췌장·호흡기장애, 음성·언어·저작기능장애, 직장·소장·방광기능장애 등을 들고 있어 외부적 장애 이외에 내부적 장애도 포함시키고 있다. 정신박약자는 정신발육이 항구적으로 지연된 정신지체인을 말하며, 정신장애인은 정신분열증, 중독성 정신병, 정신병질 등 정신질환을 가진 자를 말한다. 일본은 이처럼 의학적 기준에 의하여 판정하고 있으므로 장애인인구의 비율이 매우 낮은 편이다(2000년의 경우 인구의 4.7%).

우리나라는 2000년 이전에는 장애인복지법에서 장애의 범위를 지체(肢體)장애, 시각장애, 청각장애, 언어장애, 정신지체의 5종으로 구분하여 의학적 기준에 의하여 판정함으로써 장애인 인구의 비율이 매우 낮았었다(1995년의 경우 인구의 2.35%).

2000년에 장애인복지법을 개정하여 장애의 범위를 확대하여 내부적 장애와 정신적 장애를 장애의 범위에 포함시키게 되었다. 그러나 여전히 의학적 기준에 의하여 판정하고 있다. 2000년부터 내부적 장애 중 신장장애(투석 중인 만성신부전증, 신장이식자)와 심장장애(심부전증, 협심증 등 일상생활에 현저한 장애가 있는 자)가 포함되었으며 정신장애(정신분열증, 반복성 우울증 등)와 발달장애(자폐증)가 포함되었다. 이로써 장애인 인구의 비율은 2000년에 3.09%로 증가되었다.

그 후 다시 2003년 7월부터 만성·중증호흡기장애, 간기능장애(만성 간염, 간경변증, 간세포암), 중증간질장애, 장루(腸瘻), 요루(尿瘻), 안면장애(추형)가 추가되어 장애인인구의 비율은 2005년 기준으로 4.59%가 되었다.

앞으로 소화기장애, 중증피부질환, 기질성 뇌증후군, 발달장애 기타 신체적·정신적 장애 중 중증을 중심으로 장애의 범위를 확대하는 문제를 검토하고 있다. 장애의 범위를 확대하는 것은 장애인 복지정책의 대상을 확대하는 것이므로 결국은 정부재정 부담의 증가를 수반하게 된다. 따라서 쉽사리 장애의 범위를 확대하지 못하고 있는 것이다.

장애인 복지정책의 기본적인 방향은 장애인이 일반시민과 같은 주류(主流)사회에 통합되어 함께 생활함으로써 장애인의 '완전한 참여와 평등'을 실현하는 것이다. 그렇게 되기 위하여는 장애의 판정기준을 단순히 의학적 기준에 의하여 신체구조나 기능손상의 정도를 판정하여 결정하는 수준에 머물러서는 아니되며, 궁극적으로는 WHO의 장애분류기준에 따라 사회활동 참여에 제약을 가하느냐 여부에 의하여 판단하는 사회적·기능적 기준에 의하여 판정하는 체제로 전환하여야 할 것이다.

제20장

장애인복지의 기본이념 정상화의 원리

장애인복지는 일반시민들이 장애인을 어떤 시각으로 보느냐에 달려 있다. 장애인도 인간으로서 지니는 모든 권리를 가지며 그 권리의 양과 질은 일반시민과 같다는 시각이 중요하다. 1975년의 제30차 UN 총회에서 채택된 '장애인 권리선언'에서 장애인은 인간으로서의 존엄이 존중되는 천부의 권리를 태어나면서부터 가지고 있으며 일반시민과 똑같이 충족된 생활을 영위할 권리를 가지고 있음을 천명하고 있다.

이와 같이 장애인이 인간으로서 일반 시민과 같은 권리를 보장받기 위해서는 일반시민에 비하여 별도의 또는 추가적인 부담이 따르는 장애인 복지시책이 필요한 것이다. 장애인복지는 자혜나 자선에 의한 전근대적인 시혜라기보다는 당연한 권리로서 보장되어야 한다. 장애인에게 당연한 권리로서 보장될 때 완전한 평등은 달성되는 것이며 일반시민과 통합을 이룰 수 있는 것이다. 이것이 바로 정상화(normalization)의 원리이다.

정상화라는 용어는 1960년대 말 북유럽에서 정신지체인에 대한 서비스 실천의 원칙으로 제기된 이론으로서 시설보호에 반대하며 지역사회에서의 일상적인 생활을 강조하는 개념이다. 정상화는 정상적이고 일상적인 생활의 리듬을 존중할 것을 주장한다. 하루 일과에서의 정상적인 리듬, 일주일의 정상적인 리듬, 일 년간의 정상적인 리듬 등을 서비스 분야에도 동일하게 적용해야 한다고 주장한다.

아울러 개인의 성장과 발달면에서의 정상적인 발달경험, 인생주기에서의 선택의 자유, 정상적인 이웃과 같이 하는 정상적인 가정에서의 생활, 지역사회에 통합된 생활을 강조하는 데까지 확대하여 사회복지시설에 수용보호하는 것을 반대한다.

정상화는 지역사회의 정상적인 가정에서 살 수 있고 단지 일반인들과 단순히 근접해서 사는 것이 아니라 같이 살 수 있어야 하며, 일반인들과 같이 일할 수 있어야 하며, 일반인들과 동등한 교육을 받아야 하며, 일반인들과 동일한 시설에서 일할 수 있어야 하며, 사회구성원들의 일반적인 활동에 속하는 종교나 여가, 쇼핑 등 모든 활동에 적극적으로 참여할 수 있어야 한다는 것을 의미한다.[1]

정상적인 사회는 전통적인 관념에 의한 정상적인 사람들로만 구성된 사회가 아니라 장애인이 일정한 비율로 정상적인 사람들과 더불어 생활하는 사회이기 때문에, 장애를 가진 사람을 장애인으로 취급하는 것이 아니라 한 사람의 인간으로서 정상적인 생활을 누리도록 생활환경을 조성해 주어야 한다. 이러한 정상화의 원리를 통하여 장애인은 종래와 같이 사회에서 분리되는 것이 아니라 사회의 주류(主流)로 통합되는 것이며, 장애인의 '완전한 참여와 평등'이 보장되는 사회가 되는 것이다.

따라서 장애인 복지정책의 기본적인 방향은 장애인을 주류사회에서 분리시켜 별도로 보호하는 대책을 세워서 추진하기보다는 장애인을 주류사회에 통합시켜 일반인들과 함께 생활하는 방향으로 추진하여야 하는 것이다. 이것이 정상화의 원리이며 장애인복지의 기본이념인 것이다.

정상화의 원리를 실현하기 위하여 가장 중요한 것은 장애인에게 제약을 가하는 사회환경을 개선하여 일반인들과 함께 생활할 수 있도록 해 주는 것이다. 장애인에게 제약을 가하는 사회환경은 인적인 환경과 물리적 환경으로 구분할 수 있다.

인적인 환경은 가족, 이웃, 직장동료 등을 포함한 다른 사람들과의 관계이며 이들과의 관계가 지지적(支持的)인 관계망으로 형성될 때 기능상의 장애는 있지만 사회적 불리를 의미하는 사회적 장애가 극복될 수 있는 것이다. 따라서 가정, 학교, 직장, 지역사회의 구성원들이 정상화의 원리를 이해하고 장애인에 대한 기본인식을 개선하는 것이 매우 중요하다.

물리적 환경이란 지역사회 이동에 관련된 주택, 도로, 계단, 주차장 등의 시설에 있어 장애인의 활동에 제약을 가하는 환경을 말한다.

장애인이 이러한 물리적 환경을 극복할 수 있도록 각종 편의시설을 설치해 주는 것은 모든 국민에게 기회의 균등을 보장한다는 입장에서 장애인에게 하나의 권리로서 인정되어야 한다. 따라서 1997년에 제정된 장애인·노인·임산부 등의 편의증진 보장에 관한 법률이 엄격하게 시행되어 각종 편의시설이 의무적으로 설치되어야 한다. 장애인 편의시설은 단순히 장애인에게 편의를 제공하기 위한 것이 아니라 장애인에게 부여된 고유한 권리인 것이다.

장애인의 이동과 관련하여 교통문제가 중요하다. 장애인 교통문제에 대하여는 주류화(mainstream) 방안과 이원체계로 하는 방안이 있다. 주류화는 일반인이 이용하는 버스에 리프트를 달거나 지하철에 엘리베이터를 설치하여 장애인이 대중교통수단을 일반인과 함께 이용토록 하는 것이다. 반면에 이원체계란 장애인, 노인을 위해서 리프트가 달린 차량을 별도로 운영하는 것이다. 정상화의 원리로 보아서는 주류화 방안이 타당할 것이다. 우리나라에서는 바닥이 낮은 저상버스를 점차 도입하여 일반인과 함께 이용하게 하고 지하철에 엘리베이터를 설치하는 등 주류화의 방향으로 추진하고 있다.

장애인의 정보통신에의 접근문제도 중요하다. 모든 국민들이 소득, 지역, 장애유무에 상관없이 정보욕구를 공평하게 충족할 수 있도록 해야 한다. 소리·데이터·이미지 및 동화상 등 다양한 방법의 미디어를 이용하여 장애인을 포함하여 누구든지 언제 어디서나 정보에 접근할 수 있도록 해 주어야 한다. 기본적인 전화서비스뿐만 아니라 컴퓨터 등 고도 정보통신에의 보편적 접근이 허용되어야 한다.

장애아동의 교육문제는 우리나라에서 1977년에 특수교육진흥법을 제정하여 별도교육을 실시해 왔다. 2007년 현재 장애아동을 위한 특수학교는 144개(3,278학급)이며 일반학교의 장애아동을 위한 특수학급은 5,753개이며 일반학교의 통합학급도 3,347개로서 6만 5,940명이 특수교육을 받고 있다. 이 특수교육 수혜율은 대상자의 78.5%로서 나머지는 장애인복지시설 등에서 교육을 받거나 전혀 취학을 하지 못하고 가정에 머무르는 아동도 상당 부분 있는 형편이다.[2]

정상화원리의 실현을 위해서는 장애아동이 가능한 한 일반아동과 함께 교육을 받도록 하는 통합교육의 방향으로 가야 한다. 미국의 경우를 보면, 과거에는 장애아동을 일반아동과 분리하여 특수교육을 하다가 1975년에 모든 장애아동을 위한 교육법을 제정하면서 통합교육의 방향으로 가고 있다.

우리나라에서도 아직은 특수교육의 체제이나 점차 통합교육을 시도하는 방향으로 추진하고 있어 현재 일반학교에서 통합학급을 부분적으로 도입하였다. 2007년에 새로이 제정된 장애인 등에 관한 특수교육법에 의하면 각급 학교의 장은 통합교육의 이념을 실현하기 위하여 노력하여야 하고, 교육과정의 조정, 보조인력의 지원, 학습보조기기의 지원, 교원연수 등을 포함한 통합교육 계획을 수립·시행토록 하고 있다. 이 통합교육을 실시하기 위해서는 교사 및 일반아동의 장애아동에 대한 인식개선이 중요하고 장애인 편의시설의 설치 등 통합교육을 위한 물리적 인프라스트럭처의 구축이 필요하다.

장애인 고용문제에서도 우리나라는 일본의 예와 같이 의무고용제를 실시하고 있다. 장애인 고용촉진 등에 관한 법률에 의하여 국가, 지방자치단체와 300인 이상 기업체는 근로자의 2% 이상을 장애인으로 고용토록 의무화하고 있다.

그러나 미국의 경우를 보면 일정비율의 장애인고용을 의무화하는 할당고용제도보다는 직업재활서비스를 통하여 장애인의 자질을 높여 장애인에게 비장애인과 마찬가지로 균등한 고용기회를 법적으로 부여하고 있다. 장애인의 일반고용정책으로 15인 이상의 종업원을 고용한 기업은 채용, 진급, 퇴직, 보상, 직업훈련 등에 있어 자격있는 장애인을 차별하는 것을 금지하고 있다.

일반기업체에 취업하기 어려운 근로능력 50% 이하의 시각장애인, 정신박약자 등 중(重)증 장애인을 위한 보호작업장이 따로 있지만, 중(中)증 또는 경(輕)증 정신지체인 등은 일반기업체에 통합고용하여 직업지도교사와 연결하여 취업케 하고 있다.

이처럼 장애인을 사회의 주류 속에 통합하여 일반인과 함께 생활하도록 함으로써 장애인의 '완전한 참여와 평등'을 보장하는 것이 정상화의 원리이며, 이것이 모든 장애인 복지정책의 기본바탕이 되어야 하는 것이다.

제21장

여성복지권에 관한 기본시각

여성복지를 증진하기 위한 국제적 노력은 1946년 UN 경제사회이사회 산하에 특별기구로 '여성지위위원회(UN Commission on the Status of Women)'가 설치된 이래 계속되어 왔다. 이러한 노력은 정치적 권리의 평등을 확보하는 데 그치지 않고 노동과 사회복지 분야에서의 성차별 폐지를 통해 실질적인 남녀의 동등한 권리 확보를 지향해 왔다.

이러한 노력은 1948년 유엔의 '세계인권선언'과 이를 발전시킨 '국제인권규약' 그리고 국제노동기구(ILO)의 사회보장에 관한 권고 등에 나타나 있다.

1948년 유엔의 '세계인권선언'은 인간다운 생활을 보장하기 위하여 필요한 최소한의 소득보장, 의료서비스 등이 인간의 기본적 권리임을 밝히면서 이러한 사회복지에 관한 권리를 성별의 차별 없이 누려야 한다고 선언하고 있다(선언문 전문, 제2조, 제22~25조).

세계인권선언을 발전시킨 '국제인권규약'은 이를 조금 더 구체화하여 사회보장을 받을 권리의 평등과 동일노동·동일임금을 포함한 노동조건상의 양성의 평등보장 등을 규정하고 있다. 이 국제인권규약은 우리나라에서도 1990년에 비준되어 국내법과 동일한 효력을 가지고 있다.

UN의 전문기구인 국제노동기구(ILO)는 사회보장에 관한 많은 권고와 조약을 채택함으로써 사회보장에 관한 국제적 기준을 마련해 왔다. ILO는 여성의 사회보장에 관한 권리를 보장하기 위하여 1952년에 채택한 '사회보장의 최저기준에 관한 협약'에서 성별분업론에 입각하여 남성은 생계부양자, 여성은 생계의존자로 구성되는 전통적 가족개념에 기초하여 여성은 피부양자의 지위에서 사회보장급여를 받을 권리를 보장하고 있다.

이러한 입장에 기초하여 세계 각국은 대부분 연금제도에서 남성은 피보험자로서 보험료를 납부하고 은퇴 후 고유의 연금권을 가지게 되고, 보험료를 납부하지 않은 피부양 배우자는 부가적인 급여의 대상으로 하여 가급연금(加給年金)을 지급하는 형태로 제도화하는 것이 일반적이었다. 가급연금의 지급방법은 남편의 연금의 일정비율로 하거나 남편의 연금액과 관계없이 정액(定額)으로 하는 등 다양한 형태를 택하고 있다.

그러나 이러한 여성복지권에 관한 ILO의 기본시각은 UN이 정한 '세계 여성의 해'(1975년)를 기점으로 변하기 시작하였다. ILO는 1975

년의 '여성근로자의 기회와 대우의 균등에 관한 선언'에서 가사와 육아를 여성 고유의 역할로 보는 성에 의한 분업의 관점을 탈피하고 있다.

그 후 1985년에 발표된 『21세기를 향하여 − 사회보장의 발전』이라는 보고서를 통하여 사회보장 급여는 종래의 세대(부부) 단위의 원칙에서 벗어나 개인단위로 주어져야 하며, 따라서 남편과 처는 각각 독립적으로 사회보장의 권리를 가져야 한다고 제시하고 있다. 이를 위하여 부부가 얻은 수입을 균등하게 나누어 연금수준의 기초로 함으로써 가정주부나 저임금으로 일하는 여성의 사회보장권을 독립적으로 보장하는 방안을 제시하고 있다.

연금제도에 이러한 입장을 반영하는 방안으로는 모든 국민에게 보편적으로 적용하는 기초연금과 개인의 소득수준 및 가입기간에 비례하는 소득비례연금을 합산하여 지급하는 이원(二元)연금제를 들 수 있다. 여기서 기초연금부분에 대하여 가정주부에게도 독자적인 기초연금권을 갖도록 하는 것이다.

이처럼 사회복지 분야에서의 남녀평등을 달성하여 여성복지를 증진시키기 위한 노력은 계속되어 왔으나, 시간이 흐름에 따라 여성복지권에 관한 기본적 시각은 변하고 있는 것이다.

초기에는 남녀의 생리적·신체적 차이와 여성의 가정 내에서의 역할과 사회적 역할의 차이를 당연한 것으로 간주하면서 실질적 평등을 실현하기 위하여 여성은 피부양자의 지위에서 사회보장급여를 받을 권리를 인정하는 경향이었다.

그러나 오늘날은 가부장적 성별분업론을 탈피하여 생리적·신체적 차이 자체에 따른 차별(보호) 이외에는 가정, 사회에서의 공동참여·공동책임 등 모든 부문에서의 차별철폐가 강조되는 평등이념에 입각한 여성복지제도의 실시가 강조되고 있다. 여성의 가사노동 및 육아에 대한 정당한 가치인정에 입각한 고유한 복지권의 인정, 여성의 취업을 가계보조적·부차적으로 보는 관념의 탈피가 강조되는 추세를 보이고 있다.[1]

이러한 여성복지권에 관한 기본시각의 변화와 관련하여 우리나라의 국민연금제도를 살펴보면, 현행 국민연금법은 전통적인 성별분업론에 입각하여 남성은 노동을 통한 대가로 가족을 부양하고 여성은 가정 내에서 무보수의 가사노동을 담당하는 피부양자로 보아 피부양 배우자를 위한 부가적인 급여의 대상(가급연금대상)으로 하고 있다.

그 밖에 1998년 12월 국민연금법 개정을 통해 분할연금제를 신설하였다. 이혼한 배우자의 노후생활 보장을 위해, 이혼할 경우 배우자의 노령연금을 분할하여 지급토록 한 것이다. 배우자가 국민연금에 가입해 있는 기간 중 혼인기간(같이 산 기간)이 5년 이상인 경우 그 혼인기간에 해당하는 연금액을 균등하게 분할하도록 한 것이다. 이는 가입자의 연금소득 형성에 주부인 배우자의 공동기여를 인정한 것이라 할 수 있다.

그러나 여성의 가사노동 및 육아에 대한 정당한 가치를 인정하여 여성에게 고유한 복지권을 인정하는 오늘날의 추세를 제대로 반영하려면 기초연금제도를 실시하여 여성도 독자적인 기초연금권을 갖도록 하여야 한다.

주부의 가사노동에 대하여 독자적인 가치를 인정하여 남편의 연금 수급권과는 별도로 독자적인 연금수급권을 인정하여 여성에게도 적정 수준의 노후소득을 보장하는 방안을 마련하여야 한다. 이것이 여성에 게 실질적인 평등을 보장하는 방안인 것이다.

제22장

사회복지사무소는 꿈인가

공적 사회복지 전달체계의 개편 필요성은 1980년대 초부터 제기되기 시작하였다. 1980년대부터 생활보호사업 등 공적 부조사업이 확대되고 노인복지, 아동복지, 장애인복지 등 사회복지서비스도 관련법이 각각 제정되고 서비스도 본격적으로 제공되기 시작하였다. 이러한 공적 부조사업과 사회복지서비스는 정책수립은 중앙에서 보건복지가족부 등이 하지만 실제사업의 시행책임은 시장·군수·구청장 등 지방자치단체의 장이 지도록 되어 있다.

그러나 실제 업무집행은 일선에서 읍·면·동의 공무원이 담당하게 되어 있다. 읍·면·동의 사회복지담당 공무원은 보통 1인이 배치되어 있어 보건복지가족부의 공적 부조업무와 사회복지서비스 업무를 담당하고 있을 뿐만 아니라 이 밖에도 중앙의 다른 부처에서 내려오는 여성, 교육 등 복지관련업무 등을 처리하고 있다. 따라서 모든 복지관련업무가 한 곳에 집중되어 복지대상자의 개별적 욕구에 적합한 전문적 서비스의 제공이나 찾아가는 서비스를 제공하기 어렵게 되어 있다.

또한 시·군·구의 복지행정 조직은 잦은 인사이동과 전문성 부족 등으로 지역의 실정과 여건에 맞는 지역복지계획을 수립·집행하지 못하고 보건복지가족부 등 중앙에서 내려오는 정책을 읍·면·동에 전달하는 역할만 수행하게 되어 지역마다 획일적이고 일률적인 서비스만 제공하는 결과가 되고 있다.

따라서 지역실정에 적합한 보다 전문적인 복지서비스를 제공하기 위하여는 사회복지 전담조직을 지방의 일반행정 조직과는 별도로 설치하여야 한다는 논의가 1980년대 초부터 제기되기 시작하였다. 이를 구체화하기 위하여 사회복지사업법에 사회복지 전담기구의 설치근거를 마련하고 전담기구의 모형개발을 위하여 시범사업을 실시하기 시작하였다.

우선 시범사업은 보건복지사무소의 형태로 1995년부터 1999년까지 5년간 5개 시·군·구에서 시행되었다. 보건복지사무소는 시·군·구 단위에 있는 기존 보건소 조직에 사회복지를 전담하는 조직을 신설하여 이를 통합운영함으로써 보건의료와 사회복지서비스 기능을 연계·수행토록 하는 모형이다.

보건복지사무소 형태로 시범사업을 실시한 이유는, 첫째 사회복지 전담기구를 독립기구(예: 사회복지사무소)로 설치할 경우 조직과 인력이 크게 늘게 되므로 기존 조직을 활용하여 조직의 신설을 억제하고자 하는 측면이 있었고, 둘째로 수급자인 저소득층 등이 대체로 보건의료와 사회복지서비스의 욕구를 복합적으로 가지고 있으므로 한 기관에서 관련 서비스를 종합적으로 제공받는 체제(one stop service)로 하는 것이 바람직할 것이라는 점을 고려한 것이었다.

시범사업의 실시결과, 대상자에 대한 서비스제공의 전문성은 다소 향상되었으나, 보건의료와 사회복지 조직의 통합으로 인한 효율성은 당초 기대했던 만큼의 상승효과는 나타나지 않았고 보건의료와 사회복지 인력 간의 갈등 등의 문제가 지적되었다.

따라서 보건복지사무소의 모형으로 개편이 보류된 상태에서 몇 년이 지난 후 보건복지부는 다시 사회복지사무소의 형태로 2004년 7월부터 2006년 6월까지 2년간 9개 시·군·구에서 시범사업을 시행하고 그 결과에 따라 확대해 나가기로 하였다.

시범 사회복지사무소 모형은 시·군·구 단체장 직속기관으로 사무소를 설치하고 전문영역별로 분업화하기 위해 기능별 팀제를 도입(통합조사팀, 서비스연계팀, 자활지원팀, 복지행정팀 등)하고 사회복지직을 집중 배치토록 하였다. 사무소의 업무는 기존의 시·군·구 사회복지과의 업무와 읍·면·동 복지업무의 대부분을 이관받아 주로 기초생활보장 등 공공부조와 노인, 장애인, 아동, 모·부자(母·父子)복지 등 사회복지서비스 업무를 담당케 하였다. 또한 지역복지계획의 수립, 지역주민의 욕구를 반영한 복지사업의 개발·실시 및 지역사회의 민관협력체계의 구축 등 시·군·구 단위의 사회복지기획 기능을 부여하였다.

인력의 배치는 사회복지사무소에 소속함을 원칙으로 하고 읍·면·동에 직원배치가 필요한 경우에는 직원을 파견토록 하였다. 따라서 주민의 접근성 제고를 위하여 읍·면·동을 선별하여 사회복지직을 배치하여 급여의 신청접수 및 민원상담 등을 담당케 하고 이동민원실의 운영, 순회차량의 운행, 복지도우미·자원봉사자 등을 민원서비스에 활용하였다.

사회복지사무소 시범사업 1차년도에 대한 평가는 여러 가지 면에서 긍정적인 성과가 있는 것으로 나타났다.[1)]

첫째로, 업무 및 서비스의 전문성 측면에서는 기능별·대상자 별로 분화된 팀제를 통하여 전문성이 향상되고, 특히 업무의 정확도가 향상되고 신청·접수시 충분한 안내와 상담으로 복지대상자의 욕구파악도가 향상되었다.

둘째로, 업무수행의 효율성 측면에서는 기존체제에서는 읍·면·동의 담당자로부터 시·군·구청의 국장까지 7단계였으나, 사회복지사무소 체제에서는 읍·면·동의 담당자로부터 사무소장까지 4단계로 업무처리 절차가 단축되어 급여결정의 신속성 등 효율성이 향상되었다.

셋째로, 공공정책 집행의 책임성 및 공정성 측면에서는, 기존체제에서는 읍·면·동별로 상이하던 책정과정이 사회복지사무소 내에서 동일한 잣대로 결정되므로 통일성이 확보되어 대상자 선정의 정확도와 기준의 일관성 확보를 기할 수 있게 되었고, 사회복지 기획기능의 강화로 사회복지 업무의 책임소재를 명확히 하는 데 기여하였다.

다만, 주민의 접근성 측면에 있어서는, 읍·면·동에 선별적으로 사회복지직을 배치하거나 이동민원실의 운영 등으로는 물리적 접근성에 한계가 있으므로 이장의 활용, 사무소 직원의 정기적인 읍·면·동 방문, 집중적인 홍보의 필요성 등이 제기되었다.

이러한 시범사업 1차년도 평가는 대체로 전문성, 효율성, 책임성 등의 측면에서 긍정적으로 평가되었고 다만 접근성의 측면에서 사업의 보완이 필요함이 지적되었다. 그러나 이 시범사업이 마무리도 되기 전에 행정자치부 주도로 정부차원에서 '지방자치단체 주민생활지원 강화계획'을 수립하여 2006년 4월에 발표하고 2006년 7월부터 2007년 7월까지 전국의 모든 시·군·구에 주민생활지원국을 설치하는 사회복지 전달체계의 개편을 단행하였다.

이 개편의 목적은 주민생활지원 서비스는 보건·복지 이외에 고용·주거·평생교육·생활체육·문화관광 등 주민의 삶의 질 향상과 관련된 여덟 가지 서비스를 통합적으로 관리하기 위한 것이다.

이를 위해 시·군·구에 주민생활지원국을 설치하여 관련기능을 강화하고 이 서비스들을 통합적으로 관리하며, 읍·면·동에는 주민생활지원팀을 설치하고 인력을 확대배치하고 주민복지·문화센터로 전환하여 통합서비스를 제공하고 상담·방문·사후관리를 하도록 되어 있다.

이러한 주민생활지원 체제로 개편하여 운영한 결과를 보면, 실제 서비스의 제공범위가 주로 복지분야에 치중되어 8대 서비스의 통합 제공에는 한계가 있으며, 행정직 인력 약 4,500명이 주민생활지원 부서에 배치되어 전문성이 미흡한 상태이며 사회복지직 공무원이 부족하여 내실 있는 통합서비스 제공이 어려운 것으로 지적되고 있다.[2]

이 주민생활지원 체제는 통합적 서비스 제공방식으로서 분야별로 전문적인 서비스를 제공하는 데에는 적절한 체제라고 할 수 없다. 특히, 사회복지분야의 서비스는 대상자의 특성에 맞게 개별적이고 전문적인 서비스의 제공을 필요로 하므로 통합체제는 바람직하지 않으며, 장기적으로는 미국, 일본 등 선진국에서 하고 있는 것처럼 사회복지 전담기구(사회복지사무소)의 형태로 가야 한다고 본다.

다만, 현재의 기초자치단체(시·군·구) 체제 하에서는 관할지역이 넓거나 주민수가 많은 지역의 경우에는 주민접근성에 문제가 있을 수 있으므로 이를 완화할 수 있도록 읍·면·동에 사회복지사무소 직원을 배치하여 상담 및 신청서접수 등 민원업무를 처리할 수 있도록 해야 할 것이다.

그리고 앞으로 지방자치 조직계층의 축소 등을 포함한 지방자치 체제의 전면검토시에 사회복지사무소 문제를 포함한 지방사회복지전달체계에 대한 재검토를 하여야 할 것이다.

제23장

사회복지시설의 과제와 발전방향

우리나라의 노인·아동·장애인 등에 대한 사회복지서비스의 제공은 주로 사회복지법인이 운영하는 사회복지시설 등 민간기관이 담당하고 정부는 이에 필요한 재원을 지원하는 방식을 채택하고 있다. 물론 국가나 지방자치단체도 국·공립시설을 설립·운영할 수 있지만 그 수는 많지 않으며 이 경우에도 시설운영은 사회복지법인 등 민간기관에 위탁하는 것이 보통이다. 이처럼 우리나라의 사회복지서비스의 실제전달은 주로 민간기관이 하고 있다.

민간기관이 운영하는 사회복지시설은 생활시설(주거시설)과 이용시설로 구분할 수 있다. 생활시설은 대상자가 시설에 거주하면서 서비스를 받는 시설로서 과거에는 수용시설이라 불렸으며 우리나라의 대표적인 민간사회복지조직이다. 생활시설은 그 대상에 따라 아동복지시설, 노인복지시설, 장애인복지시설, 여성복지시설, 부랑인복지시설, 정신요양시설의 6종이 있으며 2005년 말 기준으로 총 1,608개 시설에 11만 5,149명이 생활하고 있고 시설에 종사하는 직원은 2만 9,937명이다.[1]

생활시설은 6.25전쟁으로 인한 전쟁고아, 미망인 등을 집단수용한 것을 계기로 증가하였다. 1970년대 중반 이후에는 시설이 다양화되고 오늘날 아동복지시설은 점차 줄어드는 반면에 노인복지시설과 장애인복지시설은 크게 증가하는 경향을 보이고 있다.

이러한 사회복지법인이 운영하는 시설 이외에도 개인이 운영하는 시설로서 시·군·구에 신고된 것이 798개소에 1만 2,076명이 생활하고 있고 미신고시설도 492개소에 1만 36명이 생활하고 있는 것으로 나타나고 있다.[2]

이용시설은 대상자가 자기집에서 거주하면서 하루 중 일정시간 또는 1개월 이내의 단기간 이용하는 시설이다. 복지관 또는 복지회관은 대표적인 이용시설로서 주로 사회복지법인 등이 설치하여 운영하는데, 1980년대 이후 증가하기 시작하여 2005년 말 기준으로 703개(사회복지관 391개, 노인복지회관 182개, 장애인복지관 130개)가 운영되고 있다. 이 밖에도 단기보호시설과 주간(晝間)보호시설이 있으며, 재가노인·장애인 등 거동이 불편한 자에게 간병·상담·생활보조서비스를 제공하는 재가복지봉사센터 등이 운영되고 있다.

우리나라의 민간사회복지시설의 숫자는 서비스대상의 증가에 따라 그 동안 꾸준히 증가해 왔으며 시설의 종류와 제공되는 서비스도 대상자의 욕구에 맞추어 다양화되어 양적·질적으로 크게 성장해 온 것이 사실이다. 그러나 아직 해결해야 할 많은 과제들을 가지고 있다.

첫째, 시설의 종류별로 유형화된 전문적인 서비스 제공에 미흡하다는 점이다. 일부시설은 시설유형 간에 기능구분이 불분명하고, 일부 종별은 공급이 과다한 반면에 다른 종별은 부족하는 등으로 대상자가 적합한 시설에 배치되지 못하고 전문적 서비스를 제공받지 못하는 경우가 있다. 또한 일부 시설에서는 대상자가 유형별로 적절히 분류되어 수용되지 못하거나 혼합수용되는 경우가 있다.

둘째, 시설에서 제공되는 서비스의 질이 미흡하다는 점이다. 주로 기초생보자를 대상으로 최소한의 단순수용·보호기능 위주로 되어 있고 상담, 치료 등 전문적 서비스의 제공은 부족하여 시설거주자의 삶의 질은 낮다고 할 수 있다. 생계보호 수준은 의·식·주 제공을 기본으로 하고 있으나 최저생활 유지수준에 미치지 못하고 있는 실정이다.

셋째, 시설직원의 빈번한 교체로 서비스를 지속적으로 제공하는 데에도 문제가 있다. 생활시설 직원의 평균근무연수는 4년 미만이며, 특히, 전문직에 해당하는 간호사, 영양사, 생활지도원, 각종 치료사의 평균근무연수가 더욱 짧은 편이다.[3] 이는 시설직원의 임금수준이 낮고(유사한 업무를 담당하고 있는 공무원의 75~85% 수준) 일부직원들은 24시간 근무 등 업무환경이 열악한 것이 원인으로 지적되고 있다.

넷째, 시설의 재정이 취약하여 보호의 질적 향상이나 시설의 확충 등 시설환경개선이 어렵다는 점이다. 대표적인 노인복지시설인 양로시설의 경우를 보면, 수입항목은 정부보조 77.7%, 민간지원금 8.2%,

법인 자체수입 12.3%로 되어 있다.4) 대체로 모법인(母法人)이 취약하여 법인자체수입에 충당할 수 있는 수익사업이 매우 미흡하여 주로 정부보조에 의존하여 운영하고 있는 실정이다.

다섯째, 사회복지시설이 소규모라는 점에 따른 한계의 문제가 있다. 양로시설의 경우를 보면 보호인원 50명 미만 시설이 59%, 50~100명 미만 시설이 32.2%, 100명 이상 시설이 8.7%로 절반 이상의 시설이 50명 미만의 소규모시설임을 알 수 있다.5) 또한 오늘날 대규모시설은 대상자에게 적합한 개별적·인간적 서비스를 제공하지 못한다는 점에서 오히려 소규모시설이 바람직한 시설로 선호되고 있다. 이러한 소규모 시설에서는 직원들의 전문성 향상을 위한 교육이 어렵고 발전가능성과 성취동기가 제약되어 직원들이 현실안주적이 되기 쉽다.

여섯째, 시설운영자들이 사회복지시설은 일종의 공적 기관이라는 인식이 부족하다는 점이다. 사회복지법인은 공법인으로서 법인에 출연된 재산은 개인의 것이 아니며 사회복지시설은 공적 기관의 성격을 가지는 것이다. 따라서 시설운영에 대하여 전횡하려고 해서는 안 된다. 사회복지 시설장과 사회복지법인의 대표와의 관계를 보면 배우자가 13.6%, 직계존비속이 7.9%, 친인척이 7.1%, 대표 본인이 18.6%가 시설장을 맡고 있어 47.2%가 혈연관계로서 사회복지시설이 가족경영이 되고 있음을 보여주고 있어 공법인으로서의 성격을 퇴색시키고 있다.6)

일곱째, 사회복지시설이 지역사회와의 연계가 미흡하다는 점이다. 시설이 소재하고 있는 지역사회에 시설을 알리고 주민과의 교류를 확대하여 지역연대의식을 증진시키고 지역사회의 거점시설이 되도록 하여야 한다. 이렇게 함으로써 후원자와 자원봉사자를 개발하고 시설운영에 필요한 자원도 개발할 수 있는 것이다.

마지막으로, 시설배치가 지역 간에 불균형하게 되어 있다는 점이다. 시설은 종별로 최소한 시·군·구 단위로 1개 이상 설치되어야 바람직하나 그렇지 못한 지역이 많다. 또한 시설이 설치되어 있는 시·군·구는 시설운영 비용의 부담과중으로 시설설치를 기피할 우려가 있으므로 광역자치단체인 시·도는 지역별·종별 시설수급 불균형을 해소하는 대책을 세워야 한다.

이와 같은 과제들을 해결하여야 선진형의 사회복지시설이 될 수 있는 것이다. 앞으로 사회복지시설이 나아가야 할 발전방향을 몇 가지 제시해 보면 다음과 같다.

첫째, 시설운영 주체를 다원화하는 것이 필요하다. 우리나라의 시설운영 주체는 비영리 법인인 사회복지법인 중심으로 되어 있고 그 이외에 약간의 공공시설(국·공립 시설), 영리시설, 비인가시설 등이 있다. 앞으로 시설운영의 합리성과 서비스의 향상, 경쟁력 강화를 위하여 운영주체를 다원화 하여야 한다. 공공시설은 민간기관이 운영하기 어려운 비행아동 교호시설, 교정시설 등을 담당하고, 민간시설도 특성에 맞게 비영리시설과 영리시설이 공존하는 체제가 되어야 한다. 사회복지법인 등이 운영하는 비영리시설은 기초생보자 등 저소득층 중심으로 국가보호기능을 대행토록 하고, 영리시설은 앞으로 늘어날 것이 예상되는 중산층 이상의 서비스 수요에 대응하는 기능을 담당토록 해야 한다.

둘째, 다양한 재정지원 체계를 통하여 시설이 재정을 마련토록 해야 한다. 현재 주로 정부 재정지원에 의존하고 있는 것에서 벗어나 계약구매, 서비스 이용권(바우처)제도, 민간후원금, 본인의 이용료 부담, 법인자체의 수익사업 확대 등을 통해 튼튼한 재정기반을 마련하여야 한다. 정부의 재정지원도 입소인원에 비례한 일괄지원방식 이외에 프로그램을 고려한 차등지원방식을 도입할 필요가 있다. 민간지원에 있어서도 사회복지공동모금이 주된 민간재원이 될 수 있도록 활성화되어 시설운영과 프로그램에 대한 지원이 되도록 하여야 한다.

셋째, 시설종사자의 전문성이 확보될 수 있도록 해야 한다. 이를 위해서는 법적 인력배치기준에 맞게 시설직원이 배치될 수 있도록 정부에서 인건비가 지원되어 인력부족이 생기지 않도록 해야 한다. 그리고 직원의 처우를 개선하여 최소한 유사한 업무를 담당하는 공무원과 비슷한 수준은 되어야 한다. 또한 직원의 능력향상을 위하여 정기 또는 수시로 전문적인 교육 및 지도를 받아 전문성이 제고되도록 해야 한다.

넷째, 지역사회 중심의 서비스 전달체계가 수립되도록 하여야 한다. 소규모 그룹홈, 주간보호시설 및 단기보호시설, 사회복지관 등 이용시설 확충과 가정방문 간호사업 등 재가복지 서비스의 활성화를 통해 가능한 한 시설입소를 억제하고 지역사회와 가정에서 대상자를 보호할 수 있는 재가복지를 축으로 하는 지역복지를 추진하여야 한다. 이를 위해 단순수용기능만 하는 시설은 축소해 나가고 시설의 기능은 요양 및 치료 위주의 전문적인 시설로 전환해야 한다.

다섯째, 시설의 지역별·종별 수급불균형을 해소하고 수요에 비해 남는 시설은 다른 시설로 기능을 전환하여야 한다. 오늘날 요보호아동의 감소와 가정위탁, 입양 등 가정 중심의 아동복지정책으로 전환함에 따라 시설보호아동이 감소되고 있다. 따라서 아동복지시설은 수요가 늘어나는 노인시설 또는 장애인시설로 전환을 검토하여야 한다. 특히, 2008년부터 노인장기요양보험제도가 시행되어 노인요양시설의 수요가 크게 늘어날 것으로 예상된다. 이러한 시설의 기능전환과정에서 시설의 유형별로 지역불균형을 해소할 수 있도록 지방정부의 지도·감독이 필요할 것이다.

이러한 과제들을 해결하기 위해서는 정부와 민간차원에서 많은 재정소요가 따르고 또한 장기간의 시간이 필요한 일이므로 장기계획을 세워 점진적으로 해 나가야 한다. 이러한 과제들이 해결될 때 대상자의 개별적인 요구와 특성에 맞는 전문적인 서비스를 제공할 수 있는 선진적인 사회복지서비스 공급체계가 될 것이다.

제24장

사회복지협의체의 활성화방안

우리나라에서 노인·아동·장애인 등에 대한 사회복지서비스는 주로 민간의 사회복지시설·기관 등에서 제공되기 때문에 서비스 간의 연계, 중복·누락된 서비스의 조정 그리고 서비스 제공기관에 대한 지원 및 대변 역할을 할 중간적인 협의기구가 필요하다. 이를 사회복지협의체라 하며 우리나라에서 가장 대표적인 것은 지역사회복지협의체와 한국사회복지협의회이다.

지역사회복지협의체는 2003년 사회복지사업법을 개정하여 설치 근거를 마련하고 2005년 7월부터 전국의 각 시·군·구단위에 설치하게 된 민·관 협의기구이다. 이 기구가 설치되게 된 배경은, 그 동안은 지역사회의 사회복지기관, 보건소 등에서 보건 및 복지서비스가 제공되어 왔지만, 공공·민간분야 간에 상호연계체계가 미흡하여 서비스의 중복과 누락현상이 발생하게 되는 문제가 있었기 때문이다.

따라서 지역사회의 보건·복지분야의 민·관기관의 대표자, 실무자들이 지역의 복지문제를 스스로 해결하기 위한 논의구조를 마련하고 지역주민에게 통합적인 서비스를 제공할 수 있는 연계·협력체계를 구축하기 위한 것이다.

이 협의체의 구성은 지역사회의 사회복지 및 보건의료기관·단체의 대표, 이 분야의 학식 또는 경험이 풍부한 자, 공익단체에서 추천한 자, 관계공무원 등이 위원으로 참여하며, 위원장은 관계공무원과 민간 위촉직이 공동으로 맡게 되어 있다. 이 기구의 역할은 해당 시·군·구의 지역사회복지계획을 심의하여 시장·군수·구청장에게 건의하는 것과 지역사회의 사회복지 및 보건·의료서비스의 연계·협력을 강화하는 것을 주 임무로 하고 있다.

즉, 이 협의체는 지역사회의 보건·의료 및 사회복지 문제에 대하여 관민의 협치(協治)구조를 마련하는 의미가 있으며, 오늘날 지방분권이 강화되는 상황에서 지방의 역할을 강화하는 것을 뒷받침하는 기구로서 활용될 필요가 있다. 그러나 아직은 이 협의체가 설치된지 일천하여 그 성과는 만족할 만한 수준이라 할 수 없다. 아직은 민간이 소극적으로 참여하고 있으며 또한 민간에 대한 관의 인식이 부정적인 면이 남아 있는 것이 문제로 지적되고 있다.[1]

이 협의체가 성공하려면, 첫째, 지역사회에서 공공과 민간 간의 신뢰형성이 중요하다. 협력과 협의가 번거로운 과정이 되거나 형식적으로 거치는 과정이 되어서는 안 된다. 지방정부는 민간과 시민사회를 동반자로 수용하고 함께 복지경영을 해 나가는 자세가 필요하다. 관 주도의 일방적인 복지정책의 추진보다는 민간과 지역사회의 복지욕구를 파악하여 관이 이를 지원하는 협력체제가 되어야 한다.

둘째, 민간과 시민사회는 참여자이자 모니터체제가 되어야 한다. 민간이 정부와 상호견제하는 역할뿐만 아니라 정부와의 협력을 통하여 시너지효과를 가져오도록 해야 한다. 아직은 지역사회의 실정이 민간의 민주적·수평적 참여에 그리 호의적이지 못한 상황이므로 민간의 역할강화와 역할 재정립이 필요하다.[2]

셋째, 지역사회에서 보건·의료분야와 복지분야의 협력이 중요하다. 서비스의 대상자들은 보건·의료의 욕구와 복지욕구를 함께 가지고 있는 경우가 많기 때문에(특히, 노인, 장애인 등) 필요한 서비스가 연계되어 제공될 수 있도록 협의·조정하는 노력이 강화되어야 한다.

그 다음 두 번째의 사회복지협의체인 한국사회복지협의회는 우리나라에서 비교적 오랜 역사를 가진 조직이다. 1952년 민간 사회복지기관들의 모임인 한국사회복지사업연합회로 시작하여 1970년에 현재의 명칭인 한국사회복지협의회가 되었고 1983년에는 사회복지사업법에 의한 법정단체가 되었다. 한국사회복지협의회는 중앙단위에서 전국적인 차원의 협의기구이며 이와는 별도로 시·도 단위에 독립법인으로 시·도 사회복지협의회가 따로 구성되어 있다.

한국사회복지협의회는 사회복지에 관한 조사·연구, 사회복지사업과 활동에 대한 협의·조정 등을 기본임무로 하고 있다(한국사회복지협의회 정관). 이 기구가 필요한 이유는 우리나라의 사회복지기관·단체들이 각기 독립법인으로서 다양한 유형의 사회복지사업을 행하고 있고 대체로 소규모 시설의 형태로 운영되고 있기 때문에 이들을 지원·지도하고 또한 대변할 수 있는 중간역할을 하는 조직이 필요한 것이다. 이 기구는 이른바 사회사업의 3대 방법론 중 하나인 지역사회조직(Community Organization)사업의 대표적인 조직인 것이다.

그러나 한국사회복지협의회는 기구설립 이래로 오늘날까지 그 기능과 역할을 제대로 수행하지 못하고 있다. 가장 큰 이유는 사업시행에 필요한 재원마련을 위한 확실한 대책이 없다는 점이다. 이 협의회의 회원은 사회복지 분야의 개인회원과 단체회원으로 구성되어 있으나 사회복지기관의 운영도 대체로 정부의 재정지원에 의존하고 있기 때문에 이 회원들이 납부하는 회비로 이 협의회를 운영하는 데에는 한계가 있다. 따라서 운영비를 주로 보건복지가족부의 재정지원에 의존하고 있는 실정이다. 따라서 이 협의회가 제대로 활성화되기 위하여는 확실한 재원대책이 마련되어야 한다.

한국사회복지협의회가 제대로 기능을 하려면 사회복지공동모금회와의 협조가 필요하다. 이 두 조직은 기본적으로 지역사회에서 사회복지기관을 지원하는 조직이므로 상호간에 긴밀한 협조관계를 형성하여야 한다.

미국의 경우를 보면 지역사회복지협의회와 지역공동모금회와의 관계는 지역에 따라 차이가 있기는 하나, 과거에는 사회복지집행기구(사회복지협의회)와 모금기구(공동모금회)가 각각 별개의 기구로 독립적으로 설치되는 경향이었으나, 최근에는 공동모금회가 사회복지협의회를 흡수하여 공동모금회의 한 부서로 운영하는 경향을 보이고 있다. 그 이유는 사회복지협의회가 독립적인 운영재원 마련수단이 없으며 또한 이를 통합적으로 관리하는 것이 효율적이라고 보기 때문이다.

일본의 경우는 사회복지협의회와 공동모금회가 독립된 기구로 되어 있다. 그러나 업무상으로는 독립되어 있으나 상호협조하고 지원하는 관계를 유지하고 있다. 공동모금회는 모금 전에 모금목표액, 배분방법 등에 관하여 사회복지협의회의 의견을 듣도록 되어 있고, 모금액의 일부는 사회복지협의회에 배분되어 지역사회의 복지활동 지원에 쓰이고 있다.3)

이러한 선진국의 예를 보더라도 사회복지협의회와 사회복지공동모금회는 서로 협조하는 관계가 되어야 한다. 특히 사회복지협의회가 회원기관인 사회복지기관을 지원·지도·대변하는 기관임을 감안하여 사회복지협의회의 운영에 필요한 비용의 상당부분을 사회복지공동모금회가 지원하도록 하여야 한다. 한국사회복지협의회의 기능을 활성화하기 위해서는 이 방법밖에 없다고 본다.

앞으로 중앙협의회와 시·도 협의회의 조직을 보강하고 시·군·구단위의 지부를 설치하여 지역단위 민간복지활동의 구심체가 되도록 하여야 한다. 사회복지시설의 운영 등 지역사회 민간 복지활동에 대한 지원·지도는 물론 민간자원봉사활동, 민간전산망 설치 등 정보교환체제의 구축이 이 협의회를 중심으로 이루어져야 한다.

민간의 각종 자원봉사활동을 위하여 행정자치부 주관으로 2005년 8월 자원봉사활동 기본법이 제정되어 시·군·구단위에 자원봉사센터가 설립되었다. 이 센터는 지방자치단체가 주관이 되어 법인으로 설립하거나 비영리법인에 위탁운영하고 있으며, 자원봉사 분야는 사회복지, 재난구조, 환경보전, 기초질서 계도 등 여러 가지 사회영역을 포함하고 있다.

그러나 이 자원봉사센터는 지역주민의 접근성이 낮아 실제 자원봉사활동의 거점으로 기능하지 못하고 있으며 자원봉사기관·단체 간의 긴밀한 연계·협조체제가 미비하고 자원봉사 전문인력도 부족한 것 등이 문제로 지적되고 있다.[4]

자원봉사활동은 지역사회 주민들의 자발적인 봉사활동이므로 자원봉사조직도 시·군·구주관으로 설치하는 것보다는 주민들이 자율적으로 결성하는 것이 바람직하다. 그리고 자원봉사활동이 가장 많이 필요한 분야는 사회복지 분야라 할 수 있다. 따라서 사회복지협의회가 사회복지 분야의 자원봉사활동의 구심체가 되어야 한다. 시·도 사회복지협의회(시·군·구 지부 포함)가 자원봉사센터가 되어 자원봉사인력의 등록, 훈련, 배치 등 업무를 담당하고 이를 뒷받침하기 위한 자원봉사 정보체계가 수립되어야 한다.

그 동안 한국사회복지협의회에는 1994년부터 사회복지 정보센터가 설치되어 자원봉사에 관한 정책연구·조사, 사회복지봉사활동 전문관리자 교육, 전산망 구축·운영 등 사업을 하고 있으므로 이 사업들을 발전시키면 사회복지 분야의 자원봉사활동의 구심체가 될 수 있을 것이다.

이와 같이 한국사회복지협의회와 시·도 사회복지협의회의 기능을 강화하여 사회복지시설·단체 등에 대한 지원·지도와 개별 사회복지시설에서 하기 어려운 시설직원에 대한 교육 등 능력개발사업, 사회복지 분야의 자원봉사센터로서의 역할, 민간복지전산망의 설치 등의 사업을 하여야 한다. 또한 사회복지시설·단체의 요구와 목소리를 정부 등에 대변하는 역할을 하는 등 민간 사회복지서비스 제공기관의 협의체로서의 역할을 제대로 수행하는 기관으로 발전시켜야 한다.

제25장

민간재원의 활용과 사회복지공동모금

우리나라에서 노인·아동·장애인 등에 대한 사회복지서비스의 제공은 민간사회복지법인이 설치한 사회복지시설·기관 등이 하고 있으며, 그 주된 재원은 정부가 지원하고 있지만 정부지원에만 의존할 수 없으며 다양한 민간재원이 활용될 필요가 있다. 민간재원은 개별 사회복지시설·기관 등이 개별적인 결연후원 및 기부를 받거나 후원회원을 모집하여 모금을 하는 방법이 있으며 사회복지공동모금회를 통하여 모금된 재원을 배분받는 방법이 있다. 이 중에서 공동모금에 대하여 살펴보겠다.

우리나라에서 공동모금제도가 시행되기 전에는 1975년부터 매년 연말에 이웃돕기성금 모금운동이 시행되고 있었다. 매년 연말·연시에 신문·방송 등 언론기관과 은행에 설치된 모금창구를 통하여 모금된 금액 중 중앙단위 모금분은 보건복지부가, 시·도 및 시·군·구단위 모금분은 지방자치단체가 관리하면서 민간부문 복지사업에 지원하였다. 그러나 이 이웃돕기성금은 민간으로부터 모금된 돈을 정부가직접 쓰고 있어 민간모금의 취지에 어긋나고 민간의 자발적인 참여도부족하다는 문제가 제기되어, 마침내 1998년 7월부터 사회복지공동모금제도가 도입되었다.

원래 이 공동모금제도는 미국에서 시작되었다. 1887년 덴버시 자선조직협회에서 최초로 공동모금사업을 실시하였고, 1913년 클리블랜드 상공회의소 주관으로 자선연합회를 구성하여 오늘날과 같은 공동모금제를 실시한 바 있다. 현재 지역사회(city, county)단위로 전국적으로 약 2,300여 개의 지역공동모금회(local united way)가 구성되어 있으며, 지역공동모금회에 대한 지원, 훈련, 홍보 등을 위하여 중앙단위에미국 공동모금회(United Way of America)가 구성되어 있다.

일본은 1921년 나가사키(長崎)에서 최초로 공동모금을 실시한 이래 제2차 세계대전 후 연합군사령부의 지도하에 1947년부터 오늘날과같은 공동모금사업을 실시하고 있다. 도·도·부·현단위에 지역공동모금회를 설치하고 시·정·촌단위에는 지부조직을 두고 있으며, 중앙에는 전국연합체 성격의 중앙공동모금회가 있다. 일본에서는 공동모금의 상징으로 '붉은 깃털'을 사용하고 있다.

이러한 선진국의 예에 따라 1998년 우리나라에서도 어렵사리 사회복지공동모금제도가 도입되어 중앙단위의 전국공동모금회와 시·도 단위로 16개 지역공동모금회가 설립되었다. 설립 초기 독립법인이었던 지역공동모금회는 1999년 법 개정으로 전국공동모금회의 지회로 개편되었다. 우리나라에서는 공동모금활동의 상징으로 '사랑의 열매'를 사용하고 있다.

모금은 연말·연시 집중모금과 연중모금으로 구분되고, 모금액의 배분은 신청사업, 지정기탁사업, 기획사업, 긴급지원사업 등의 방법으로 배분된다. 신청사업은 사회복지기관·단체 등으로부터 신청을 받아 심사하여 지원하는 사업이며, 지정기탁사업은 기탁자가 지정한 용도에 따라 사용하는 사업이다. 기획사업은 일반 배분사업에서 다루지 못한 복지사각지대에 대한 지원사업이다. 2006년의 경우를 보면 총모금액이 2,177억 원(중앙모금 1,132억 원, 지회모금 1,045억 원)이며 배분액은 1,837억 원이었다.

사회복지공동모금은 이제 도입된 지 10년을 경과하여 연간 모금 규모가 2,000억 원을 넘는 자원을 동원·배분할 수 있는 조직으로 성장하여 우리나라의 민간복지부문의 활동을 이끌어 가는 중요한 추진 동력의 하나가 되었다고 할 수 있다. 그러나 우리나라의 공동모금제도를 성공적으로 정착시키기 위하여 여러 가지 측면에서 해결하여야 할 과제들을 가지고 있다.

첫째, 모금의 대상측면을 보면, 2006년의 총 모금액 중 기업모금 67.0%, 개인모금 16.0%, 사회·종교단체모금 13.1%, 기타 3.9%로 기업으로부터의 모금이 대부분을 차지하고 있다.[1) 기업모금 중에서도 10억 원 이상이 모금액의 32%, 1억 원 이상 10억원 미만이 26%를 차지하여 모금액의 절반 이상이 1억 원 이상의 거액기부에 해당함을 알 수 있다. 모금활동에 정치적 네트워크를 활용하거나 기업에 크게 의존하고 있으며 일반국민들이 생활 속에서 기부활동에 참여율이 매우 낮은 것을 알 수 있다.

외국의 경우를 보면, 미국은 모금액의 약 75%가 피용자모금으로 직장에서 본인의 가입신청에 의하여 월급에서 일괄공제하는 방식이며 나머지 25%는 기업모금 등이다. 일본은 호별모금 66%, 법인모금 18%, 가두모금 2.5% 등으로 호별모금이 주가 되어 있다.[2] 호별모금은 주민들이 기금모금의 자원봉사자로 참여하여 봉사자가 가정을 방문하여 기부를 설득하거나 기부자가 자발적으로 성금을 내는 것으로 공동모금이 전국적인 국민운동의 성격을 띠고 있는 것이다.

우리나라도 개인모금의 비율을 높여 모든 국민이 자발적으로 참여하는 국민운동으로 발전시켜야 하는 과제를 안고 있는 것이다.

둘째, 모금액의 배분측면을 보면, 2006년의 총배분액 중 70%는 사회복지기관·단체(9,599개 기관)에, 30%는 저소득층 등 개인에게 배분하고 있으며, 사용비목 별로는 생계비 46%, 의료비 17%, 주거비 9%, 교육비 8% 등으로 되어 있다.[3] 이를 보면 모금액 지원에서 아직도 의·식·주 중심의 기초적 수준을 넘지 못하고 있음을 알 수 있다.

이러한 의·식·주 중심의 기본적인 생활은 정부가 책임지고 해결해야 할 문제이므로, 공동모금회는 이보다는 새로이 등장하는 사회문제를 다루어 사회적 파급효과를 창출할 수 있는 분야에 중점을 두어야 할 것이다. 중앙회는 사회문제에 대응하는 활동에 중점을 두고 지회는 지역사회의 현장에서 제기되는 다양한 욕구에 대응하여 지원하는 활동을 할 필요가 있다. 이렇게 정부가 할 일에 대한 단순한 보조자로서의 역할보다는 새로운 역할분야를 개발하여야만 국민의 광범위한 지지를 받을 수 있는 조직으로 성장할 수 있는 것이다.

셋째, 모금기술의 측면을 보면, 현재는 주로 연말·연시 언론기관을 통한 홍보나 개별적인 설득·접근방법에 의하고 있으나 전략적인 마케팅 개념을 도입하여야 한다. 유럽과 미국에서는 1990년대 이후 기업에서 활용하고 있는 마케팅전략을 대학·병원·사회복지기관 등 비영리기관에서도 도입하고 있다. 치밀한 자료분석에 입각하여 모금목표액을 정확히 정하고 잠재적 기부자에 대한 전략적 접근을 통하여 재원을 확보하는 전문성이 요구된다.

넷째, 개별 사회복지시설·기관의 모금활동과 관련하여, 개별 사회복지기관들은 공동모금에 의한 배분이 충분치 않으므로 개별적으로 회원확보, 후원금 등의 명목으로 모금활동을 하고 있다. 현재로서는 개별기관들의 공개적인 모금은 기부금품 모집규제법에 의하여 규제되고 있으나 이제 사회가 투명해지고 시민의식이 성숙되는 시점에서 사회복지기관이 필요한 모금은 장려할 수 있게 되어야 할 것이다.

사회복지공동모금회는 개별 사회복지기관보다는 투명한 운영과 모금된 기금의 효과적·효율적 활용으로 리더십을 형성하고 개별 모금조직들의 발전적 변화를 유도해야 할 것이다. 필요한 범위 내에서 개별모금을 허용하되 공동모금회와의 협동적 전략으로 궁극적으로 전체 모금규모를 키워 나가는 전략을 모색할 필요가 있다.

다섯째, 국민의 기부문화 정착과 관련하여, 우리 사회에서 일부 비영리 조직의 비민주적·폐쇄적 운영과 기부금사용처의 불투명성은 기부문화의 형성과 정착에 걸림돌이 되고 있다. 또한 이 점이 정부에서 민간모금을 규제의 대상으로 삼는 이유이기도 하다.

기부자들은 자신이 기부한 돈이 지역사회에서 어떤 영향을 미쳤는지 알고 싶어 한다. 얼마나 많은 사람에게 서비스를 제공했고, 얼마나 많은 소외계층들이 혜택을 받았는지 알고 싶어한다. 또한 지역사회의 욕구가 어느 정도인지도 알고 싶어 한다. 이러한 내용을 담은 안내서를 통해 기부의 지속성을 확보할 수 있어야 한다.

감사의 표시는 모금한 기관의 편의보다는 기부자의 필요와 희망에 기초하여 이루어져야 하며, 기부자들이 바라는 것은 형식적인 감사의 표시가 아니라 기부의 결과로 대상자와 사회가 변화하는 것이다. 이러한 맥락에서 기부는 사회에 대한 투자가 되는 것이다. 단순히 적선하는 후원자, 기부자가 아닌 투자자로 만들어야 하는 것이다.[4]

이렇게 할 때 우리 사회에서 기부문화가 정착되고 국민 각자의 생활에서 기부행위가 일상화될 수 있는 것이다. 사회복지공동모금회는 우리 사회에서 기부문화를 정착시키는 선도기관의 역할을 해야 하는 것이다.

제5부

복지국가로 가는 길

제1장

한국은 복지국가인가

　과연 우리나라는 복지국가라고 할 수 있는 것인가? 그 동안 우리나라의 복지수준은 경제성장에 따른 재정규모의 확대와 사회복지제도의 확충의 결과로 크게 향상된 것이 사실이다. 그러나 우리나라의 복지수준은 선진국이나 우리와 비슷한 국민소득 수준에 있는 다른 나라에 비할 때 매우 낮은 수준이다.

　한 나라의 사회복지 수준을 평가하는 지표로는 국내총생산(GDP) 대비 사회복지비의 지출비율이나 정부예산 대비 사회복지예산의 비율이 주로 쓰이고 있다.

　OECD회원 국가의 국내총생산(GDP) 대비 사회복지비의 지출비율을 보면, 2003년 기준으로 볼 때 고도복지국가를 이룬 나라들은 25% 수준을 넘고 있다(스웨덴 31.86%, 덴마크 29.5%, 프랑스 29.08%, 독일

28.76%, 스위스 27.68%, 오스트리아 26.8%, 이태리 25.97%, 노르웨이 25.2%).

그보다 조금 낮은 수준으로 그래도 복지국가라고 할 수 있는 나라들은 대체로 15% 수준은 넘고 있다(네덜란드 21.38%, 포르투갈 21.5%, 영국 20.95%, 호주 20.81%, 스페인 20.31%, 일본 18.4%, 뉴질랜드 18.01%, 캐나다 17.27%, 미국 16.59%).

예외적으로 그리스는 21.3%를 기록하여 복지국가 그룹에 속해 있다. 이 밖에 터키는 13.2%, 한국 7.87%, 멕시코 6.84%로 최하위 그룹에 속해 있어, 한국은 아직은 복지국가라고 할 수는 없는 수준이다.[1)]

이 수치는 해당국의 정부 사회복지지출과 법정 민간사회복지지출을 합한 수치이므로 대체로 그 나라의 복지총량수준을 나타내는 지표라고 할 수 있는데, 복지선진국의 경우는 정부의 사회복지지출 비율이 매우 높고 상대적으로 법정 민간사회복지지출 수준이 낮게 되어 있다.

위의 수치 중 법정 민간사회복지 지출분을 단순비교해 보면, 한국 2.18%, 독일 1.15%, 영국 0.8%, 일본 0.66%, 스웨덴 0.58%, 미국 0.39%, 프랑스 0.36%로 나타나고 있어 이를 제외한 나머지는 정부의 사회복지지출 수준임을 알 수 있다. 법정 민간사회복지지출이란 법에 의하여 민간부담으로 정해진 부분으로 예를 들면 건강보험의 본인부담액, 근로기준법에 의한 법정퇴직금의 부담 등을 말한다. 이를 통해서 볼 때 우리나라는 전체적인 복지총량 수준이 낮을 뿐만 아니라 정부의 사회복지비 지출수준이 낮고 민간복지지출에 의존하는 비율이 높은 것을 알 수 있다.

또 하나의 다른 지표로 쓰이는 중앙정부예산 대비 사회복지예산의 비율을 보면, 고도복지국가들은 대체로 40% 수준을 넘고 있다(독일 50.03%, 스위스 48.54%, 캐나다 46.4%, 오스트리아 46.33%, 스웨덴 46.29%, 덴마크 40.9%, 노르웨이 40.02%).

그보다 조금 낮은 그룹으로 복지국가라 할 수 있는 나라들은 대체로 25% 이상의 수준이다(스페인 39.63%, 프랑스 38.83%, 이탈리아 38.03%, 뉴질랜드 37.91%, 네덜란드 37.38%, 일본 36.8%, 영국 36.5%, 핀란드 36.39%, 호주 35.46%, 미국 28.25%). 이 밖에 그리스 17.92%, 한국 16.63%, 터키 5.93%, 멕시코 4.95%의 순이다.[2]

특이한 것은 과거 사회주의권에 속했던 동유럽권의 여러 나라들이 정부예산 대비 사회복지비 지출수준이 비교적 높다는 점이다(폴란드 51.45%, 체코 35.3%, 헝가리 32.24%, 슬로바키아 30.29%). 이는 과거 사회주의 시절에 정부에서 복지지출을 거의 전담하던 체제였기 때문으로 생각된다.

이처럼 정부예산 대비 사회복지예산의 비율을 보더라도 우리나라는 OECD회원국 중에서 최하위 그룹에 속해 있는 것이다. 우리나라가 복지국가가 되기 위해서는 정부예산 중에서 사회복지비 지출수준을 크게 늘려야 함을 알 수 있다. 이러한 복지선진국들은 지난 100여 년간 꾸준하게 복지국가를 지향해 왔으며, 특히 제2차 세계대전 후 1970년대 초까지 약 30년간의 경제적인 호황기에 정부의 사회복지 지출을 크게 확대한 결과인 것이다.

우리나라는 이 복지선진국들이 복지확대에 주춤하기 시작한 1970년대 중반 이후에야 본격적으로 복지정책을 추진해 왔으니, 치열한 국제경제환경 등 어려운 여건 속에서 이 정도 나마 복지확대를 할 수 있었던 것이 다행이라 할 수 있다. 그러나 우리가 진정한 복지국가가 되기 위하여는 앞으로 가야 할 길이 많이 남아 있는 것이다.

우리나라의 정부의 사회복지(사회보장)예산을 분석해 보면, 1994년의 경우 사회보험 분야가 약 2/3를 차지하고 빈곤층 및 취약계층을 위한 공적 부조 및 사회복지서비스 예산은 나머지 1/3 수준이었다. 그러나 2006년의 경우를 보면, 공적 부조 예산이 67.6%, 사회복지서비스가 7.6%, 사회보험이 37.4%의 비율을 차지하고 있어 과거 10여 년 전과는 완전히 역전된 현상을 나타내고 있다.[3]

이는 2000년부터 국민기초생활보장제도가 시행되어 기초생보대상이 과거 40만 명 수준에서 150만 명 수준으로 4배 정도 늘어난 데 주로 기인하고 또한 정부가 의료비를 부담하는 의료급여(의료보호)비가 최근 크게 증가하는 데 기인한 것으로 볼 수 있다. 기초생보사업과 의료급여사업은 빈곤층의 생계 및 의료문제를 국가가 책임지는 부분이므로 정부재정 부담이 늘어나는 것은 당연하다 할 것이다.

그러나 한정된 보건복지 예산범위 내에서 공적 부조예산이 늘어나다 보니 노인·아동·장애인 등 사회복지서비스 분야 등 여타 분야의 예산배정이 위축되어 상대적으로 다른 분야의 발전이 뒤처지는 결과를 초래하고 있다. 앞으로 사회보장의 각 분야(사회보험, 공적부조, 사회복지서비스)의 예산배정이 균형 있게 발전되게 하는 대책이 필요하다.

장기적으로 볼 때 앞으로 노인인구의 증가에 따라 의료비의 급증이 예상되고 이에 따라 건강보험에 대한 국고보조액이 크게 늘어날 것이 예상되므로 사회보험 분야의 지출비율이 다시 증가될 것이 예상된다. 그리고 노인·아동·장애인 등 사회적인 취약계층을 위한 사회복지서비스 분야의 예산도 크게 늘려 나가야 할 분야인 것이다.

그리고 정부예산 중 국고와 지방비 부담비율을 보면, 사회보험제도는 주로 국고부담에 의하고 있다. 이는 국민연금, 건강보험 등 사회보험제도는 전국적으로 통일된 기준에 의하여 중앙정부가 직접 관리하는 제도이므로 국고가 부담하는 것이 당연하다. 공적 부조부문은 국고 대 지방비의 비율이 약 75 : 25수준이고, 사회복지서비스 부문은 약 55 : 45수준으로 나타나고 있어 지방정부가 사회보장분야에서 큰 역할을 하지 못하고 있는 것을 알 수 있다.[4]

우리나라에서 공적부조제도와 사회복지서비스의 실시 책임은 지방자치단체(시·군·구)가 지고 있다. 중앙정부(보건복지가족부)가 주요 정책방향을 결정하고 재정도 대부분 보조해 주고 있지만 실제 사업실시 책임은 지역실정에 맞게 시장·군수·구청장이 지도록 되어 있다.

이미 지방자치제가 실시된 지 10여 년이 넘었고 또한 최근에 행정권한의 지방이양이 본격적으로 추진되고 있어 지역주민의 복지문제는 지방정부책임으로 운영하여야 할 부분인 것이다. 중앙정부에서는 일반적인 원칙과 기준만을 제시하고 지방정부가 지역실정에 맞게 집행원칙과 세부기준을 마련하여 시행하여야 한다.

이를 위해서는 이 분야에 대한 지방정부의 재정부담이 대폭 증대되어야 한다. 지방정부의 복지재정 부담의 증대는 현재와 같은 취약한 지방재정 규모 하에서는 불가능한 일이다. 2006년 기준으로 지방자치단체의 재정자립도를 보면, 서울특별시 94.3%, 광역시 78.5%, 도 36.1%, 시 39.4%, 군 16.1%, 자치구 40.5%이며 지방자치단체 전체의 평균은 54.4%로 나타나고 있어 재정자립도가 매우 낮은 것을 알 수 있다.[5]

특히, 복지사업을 직접 집행할 책임이 있는 기초자치단체(시·군·구)는 재정이 더욱 취약한 형편이다. 이러한 상황에서 지역주민의 복지확대를 기대할 수 없다. 따라서 지방재정을 확충해 주어 지방자치단체가 재정자립을 이룰 수 있도록 해 주어야 한다. 이를 위해 현재 중앙정부의 세원으로 되어 있는 부분 중 일부를 과감하게 지방세의 재원으로 이양해 주거나 새로운 지방세원을 개발하여 지방재정을 확충토록 해 주어야 한다. 단순한 행정권한의 이양만으로는 의미가 없다. 행정권한의 이양에 걸맞게 재정권한도 지방으로 이양되어야 하는 것이다.

국가의 복지수준을 높이기 위해서는 필연적으로 국민부담의 증가가 따르게 된다. 국민부담의 증가는 조세부담의 증가와 사회보험 기여금 부담의 증가를 포함한다. 국민들이 양질의 복지서비스를 받기 위해서는 이러한 부담의 증가를 각오해야 하는 것이다. 선진국수준의 복지서비스를 받기 위해서는 엄청난 재정소요가 필요하므로 이를 단기간에 달성하기는 어렵고 적어도 몇 세대에 걸친 장기계획을 세워 차분히 추진해 나갈 과제인 것이다.

정부는 사회복지의 분야별로 균형된 발전을 이루고 중앙정부와 지방정부의 역할을 조화시키며 아울러 정부와 민간의 사회복지 역할분담을 어떻게 할 것인지를 제시하는 사회복지 장기비전을 세워 국민들에게 이해와 협조를 구하는 자세가 필요한 것이다.

제2장

복지국가로 가는 길

복지국가는 그 사회의 구성원 모두가 행복하게 살기 위한 것이다. 롭슨(William A. Robson)에 의하면 "복지는 무한한 영역이다. 그것은 소득·의료·교육·주택 이외에도 환경·오락·체육까지를 포함한다"고 주장하고 있다. 따라서 종래의 복지국가가 주로 관심을 기울였던 요구호자(要救護者)와 사회적인 취약계층을 도와주는 것이라는 개념에서 탈피하여 국민 전체의 행복을 위한 것이라고 주장한다.

그는 전통적인 사회보장제도에 의하여 국민에게 복지서비스를 제공하는 것 이외에도 쾌적한 환경 속에서 오락과 예술을 즐기면서 살수 있는 인간다운 삶을 복지의 요소로 강조하고 있다. 그는 "돈을 많이버는 것이 아직도 큰 비중을 차지하기는 하지만 돈벌이보다는 정원 가꾸기에 몰두하는 사람과 시간이 늘어나는 사회, 삶에 있어 완전한 즐

거움(full enjoyment)을 주는 사회가 복지사회"라고 말하고 있다.[1]

보통 복지국가(welfare state)와 복지사회(welfare society)라는 말이 혼용되고 있으나, 학자에 따라서는 이를 구분해서 쓰는 사람도 있다. 복지국가는 국가에서 제공하는 국가복지의 수준이 높은 나라를 의미하고, 복지사회는 기업에서 제공하는 복지 등 민간복지의 수준이 비교적 높은 나라를 의미하기도 한다.

티트머스(Richard Titmuss)에 의하면 한 나라의 복지수준을 판단하는 데에는 국가복지, 민간복지 그리고 재정적 복지(소득세 감면, 부양가족에 대한 세액공제 등)를 종합적으로 고려하여야 한다고 주장한다.[2] 즉, 복지국가가 되기 위하여는 국가복지는 물론 민간복지 등을 포함한 총체적인 복지의 수준이 높아져야 한다는 것을 의미한다. 다시 말하면 국내총생산(GDP) 중에서 복지에 배분하는 파이(pie)가 커져야 한다는 것이다.

GDP 중 어느 정도를 복지에 배분해야 하는 문제는 경제성장과 관련하여 매우 중요한 문제이다. 종래의 이론에 의하면 복지에 투자하는 것은 산업투자 재원을 잠식(crowding out)하므로 비생산적이라고 보았으나, 오늘날은 오히려 노동력의 질을 향상시키고 소비를 증대시켜 경제성장에 도움이 된다고 보는 것이 일반적인 견해이다.

그러나 어쨌든 능력에 맞게 복지수준을 확대하여 성장과 복지의 균형을 유지하는 것은 중요한 문제이다. 경제수준에 맞지 않게 너무 낮은 복지수준은 사회적 갈등을 야기하여 경제성장에 지장을 초래하지만, 반면에 경제능력에 맞지 않게 지나치게 복지를 확대할 경우 경제발전에 부정적인 영향을 초래할 우려가 있는 것이다.

자본주의 선진국들은 지난 100여 년간 그 나라의 경제성장에 발맞추어 꾸준히 복지수준을 증가시킴으로써 오늘날 복지국가를 이루어 놓고 있는 것이다. 특히, 제2차 세계대전이 끝난 후 30여 년간의 경제적인 호황기에 복지를 대폭 확대하였다. 그러나 1970년대 중반 이후 경제가 침체되자 지난 30여 년간 현상유지 내지는 조정기에 접어들고 있다. 이 처럼 복지확대는 기본적으로 경제성장이 뒷받침되지 않으면 어려운 것이다.

우리나라는 1960년대부터 경제개발을 시작하여 어느 정도 성장의 기반이 마련된 1970년대 중반부터 복지정책을 본격적으로 추진하여 이제 약 30년이 된 것이다. 다른 선진국들이 복지확대에 주춤거리는 시기에 우리는 비로소 복지정책을 시작한 것이다. 일부에서는 선진국들이 오늘날 복지확대에 소극적인 현상을 보고 이를 복지축소로 해석하여 복지병 운운하며 우리나라의 복지확대에 소극적인 입장을 취하는 사람들이 있다. 또한 오늘날 영·미에서 시작된 신자유주의(neo_liberalism)의 영향으로 그리고 경제의 세계화로 치열해진 국제경쟁에서 살아남기 위해서는 국민과 기업의 복지부담을 줄여야 한다는 주장도 있다.

그러나 복지선진국들을 보면 우리나라보다 3~4배에 해당하는 복지비를 쓰고 있다. GDP 대비 사회복지비의 수준이 우리나라는 아직 약 8% 수준인 데 비하여 선진국들은 25%~30% 수준을 쓰고 있는 것이다. 이 선진국들은 이미 넓고 평탄하고 시원한 고지대에 올라 여유로운 삶을 즐기고 있는데 우리는 이제 힘겹게 산을 오르는 비탈길에 서 있는 것이다. 그러나 우리의 목적지도 평탄한 고지대에서의 여유로운 삶인 것이며 우리가 여기서 중단할 수는 없는 것이다.

건강하고 능력이 있을 때 열심히 일하며 스스로 생활을 유지할 수 있도록 일자리를 충분히 확보해 주고, 노후가 되거나 질병, 사망, 불구, 실업 등으로 어려움을 당하게 될 때 그 본인과 가족에게 기본적으로 필요한 소득과 의료문제를 해결할 수 있도록 보장해 주는 사회보장제도가 확립되어야 한다.

이 사회보장제도는 어떤 어려움이 닥치더라도 모두 해결할 수 있도록 모든 제도를 고루 갖추고 또 모든 국민이 이들 제도에 적용을 받게 해 주어야 한다. 그리고 이 사회보장제도에 의한 혜택의 수준이 기본적으로 꼭 필요한 적절한(adequate) 수준이 되어야 한다. 즉, 질적으로 내실화된 양질의 서비스가 제공되어야 한다.

그리고 노인·아동·불구폐질자 등 근로능력이 없는 자와 불가피하게 생활이 어려워지게 된 빈곤계층에 대하여는 국가가 책임지고 최저생활을 보장해 주어야 한다. 또한 노인·아동·장애인 등 도움을 필요로 하는 사람들에게 전문적 기법을 활용한 사회복지서비스를 제공함으로써 이들이 사회적 또는 개인적 만족을 얻거나 스스로 자립할 수 있도록 도와주는 제도가 확립되어야 한다.

그 동안 이러한 사회복지서비스는 주로 정부에서 저소득층 중심으로 제공하였으나 앞으로는 그 대상을 모든 노인·아동·장애인 등으로 확대하여 보편적으로 시행되어야 한다. 그리고 장애인에 대한 시각도 장애인을 단지 시혜의 대상으로 보아서는 아니 되며 장애인을 사회의 정상적인 일원으로 포용(통합)하여 완전한 참여와 평등이 보장되는 사회가 되어야 한다. 이것이 복지국가가 되기 위한 기본조건이다.

이웃나라 일본만 보더라도 이러한 제도의 틀을 완벽하게 갖추고 이제는 질적으로 윤택하고 아름답게 가꾸고 있는 수준이라 할 수 있다. 우리는 아직 제도의 틀이 매우 미흡하여 보다 세련되게 제도를 보완하고 다듬어야 하며 나아가 양질의 서비스를 제공할 수 있도록 질적 내실화를 이루어 나가야 하는 과제를 안고 있다.

복지국가란 젊었을 때에 아무런 걱정 없이 정직하고 성실하게 열심히 일하면서 매일매일의 삶을 즐기며 살고(투기 등 무리한 짓 할 필요 없이), 노후가 되거나 장애가 닥치는 등 보호가 필요할 때에 사회보장제도에 의하여 의·식·주·의료 등 기본적인 문제를 걱정 없이 해결해 주는 사회인 것이다. 그리고 나아가 쾌적한 환경 속에서 스포츠와 오락·예술 등을 즐기면서 안락한 생활을 할 수 있다면 더 이상 바랄 것이 없을 것이다.

우리가 이 세상에 온 이상 거칠고 황량한 들판에서 서성이다 갈 수는 없는 것이 아닌가. 쾌적하고 안락한 환경에서 여유 있게 인생을 즐기면서 살다가야 하는 것이다. 이 처럼 복지국가는 인간의 생애 전 기간에 걸쳐 즐겁고 행복하게 살기 위한 삶의 방식인 것이다.

그러기에 사회복지제도는 자본주의 국가에 살고 있는 우리 인류가 발명해 낸 사회제도 중에서 가장 훌륭한 제도인 것이다. 우리가 복지국가의 길로 가야 하는 이유는 바로 이 아름다운 삶을 살기 위한 것이다.

제1부 복지국가의 발전

제1장

1) Karl Marx, *Das Kapital Band Ⅰ*, 1867.
2) 김학준, 『러시아사』, 대한교과서주식회사, 1991, 248~256쪽.
3) Mikhail Gorbachev, Perestroika(고명식 역, 『페레스트로이카』, 시사영어사, 1990), 제1장.

제3장

1) Walter Friedlander, *Introduction to Social Welfare*, Prentice_Hall, 1980, p.4.
2) 위의 책, 4~5쪽.
3) William A. Robson, *Welfare State and Welfare Society, Illusion and Reality*, George Allen & Unwin, 1977.

제4장

1) Arne Daniels, Stefan Schmitz, *Die Geschichte des Capitalismus*(조경수 역, 『자본주의 250년의 역사』, 미래의 창, 2007), 제1~2장.

제5장

1) William Beveridge, *Social Insurance and Allied Services*, London: Her Majesty's Stationery Office, 1942.
2) Pete Alcock and Gary Craig, "The United Kingdom: Rolling Back the Welfare State?" in Pete Alcock and Gary Craig, International Social Policy, Palgrave, 2001, p.138.

3) Esping_Andersen, G., *The Three World of Welfare Capitalism*, Polity Press, 1990.

제6장

1) Department of Health, *Working for Patients* (White Paper), cm555, 1989.

제7장

1) Tapio Salonen, "Sweden : Between Model and Reality" in Pete Alcock and Gary Craig, *International Social Policy*, 2001, pp.146~147.
2) 위의 책, 150쪽.
3) 위의 책, 156쪽.

제8장

1) U. S. , Social Security Administration, 1995(내부자료).
2) Esping_Andersen, G., *The Three World of Welfare Capitalism*, Polity Press, 1990.
3) Katz, J., *In the Shadow of the Poorhouse : A Social History of Welfare in America*, Basic books, 1986.

제9장

1) Takafumi Ken Uzuhashi, "Japan : Farewell to Welfare Society" in Pete Alcock and Gary Craig, *International Social Policy*, 2001, p.122.

제10장

1) Ramesh Mishra, *Globalization and the Welfare State*, Edward Elgar, 1999, Ch.1.

제11장

1) Norman Johnson, *The Welfare State in Transition : The Theory and Practice of Welfare Pluralism*, Havester Wheatheaf, 1987, Ch.2.

2) Taylor_Gooby, *Public Opinion, Ideology and State Welfare*, Routledge and Kegan Paul, 1985, p.52.

제2부 복지의 기본원리

제1장

1) Harold Wilensky and Charles Lebeaux, *Industrial Society and Social Welfare*, Free Press, 1958, pp.138~140.

2) Vic George and Paul Wilding, *Ideology and Social Welfare*, Routledge & Kegan Paul, 1985. Ch.2~Ch.5.

3) Esping_Andersen, G., *The Three World of Welfare Capitalism*, Polity Press, 1990.

제3장

1) Bacon R. and Eltis W., *Britain's Economic Problems : Too Few Producers*, Macmillan, 1976.

2) Gunnar Myrdal, "The Place of Values in Social Policy", *Journal of Social Policy*, Vol. 1, 1972.

제8장

1) 서상목, 『가장 잘하는 자에게 맡기자』, 북코리아, 2007, 333쪽.

2) 위의 책, 335쪽.

3) 한국개발연구원, 『한반도 통합시의 경제통합전략』, 1997.7.

제9장

1) 윤석명, 주은선, 『공적연금의 국제비교(1)』, 국민연금공단, 국민연금연구센터, 2000, 42쪽.

제3부 우리나라의 복지발전사

제1장

1) 인경석, 『한국 복지국가의 이상과 현실』, 나남출판사, 1999, 82쪽.
2) 현외성, 『한국사회복지법제론』, 양서원, 2007, 86쪽.

제2장

1) 신섭중 외, 『한국사회복지법제 개설』, 대학출판사, 1989, 73쪽.

제3장

1) 김정렴, 『한국경제정책 30년사』, 중앙일보사, 1992, 308쪽.
2) 주학중, 「계층별 소득분포의 추계와 변동요인」, 『한국개발연구』, 창간호, 한국개발연구원, 1979, 34쪽.

제4장

1) 동아일보, 1980년 6월 25일 참조

제6장

1) 한국보건사회연구원, 2006(내부자료).
2) 노동부, 『차별시정제도를 알려드립니다』, 2007.6.
3) 노동부, 『경제활동인구조사 부가조사결과 분석』, 2005.12.

제4부 제도별 과제와 발전방향

제1장

1) 국민연금공단(내부자료), 1999.4.
2) 국민연금공단(내부자료), 2008.3.
3) 국민연금공단(내부자료), 2008.3.

제2장

1) 보건복지부(내부자료), 2004.
2) 보건복지부(내부자료), 2007.

제3장

1) Alicia Munnell, *The Future of Social Security*, The Brookings Institution, 1977, P. 39, pp.58~59.
2) 위의 책, 8~24쪽.

제5장

1) 윤석명, 주은선, 『공적연금유형의 국제비교(1)』, 국민연금공단 국민연금연구센터, 2000, 42쪽에서 재인용.

2) 위의 책, 60쪽에서 재인용.

제6장

1) OECD, *Aging in OECD countries : A Critical Policy Challenge*, Paris, 1996.
2) Kritzer, B. E, "Privatizing Social Security : The Chilean Experience," *Social Security Bulletin*, Vol. 59(Fall), 1996.
3) Edwards, S., "The Chilean Pension Reform : A Pioneering Program," NBER Working Paper, No. 5611(November), 1996.
4) Rodriguez, L. J., "Chile's Private Pension System at 18 : Its Current State and Future Challenge," *The Cato Project on Social Security Privatization*, No. 17(July), 1999.

제7장

1) 국민연금발전위원회, 『2003 국민연금재정계산 및 제도개선방안』, 2003.6.
2) 국민연금공단, 기금운용현황(내부자료), 2008.3.

제8장

1) 이두호 외, 『국민의료보장론』, 나남, 1992, 299쪽.
2) 위의 책, 308쪽.

제9장

1) 이두호 외, 『국민의료보장론』, 나남, 1992, 335쪽.
2) 위의 책, 346쪽.
3) 위의 책, 354쪽.

제10장

1) 건강보장 미래전략위원회, 건강보장 미래전략(공청회 자료집), 2007.7.11.
2) OECD, Health Data, 2006.
3) 건강보장 미래전략위원회, 위의 문서.

제11장

1) 보건복지부, 국민건강보험과 민간보험 간 역할설정(내부자료), 2006.

제12장

1) Vic George and Paul Wilding, *Ideology and Social Welfare*, Routledge & Kegan Paul, 1985.
2) OECD, Health Data, 2006.

제13장

1) 보건복지부, 『주요업무 참고사료』, 2006.8.
2) 위의 자료, 180쪽.

제14장

1) 보건복지부, 『2006 보건복지 백서』, 2007.8, 148쪽.

제15장

1) 보건복지부, 『2006 보건복지 백서』, 2007.8.
2) 위의 책, 2007.8.
3) 위의 책, 2007.8, 148쪽.
4) 한국보건사회연구원, 「2004년 저소득층자활사업 실태조사」, 2005.

제16장

1) 통계청, 『장래인구 특별추계』, 2005.
2) UN, Population Perspective, 2002(한국은 2005년 내부자료).
3) 보건복지가족부, 저출산·고령사회대책(내부자료), 2008.
4) 김용현, 저출산·고령사회 정책방향, 2008.3.24(강의자료).
5) 위의 자료, 7쪽.
6) 三浦文夫, 「성숙복지사회와 지역복지의 과제」, 한국사회복지 학술대회 발표 논문, 1993.11.6, 7~10쪽.

제17장

1) 통계청, 장래인구추계, 2001.
2) 보건복지부, 공적노인요양보장제도 실행위원회(심의자료), 2005.
3) 차흥봉, 『노인수발보장론』, 한림대학교, 2006.

제18장

1) 에스핑 안데르센 외(유태균 외 역),『21세기 새로운 복지국가』, 나남출판, 2006, 146쪽.
2) 위의 책, 152~154쪽.

제19장

1) 박옥희, 『장애인복지론』, 학문사, 2001, 21~22쪽.
2) 보건복지가족부(내부자료), 2008.

제20장

1) 박옥희, 『장애인복지론』, 학문사, 2001, 50~51쪽.
2) 교육과학기술부(내부자료), 2008.

제21장

1) 박인덕 외,『여성복지 관계법제에 관한 연구』, 한국여성개발원, 1990, 75~76쪽.

제22장

1) 강혜규 외,『사회복지사무소 시범사업 1차년도 평가연구』, 한국보건사회연구원, 2005.
2) 행정자치부,『2007년 행정자치 백서』, 2007.

제23장

1) 보건복지부,『주요업무 참고자료』, 2006.8.
2) 위의 자료
3) 변용찬, 사회복지시설의 운영개선방안,『보건복지포럼』, 한국보건사회연구원, 2000.3, 7쪽.
4) 변재관, 장기입소 노인시설의 현황과 개선방안,『보건복지포럼』, 한국보건사회 연구원, 2000.3.
5) 위의 자료
6) 위의 자료

제24장

1) 보건복지부,『2006 보건복지 백서』, 2007.8.
2) 이현주, 공공과 민간의 협치기재로서 지역사회복지협의체의 활성화방안,『보건복지포럼』, 한국보건사회연구원, 2005.11.
3) 인경석 외,『사회복지분야의 민간재원조달 및 활용방안연구』, 한국보건사회연구원, 1991. 59~60쪽.
4) 행정자치부,『2006년 행정자치 백서』, 2006.

제25장

1) 사회복지공동모금회, 『2006년 사회복지공동모금회 연간보고서』, 2007.4.
2) 인경석 외, 『사회복지분야의 민간재원조달 및 활용방안연구』, 한국보건사회연구원, 1991. 130쪽
3) 사회복지공동모금회, 위의 자료.
4) 정무성, 바람직한 기부문화를 위한 정부와 민간의 역할, 시민운동지원기금세미나(자료집), 2000.7.19.

제5부 복지국가로 가는 길

제1장

1) OECD, *OECD Social Expenditure Data*, 1985~2003.
2) IMF, *Government Finance Statistical Yearbook*, 2002.
3) 보건복지부, 『주요업무 참고자료』, 2006.8.
4) 보건복지부, 『2007년도 보건복지통계연보』, 2007.
5) 행정자치부, 『2006년도 지방자치단체 예산개요』, 2006.

제2장

1) William A. Robson, *Welfare State and Welfare Society, Illusion and Reality*, George Allen & Unwin, 1977.
2) Richard Titmuss, *Essay on the Welfare State*, Allen & Unwin, 1963. Ch.2.

인경석 印敬錫

1946년 인천 출생으로 인천중, 제물포고, 서울대 법대를 졸업하고
미국 시라큐스대 석사학위(복지행정)와 중앙대 박사학위(사회정책)를 받고
영국 런던정경대(LSE)에서 박사후(post doc.)과정을 마쳤다.
1969년 행정고시(7회)에 합격하여
보건복지부의 여러 분야 과장과 의료보험국장, 국민연금국장, 사회복지정책실장,
국무총리실 사회문화조정관, 국민연금공단 이사장을 역임하였고
한국사회복지정책학회 회장을 지냈다. 현재는 한림대(사회복지학과), 연세대(보건대학원)에서 강의
하고 있다.

저서로는『한국 복지국가의 이상과 현실』(1998, 나남)이 있고,
번역서로는『복지사회학』(G. Room, 1985)이 있다.

복지국가로 가는 길
Road to the Welfare State

2008년 8월 25일 초판인쇄
2008년 8월 31일 초판발행
지은이 | 인경석
펴낸이 | 이찬규
펴낸곳 | 북코리아
등록 | 제03-01240호
주소 | 121-801 서울시 마포구 공덕동 115-13 201호
전화 | 02-704-7840
팩스 | 02-704-7848
이메일 | sunhaksa@korea.com
홈페이지 | www.sunhaksa.com
ISBN 978-89-92521-85-7 (03350)

값 15,000원